ntroduction to Early Childhood Education

유아교육개론

고 태 순 저

태영출판사

머리말

유아교육개론은 그야말로 유아교육 이론에 대한 개괄이라고 할 수 있다. 교육현장에서 유아교육개론을 가르치면서, 유아교육개론서는 유아교육과에 첫발을 디딘 학생들이 유아교육에 흥미를 갖고 탐구할 수 있는 욕구를 불러일으킬 수 있는 교재여야 한다고 생각하였다. 이미 좋은 유아교육개론서들이 많지만, 이번 기회에 유아교육개론서를 집필하게 된 계기는 학생들의 참여와 흥미를 높일 수 있는 방안이 없을까? 하는 고심에서 시작되었다.

이론적 내용을 개괄하면서도 관련 도서 및 동영상 자료를 활용한 토론, 주제 관련 토론, 관심 있는 내용에 대한 브레인스토밍, 학습내용 정리 및 확장 등과 같은 다양한 방법들을 활용하여 교육할 수 있는 교재를 만들어야겠다는 원대한 저자의 계획은 실제 집필을 하는 과정에서 누락되고 축소되어 주제에 대해 '이야기나누기'라는 방식으로 남게 되었다. 위에 제시한 방안들을 '이야기나누기' 상자 안에 담기는 하였지만, 그 논의 주제 제시 방안이 쓰고 보니 그렇게 재미있지는 않은 것 같다. 그러나 '개정판'이라는 차후 보완책이 있으니, 그를

십분 활용하여 위의 계획을 다채롭게 실현할 것임을 약속드린다.

한편으로, 최근 저자의 주요한 관심은 미래사회를 살아갈 아이들을 위한 유아교육을 어떻게 바라보아야 할 것인가에 있었다. 4차 산업혁명을 통해 미래사회가 어떻게 변화할 것인가에 대한 미래학자들의 논의가 많지만, 미래사회와 교육에 대한 논의는 아직 미진한 실정이며 유아교육은 더욱 그러하다. 교육은 백년지대계라고 하고, 어린이들은 미래사회를 이끌어 갈 주역이라고 한다. 그런데, 현재의 유아교육은 미래사회를 대비하고 있는 교육을 하고 있다고 할 수 있는가? 이런 물음들에 대해 학생들도 관심을 갖기 바랐기 때문에, 몇 개의 장에서는 이론과 미래사회를 연결해 생각해 볼 수 있는 질문들을 넣었으며 나아가 마지막 장인 10장에서는 미래사회와 유아교육이라는 조금 거창한 제목을 달았다. 그러나 그 내용은 여전히 조잡한 수준이라고 할 것이다. 이 또한 저자의 사회와 교육에 대한 지속적 탐구를 통해 보완할 것임을 밝혀 둔다.

여러 가지로 미흡한 점이 있음에도 불구하고 흔쾌하게 출판을 허락해 주시고 출판이 될 수 있도록 애써 주신 태영출판사 임직원 여러분에게 감사의 인사를 전한다. 마지막으로 본서는 2017년도 신한대학교 학술연구비 지원으로 연구되었음을 밝힌다. 아무래도 학자로서는 여러모로 더 노력해야 하는 저자에게 학술연구비를 지원하여 본서가 완성될 수 있도록 한 신한대학교 관계자분들에게 감사를 표한다.

2017. 12.

저 자

차 례

Chapter 1

유아교육의 개념 및 의의

1. 유아교육의 개념
2. 유아교육에 대한 관점
3. 유아교육의 의의

1. 유아교육의 개념

1) 교육

지식과 기술 따위를 가르치며 인격을 가르쳐 주는 것을 교육이라고 하기도 하고(표준국어대사전, 2008), 바람직하고 적응적인 인간 행동의 계획적 변화를 이끌어 내는 것으로 가르치고 배우는 모든 과정을 교육이라고 하기도 한다(임부연 · 오정희, 2009). 개인이나 집단이 가진 지식, 기술, 기능, 가치관 등을 대상자에게 바람직한 방향으로 가르치고 배우는 활동, 혹은 피교육자가 보다 나은 생활을 영위하기 위해, 또한 그로 인하여 사회가 유지 · 발전될 수 있도록 피교육자가 갖고 있는 능력을 끌어 내고 새로운 지식이나 기능을 습득하게 하는 활동을 교육이라고 설명하기도 한다. 넓은 의미로는, '개인의 정신, 성격, 능력의 형성에 영향을 주는 모든 행위와 경험'을 교육으로 보기도 한다(Kneller, 1971; 위키백과, 2017, 재인용).

국민의 권리이자 의무 중 하나인 교육에 대한 정의가 다양하다는 것은 그만큼 교육이란 용어를 한 마디로 정리하기가 쉽지 않다는 것을 의미하지만, 교육의 정의를 통해 그 요소를 살펴보면 결국 교육에는 가르치고 배우는 과정이 포함되어 있다. 가르치고 배우는 과정에서 교수자가 학습자에 대해 어떤 철학을 가지고 있는가에 따라 교육의 의미는 달라질 수 있다. 학습자는 능동적인 존재인가? 수동적인 존재인가? 사회가 원하는 방식의 인간이 되도록 가르칠 것인가? 혹은 개개인의 잠재력을 실현할 수 있도록 지원하는 방식으로 가르칠 것인가? 이러한 질문들에 답하는 관점에 따라 교육의 의미와 실천 방안은 다르게 나타날 수 있다. 그러나 무엇이 되었건 교육은 인간의 긍정적인 변화가능성을 염두에 두고 있다.

2) 유아교육

유아교육은 유아를 대상으로 하는 교육이다. 그렇다면 유아교육의 대상이 되는 유아의 연령을 어디에서 어디까지로 볼 것인가? 이에 대해서도 다양한 의견이 존재한다. 이기숙(1992)은 유아교육을 출생에서부터 8세까지의 유아를 대상으로 유아원, 유치원, 가정 및 보육기관과 초등학교 저학년에서 이루어지는 교육으로 정의하고 있으며, 신옥순(1994)은 0세에서 8세까지의 유아와 부모 그리고 때에 따라 가족 구성원들까지 대상으로 하는 포괄적인 교육으로 정의하고 있다. 임재택(1999)은 0세부터 8세까지의 유아와 부모를 대상으로 가정과 유치원, 어린이집 및 초등학교 저학년 등에서 유아들의 전인적 성장 · 발달을 위한 형식적 · 비형식적 교육으로 정의하고 있다. 심성경, 조순옥, 이선경, 이효숙, 이정숙, 이춘자(2005) 역시 유아교육은 태아에서부터 8세까지 모든 유아를 대상으로 이루어지는 형식적 교육과 비형식적 교육이라고 정의하고 있다.

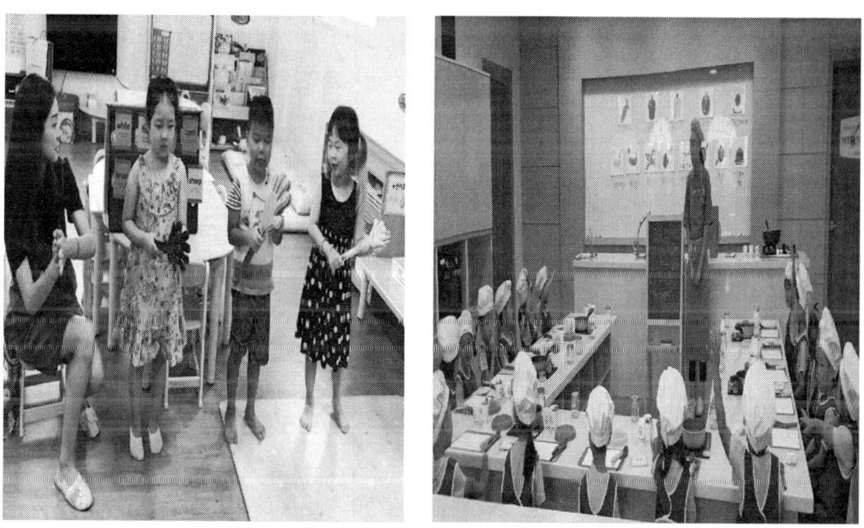

[그림 1-1] 유아교육기관에서 유아들이 교육에 참여하고 있는 모습

이은화와 김진영(1999)은 유아교육을 넓은 의미와 좁은 의미로 구분하고, 넓은 의미의 유아교육은 출생에서 8세까지의 유아들을 대상으로 가정이나 사회에서 이루어지는 비형식적 교육과 유치원, 유아원, 어린이집 등 유아교육 기관과 초등학교 저학년에서 체계적으로 실시되는 형식적 교육을 모두 포함한다고 하였다. 반면에 좁은 의미의 유아교육은 3, 4세에서 5세까지의 유아들을 대상으로 하여 유치원, 유아원, 어린이집 등 유아교육기관에서 체계적으로 실시되는 형식적 교육으로 정의하고 있다.

넓은 의미에서 유아교육은 0세부터 만 8세까지의 교육이다. 0세의 의미는 학자에 따라 출생한 순간으로 보는 경우도 있고 수태한 순간부터 보는 경우도 있는데, 최근 태아기에 대한 이해가 증가되고 산모와 태아를 대상으로 하는 교육적 시도가 점차 일반화되고 있다는 점을 고려해 보면 유아교육의 시작은 태아기부터 보아도 무방할 것으로 보인다. 또한 넓은 의미에서 유아교육의 상한 연령은 만 8세로 볼 수도 있다. 유아들의 발달 특성 혹은 유아교육과 초등교육의 연계 등을 고려하여, 초등학교 저학년도 유아교육에 포함시켰기 때문으로 보인다. 좁은 의미에서 보면 우리나라 유아교육법을 참조할 수 있다. 우리나라 유아교육법에서 '유아'는 만 3세부터 초등학교 취학 전까지의 어린이를 의미하며 '유치원'은 유아의 교육을 위해 유아교육법에 따라 설립 · 운영되는 학교를 말한다. 유아교육법의 내용은 〈부록 1〉을 참고한다.

유아교육을 학문적 차원에서 접근하자면 넓은 의미에 따라 유아교육을 계획하고 실행할 수 있겠지만, 실제 현장에서 일어나고 있는 유치원 교육의 대상은 만 3세부터 초등학교 취학 전까지의 유아들이므로 유아교육과 학생들은 좁은 의미에서 유아교육을 어떻게 계획하고 실행할 지에 대해 보다 더 생각해 볼 필요가 있을 것이다.

한편으로 유아교육의 대상은 유아에게만 한정되지 않는다. 유아교육이 효율적으로 일어나기 위해서는 유아와 유아에게 영향력 있는 부모 및 부모가 속한 지역사회가 함께 변화해야 할 필요가 있기 때문이다. 이에 따라 유치원에서 일어나는 유아교육은 만 3세에서 취학 전까지의 유아와 부모를 대상으로 하는 교육이라고 하겠다.

2. 유아교육에 대한 관점

유아교육의 목적을 어떻게 보는가에 따라 유아교육에 대한 관점은 다를 수 있다. 유아교육을 육아로 보는 관점, 조기교육으로 보는 관점, 초등학교 준비교육으로 보는 관점들에 대해 살펴보고 유아교육을 어떻게 생각해야 하는가에 대한 생각을 정리해 본다.

■ 유아교육은 육아를 지원하는 것인가?

역사적으로 유아교육기관은 경제적인 이유로 취업할 수밖에 없는 부모들의 자녀 양육을 도와주기 위한 목적에서 시작되었다. 부모를 대신하여 유아를 돌보아 주는 육아(child rearing practice)가 유아교육과 동일한 개념으로 이해되기도 하는 것은 이런 이유 때문이다. 우리나라의 경우에도 유아교육의 의미와 육아의 의미를 혼용하는 경우가 많았으나 유아의 발달에 대한 이해가 높아지면서 종래의 단순한 부모역할의 대행이나 신체적 보호 중심의 탁아가 아니라, 유아의 잠재적 가능성을 최대한 성장 · 발달시키기 위한 종합적인 지원체제로 생각하게 되었다. 따라서 유아교육은 단순히 유아의 신체적 요구를 충족시키거나 위험에서 보호하는 수동적 의미가 아니라, 유아들의 전인적 성장 · 발달을 지원하는 보다 적극적인 개념으로 이해되어야 한다.

■ 유아교육은 조기교육인가?

유아교육을 조기의 재능교육으로 보는 관점은 유아가 가지고 태어나는 선천적 능력과 가능성을 조기에 발견하여 지도함으로써 그 효과를 얻을 수 있다는 입장에서 비롯되었다. 이러한 관점은 20세기 초반부터 시작된 유아에 대한 연구결과의 영향에 따른 것이다. 유아들의 지적 능력은 고정된 것이 아니라 유동적이며, 특히 출생에서 8세까지 성인 지능의 80%가 유아기에 형성된다는 연구결과는 유아기 교육에 대한 관심을 확장시켰다.

브루너(Bruner) 또한 그의 저서 「교육의 과정(The Process of Education)」에서 '어떤 교과든지 적절한 방식으로 가르치면, 어떤 발달단계에 있는 어떤 아동에게도 효과적으로 가르칠 수 있다'고 주장한 바 있는데, 이러한 주장에 따라 사람들은 적절한 방식으로만 가르친다면 유아들에게도 모든 것을 가르칠 수 있으며 조기에 가르칠수록 그 효과가 높다고 생각하게 되었다. 점차로 사람들은 과거에 비해 유아가 더 많은 내용을 학습할 것을 기대하게 되었으며, 유아교육을 조기교육의 의미로 이해하게 되었다. 그러나 엘킨드(Elkind)도 지적하였듯이 유아에 대한 지나친 교육적 기대는 오히려 비교육적인 결과를 낳을 수 있다.

■ 유아교육은 초등학교를 준비하기 위한 과정인가?

유아교육을 초등학교 1학년부터 시작되는 학교교육의 준비과정으로 인식하는 관점은 유아들의 초등학교 학습을 위한 기초능력이나 집단생활에 필요한 적응력과 사회적 기본능력들을 유아교육을 통해 미리 가르치는 것이 유아들의 초등학교에서의 적응과 성취를 도와줄 수 있을 것이라는 기대에서 나온 개념이다. 유아를 위한 별도의 교육기관이 설립되기 이전에는 유아기가 읽기, 쓰기, 셈하기와 같은 학습에 대한 기초능력을 형성하는 시기로 간주되기도 하였으며, 유아기의 특성이나 놀이에 대한 교육적 의미가 보편화되기 이전에는 유아교육을 초등교육의 준비과정으로 보는 입장이 일반적이었다.

각급 학교교육이 상급학교의 준비교육으로서의 기능을 갖는 것은 어느 정도 타당한 측면이 있지만, 초등교육이 중학교의 준비교육이며 중등교육이 고등교육의 준비교육의 의미로 한정될 수 없듯이 유아교육 또한 초등교육의 준비교육 자체라고 규정해서는 안 될 것이다. 인간 발달의 과정에서 어느 시기도 이후 발달의 준비단계로 규정지을 수 없으며, 인간 발달에 있어 각 단계는 그 자체로서의 독특한 의미와 가치를 갖기 때문이다. 유아가 초등교육을 준비하는데 유아교육이 도움이 될 수는 있지만 본질적으로 유아기는 유아의 발달적 특성과 독특한 욕구에 부응하는 다양한 경험의 제공이 필요한 시기이다.

3. 유아교육의 의의

1) 발달심리학적 측면

동물생태학자인 로렌츠(Lorenz)는 결정적 시기(critical period) 개념을 제안한 바 있다. 새끼오리는 부화한 후 13시간 이내에 처음 본 물체를 따라다니는데, 이는 새끼오리의 생존과 삶이 결정되는 계기가 된다. 인간도 생후 1년 이내에 주 양육자와 신뢰감을 형성하지 못하면 성장한 후에도 대인관계에 어려움을 겪게 된다. 애착(attachment)은 대략 3세 이전에 형성되며, 프로이트(Freud)와 에릭스(Erikson)의 발달이론에 따르면 어린 시절의 경험은 이후 삶의 양식을 결정하는데 매우 중요한 요인이다.

[그림 1-2] 아버지와 즐거운 시간을 보내고 있는 유아

뇌 과학적 측면에서 보았을 때에도 유아기는 뇌 발달에서 중요한 시기이다. 뇌의 신경 세포를 뉴런(neuron)이라고 하는데, 인간이 평생 갖게 되는 1,000~2,000억 개의 뉴런은 이미 임신 6개월경에 다 형성된다. 뉴런이 출생 후 더 생성되지 않는다고 한다면 뇌의 급속한 성장은 무엇에 의한 것인가? 먼저, 미엘린(myelin)이라는 지방성 물질이 뉴런의 축색돌기 둘레에 막을 형성하는 수초화(myelination) 현상을 들 수 있다. 수초화를 통해 신경 세포는 자극을 더욱 빠르게 전달할 수 있게 된다.

다음으로는 시냅스(synapse)의 구축을 들 수 있다. 뉴런과 뉴런의 연접부인 시냅스는 일종의 뉴런끼리의 정보망이라고 할 수 있다. 시냅스는 경험을 통해 더욱 복잡하게 형성되는데 특히 뇌의 성장 급등기인 영아기 동안에 급속하게 구축된다. 빽빽하게 구축된 시냅스는 유아기를 거쳐 필요 없는 부분은 가지치기를 하게 되는데 사춘기가 되면 성인과 비슷한 수준으로 감소하게 된다. 일상생활에서 반복적으로 사용되는 시냅스는 강화를 받아 영속적인 회로가 되고 적극적으로 사용되지 않는 시냅스는 제거됨으로써 정보의 효율적 처리가 가능하게 된다.

영유아 시기의 적절한 경험이 뇌 발달에 중요한 이유는 환경적 자극이 실조되거나 과잉되면 유아들이 발달에 어려움을 겪을 수 있기 때문이다. 동유럽의 고아원 영아 연구에 따르면, 영아가 첫 2년 동안 또는 그 이상을 사회적 접촉과 감각적 자극을 거의 받지 않은 채 기관에서 양육된다면 모든 발달영역에서 지체를 보이게 되며 특히 집중력의 결여, 화냄과 같은 심리적인 충동의 조절이 심각해진다고 한다.

환경적 자극이 부족한 것도 문제지만 과잉도 문제다. 유아가 갖고 있는 능력 이상의 것을 기대하여 부담을 느끼게 하는 것은 뇌의 잠재성을 방해할 가능성이 있다. 유아가 준비되어 있지 않을 때 자극을 제공하려고 시도하는 것은 유아가 이를 회피하게 되는 원인이 되고, 그로 인해 학습에 흥미를 잃게 되어 자극 결핍과 유사한 결과를 초래하게 된다. 많은 연구자들은 과도한 조기 교육이 신경회로를 압도함으로써 뇌에 손상을 입히고 이로 인해 생의 건강한 출발에 필요한 일상의 경험에 대한 뇌의 민감성을 감소시킬 것이라고 예측하고 있다(정옥분, 2016).

이러한 논의들을 종합하여 보면, 유아교육은 인간 발달의 기초가 되는 시기이며 특히 뇌 발달 측면에서 중요한 시기이므로 교육적으로도 매우 중요한 시기라고 하겠다. 그러나 발달적으로 중요한 시기라고 해서 유아에게 무조건 많은 정보를 제공하기보다는 발달을 고려한 적절한 교육 내용과 방안을 고안하는 것이 필요하다고 하겠다.

2) 사회적 측면

현대사회에서 유아교육은 왜 필요한가? 그 이유를 몇 가지로 정리해 보면 다음과 같다.

첫째, 현대사회에서의 가족은 다양한 형태로 구성되어 있다. 혈연중심의 대가족에서 핵가족화되었으며 그 형태도 다양하다. 이혼율의 증가에 따른 한부모 가정의 증가와 외국인의 유입 증가에 따른 다문화 가정의 증가가 그 대표적인 양상이라고 할 것이다. 부부와 자녀로 구성된 핵가족은 가정 내에서

육아를 온전하게 담당하기가 어렵게 되었다. 특히, 어머니가 취업을 했을 경우와 한부모 가정, 다문화 가정일 경우에는 더욱 그러하다. 옛날에는 가정 내에서 조부모나 친척들이 육아에 대한 부담을 덜어줄 수 있었다면, 현대사회에서는 이러한 역할을 사회가 담당하게 되면서 유아교육은 미래사회를 이끌어 갈 세대를 길러 내는 사회적 책무의 한 부분을 담당하게 되었다.

둘째, 현대사회에서의 급속한 정보통신기술의 발달은 자녀교육에 대한 정보를 습득하고 공유하는데 기여했지만, 동시에 너무 많은 정보로 인해 부모들은 자녀를 양육하는데 어떤 정보가 적절할 것인지 취사선택하는데 어려움을 겪게 되었다. 나아가 잘못된 정보가 마치 소수의 사람들만 공유할 수 있는 고급 정보인 것처럼 포장되어 자녀 양육에 있어 좋지 않은 결과를 초래하기도 한다. 한편으로 부모들은 전문가로부터 양육에 대한 정보를 지원받기를 원한다. 유아교육기관은 부모 교육을 통해 부모가 가정에서도 올바른 양육을 할 수 있도록 지원하여 바람직한 양육 문화를 형성하는데 기여하므로 유아교육이 필요하다.

셋째, 현대사회의 유아들은 또래 혹은 가족 외의 다른 사람들과 안전하게 상호작용할 수 있는 공간을 점차 잃어 가고 있다. 인간이 사회적인 동물이라면, 직접 체험을 통해 친사회적인 상호작용 방식을 배울 수 있는 곳이 필요하다. 유아교육기관은 다른 공간에 비해 심리적, 신체적으로 안전한 공간으로써 유아들이 자유롭고 안전하게 사람들과 상호작용할 수 있는 기회를 제공받을 수 있는 공간이다. 도시화된 현대사회의 유아들에게 유아교육이 필요한 이유다.

넷째, 교육적 관점에서 유아교육은 미래사회의 인재를 양성한다는 측면에서 가치가 있다. 미래사회는 고도화된 정보통신기술의 발달로 인해 사회의 여러 측면에서 획기적인 변화가 예측되는 사회다. 미래사회를 이끌어 갈 세대를 양성하는 과정에서 유아교육도 예외는 아니다. 미래사회에 대처하기 위해 보다 유연하고도 창의적인 사고능력이 필요하다면, 그 시작은 유아교육이 될 수 있다.

이야기나누기

- 유아교육의 필요성에 대한 본인의 생각을 정리해 봅니다. 유아기에 교육이 필요한 가장 중요한 이유는 무엇이라고 생각합니까? 예를 들어 설명해 봅니다.

- 유아교육은 유치원, 어린이집, 사설 학원 등에서 다양한 형태로 이루어지고 있습니다. 이들의 공통점과 차이점에 대해 생각해 보고 유치원이 필요한 이유에 대해 이야기 나누어 봅니다.

- 최근 유아교육과 보육을 통합하려는 움직임이 제기되고 있습니다. 관련 기사를 찾아 읽어 보고 이에 대한 본인의 견해를 제시해 봅니다.

Chapter 2

유아교육과 사상

1. 우리나라의 전통 유아교육 사상
2. 서양의 유아교육 사상

1. 우리나라의 전통 유아교육 사상

우리나라의 전통사회는 매우 일찍부터 아동을 긍정적이면서 질적인 존재로 인식하였는데(유안진, 1994), 조선시대에는 아동을 '동몽(童蒙)'이라 하여 아동이 무지몽매한 존재이기는 하나 좋은 가르침에 의해 무한이 발전할 수 있는 존재로 인식하였다. 동몽의 몽(蒙)이란 덩굴 풀의 일종으로 무성해서 나무를 덮어서 그 밑이 어두워지므로 어둡다는 의미를 내포한다. 또한 주역에 의하면 동몽은 산기슭을 흐르는 물의 형태를 비유한 것으로, 아직 샘에서 흐르는 물줄기는 가냘프고 의지할 것이 못되나 나중에 큰 강이 될 가능성을 갖고 있다고 하였다(류점숙, 1991). 이렇듯 아동이 비록 무지몽매하기는 하나 좋은 가르침에 의해 무한히 발전할 수 있다고 보았고 맑음과 흐림, 순수함과 뒤섞임이 있는 아동의 기질을 본래의 선한 본성으로 되돌리고, 가냘픈 물줄기가 큰 강이 되듯이 어리석음을 벗어나 큰 사람이 되도록 하는 것이 아동 교육의 목표이며 가정에서 자녀를 지도하는 목표였다(박은숙 · 김은경 · 원정완 · 오원옥 · 석민현 · 임여진, 2002).

한편, 우리 전통사회에서 아동은 태내에서 잉태되는 순간부터 하나의 인격체로 존중을 받았다. 한국식 나이계산법은 이러한 우리 사회의 아동존중사상을 단적으로 보여주는 한 예이다. 비록 출생하지 않은 태아라 하더라도 잉태되는 순간부터 교육이 필요하다고 보았기 때문에 태교의 중요성을 강조하였다. 태교에서 시작하여 자녀가 태어난 뒤에도 사랑과 헌신적 돌봄을 통해 부모는 자녀에 대해 높은 관심을 가지고 자녀를 존중하며 교육에 정성을 다했다. 정성, 희생, 존중, 관심 등은 우리 전통사회에서 자녀에 대한 부모역할의 중요한 덕목으로 볼 수 있는데, 이를 자녀의 발달단계에 따라 살펴보면 다음과 같다(정옥분, 2016).

■ 태아기(胎兒期)

태아기는 임신에 대한 준비와 태교를 하는 시기로 나누어 볼 수 있다. 우리 전통사회에서는 임신에 대한 준비로서 좋은 자손을 갖기 위해 훌륭한 배우자를 선택하는 것으로 시작되었다. 태교사상은 태아를 잉태하기 이전부터 부모로 하여금 임신을 위한 정성과 신체적, 심리적 준비를 강조하였을 뿐 아니라, 어머니 뿐만 아니라 아버지의 부성태교도 중요시하였다. 임신 3개월부터는 본격적인 태교를 실시했는데, 태중태교 10개월을 출생 후의 10년간 교육 보다 더 강조하고 있다.

■ 유유아기(乳幼兒期)

유유아기는 출생에서 3세까지의 시기이다. 영아가 밥을 먹을 수 있고 말을 할 수 있는 시기가 되기까지의 유유아기는 젖아기라고 하여 무조건적이고 절대적인 보호의 대상이 되었다. 젖아기는 아직 약하고, 어리고, 깨이지 않은 존재로 보았기 때문에 보호하고 관대하게 대한다는 입장을 취하였다. 따라서 가능한 한 욕구를 들어주고 기본생활습관이나 생활규범을 가르치는 것은 말을 알아듣는 때가 되어 시작하였다.

■ 유아기(幼兒期)

유아기는 3세부터 7세까지이다. 무조건적인 보호의 대상이던 어린아이가 3세에 이르게 되면. '세 살 버릇 여든까지 간다.'는 옛 속담에 따라 기본적인 훈육이 시작되었다. 「소학(小學)」에는 '자식이 밥을 먹을 수 있게 되거든 가르치되……'라고 하여 3세 이후의 훈육에 대해 언급하고 있다. 그러나 이 시기의 훈육도 본격적으로 엄하게 이루어졌기보다는 생활상의 예의나 습관훈련과 같은 기초적인 것에 한정된 것이었다. 즉, 수저 사용법, 옷 입는 법, 세수하는 법, 대 · 소변 가리기, 자신의 성별에 어울리는 언행 등 주로 올바른 습관형성을 목적으로 하는 예 교육(禮敎育)이었다.

2. 서양의 유아교육 사상

1) 고대의 유아교육 사상

고대에는 혹독한 자연환경과 주위 이민족의 상황 여하에 따라 교육의 목적, 내용, 방법 및 그에 따른 제도 등이 다르게 형성되었다. 스파르타의 예를 들면, 도시국가 스파르타에서는 국가의 성립이 원주민들을 정복하는 데서 비롯되었으므로, 항상 이민족들에 대해 비상태세를 갖추고 있지 않으면 안 되었다. 이 때문에 교육은 전사를 양성하는 기능으로서의 역할을 했다.

교육은 엄한 훈련의 성격을 띠게 되어 '스파르타식 교육'이라고 하면 엄한 훈련을 통한 교육이라는 의미의 대명사가 되었다. 스파르타에서의 교육은 7세가 되면 군사훈련을 위한 단체생활을 해야 했으므로 그 연령에 달하기까지의 유아는 가정에서 양육되었지만 상당히 엄격한 준비과정이 있었다고 할 수 있다. 왜냐하면, 입단할 때 신체가 허약한 아이는 시민자격을 박탈당하고 반노예의 취급을 받았기 때문이다. 또한 무사히 입단에 통과했을 경우라도 아이는 산과 들을 뛰어다니며 장기간의 군사훈련에 견딜 수 있어야 했다.

그러나 같은 도시국가라고 하더라도 그리스의 아테네는 공화제라는 정치형태를 취하여 시민 교육도 스파르타에 비해 엄격하지 않았다. 국가를 위한 유용한 시민의 양성 및 지혜로운 사람이 되는 것이 교육의 목적이었고 출생에서 7세까지는 가정에서 교육이 이루어졌다. 7세에서 13세까지의 아동에게는 읽기, 쓰기, 셈하기와 음악 및 체육을 가르쳤으며, 13세에서 16세까지는 기하, 음악, 천문학, 문법, 수사학 등을 가르쳤다. 16세 이상이 되면 법률, 정치, 역사, 천문학 등의 고등교육 내용을 가르쳤는데 이러한 교육이 남아와 여아에게 모두 평등하게 시행된 것은 아니었다. 주로 여아에 대한 교육은 가사 실무와 육아법, 독서, 노래 등을 가르치는 정도에 한정되어 있었는데 이는 고대 그리스에서 시민권은 남자에게 한정된 것이었기 때문이다.

고대 로마의 교육은 그리스의 교육에서부터 유래하였지만, 그리스의 교육과 그 양상이 상이했다. 그리스의 교육이 이상주의를 기반으로 하여 철학을 중시한 반면, 로마의 교육은 실용주의를 기반으로 했기 때문에 문학과 웅변교육을 중시하였다. 또한 어린 시기 교육의 중심은 가정에 있었다. 아이들은 가정에서 '올바른 행동'과 '사회적 의무감'을 배웠다. 아이들의 교사는 아버지와 어머니였으며, 어머니는 주로 양육(educatio)과 같은 일반적인 훈육을, 아버지는 교설(doctrina)이라 불린 지적 교육을 담당하였다(위키백과, 2017).

고대의 교육과 관련한 사상가로는 소크라테스와 플라톤, 아리스토텔레스를 들 수 있는데, 이들의 사상을 간략히 살펴보면 다음과 같다.

(1) 소크라테스(Socrates, B.C. 469-399)

고대 그리스의 철학자로써 플라톤의 스승이기도 하다. 지식은 곧 덕이며 덕이 인간에 내재한다고 믿고 사람들이 이를 깨닫도록 온갖 계층의 사람들과 대화를 나누었다. 사람들이 자신의 무지함을 통찰하도록 도움을 주고 용기나 정의 등에 관한 윤리적 개념을 설파하였는데, 누군가를 직접 가르치기보다는 질문을 함으로써 자신에게 무엇이 잘못되었는가를 깨닫도록 하였다.

(2) 플라톤(Platon, B.C. 427-347)

소크라네스의 수제자이며 아리스토텔레스의 스승으로써 오늘날 서양 철학 및 여러 학문 분야에 큰 영향을 미친 인물이다. 아테네의 명문 집안 출신으로 일찍부터 귀족의 자녀에 어울리는 교육을 받았다. 넓은 이마를 가지고 있었던 그는 체격이 훌륭했으며, 그림 공부와 함께 서정적인 시와 비극을 썼다고도 한다. 원래 그는 정치가가 되려는 꿈을 갖고 있었으나 스무 살 때 비극 경연대회에 나갔다가 극장 앞에서 소크라테스의 강연을 듣고 크게 감동하여 소크라테스의 제자가 되었다. 또한 그는 '아카데메이아(Akadēmeia)'라는 유럽 최초의 대학을 설립하기도 하였다.

플라톤에게 있어 교육은 국가가 원하는 인재를 양성하는 것이며, 교육의 목적이 국가와 사회를 위한 인재 양성에 있다면 출생신분을 막론하고 교육을 받을 기회를 주어야 한다고 생각했다. 그가 생각하는 이상적인 교육과정에서 특히 유년기에 필요한 과목은 체육과 음악이다. 체육은 튼튼한 체력을 위해 필요하기도 하지만 인내심, 용기, 자제력과 같은 정신적 능력도 함께 길러준다. 한편으로 마음을 더욱 부드럽게 하고 유연한 성품을 갖추기 위해서는 음악도 함께 가르쳐야 한다고 하였다. 유년기의 놀이에 대해서도 언급한 바 있는데, 놀이는 어린이들이 즐겁게 자신의 본성을 표현하며 자발적으로 선택하는 활동으로써 놀이를 통해 학습을 즐거운 마음으로 할 수 있다고 하였다. 놀이 활동을 통해 규칙성과 준법정신을 학습할 수도 있으며 인간의 아름다움에 관한 감각을 훈련시킬 수 있으며 마음을 표출하는 과정을 통해 정서적인 안정감도 지닐 수 있다고 하였다.

(3) 아리스토텔레스(Aristoteles, B.C. 384-322)

아리스토텔레스의 아버지는 마케도니아 왕국의 필리포스 2세 국왕의 주치의였는데 이 때문에 아리스토텔레스는 많은 재산을 물려받아 자유롭게 학문을 탐구할 수 있었다. 17살에 아카데미아에 입학해 플라톤의 제자가 되었다. 그는 교육의 목적이 행복한 생활을 하는 것에 있다고 보았는데, 행복을 추구하는 삶에는 세 가지 형태가 있다고 하였다. 쾌락을 추구하는 삶, 명예와 평판을 추구하는 삶, 선과 지혜를 추구하는 삶이 그것인데 그 중에서도 선과 지혜를 추구하는 삶이 진정 행복한 삶이라고 보았다.

신체 단련에서 출발하여 좋은 습관 형성단계를 거쳐 결국 지성의 도야에 이르도록 하는 것이 교육이라고 하였는데, 출생에서 7세까지는 가정교육 시기로 신체적 발육에 중점을 둔 건강교육에 주력할 것을 제안하였다. 적절한 운동과 유희를 통해 신체의 건강과 발달을 돕고 교육적인 동화를 들려주도록 하였다. 7~14세까지는 공교육 시기로 건전한 사회생활을 위한 습관 및 정서의 훈련을 실시하고, 15~21세까지는 시민적 훈련과 이성의 도야에 중점을 둔 교육을 해야 한다고 하였다. 직접적인 관찰을 통한 학습과 경험을 중시하였으며 개인차를 고려한 개별교육의 필요성을 역설하였다.

2) 중세의 유아교육 사상

로마의 황제 콘스탄티누스의 기독교로의 회심 이후, 거의 10세기에 이르는 중세시대는 교회를 중심으로 한 봉건사회였다. 중세의 유아관은 인간의 본성이 악하다고 하는 기독교적 인간관에 기초하여 유아에 대한 견해는 상당히 부정적이었다. 따라서 교육의 목적도 자연히 본성이 악한 인간을 도덕적 · 윤리적 인간으로 만드는 데에 있었고, 성서 읽기를 배우는 것만이 인간을 구제하는 유일한 방법이라고 여겼다. 교회 이외의 세속적인 교육으로 기사도 교육이 있었으나, 이 또한 기독교적 덕목을 중시한 중세 봉건주의 기사도를 교육하는 것이었다. 중세 교사의 임무는 엄격한 훈육을 통해 인간의 원죄를 구제하는 것이었다. 원죄를 가진 유아의 잘못된 행동에 대하여 벌이 엄격하게 적용되었으며, 체벌은 유아교육의 중요한 부분으로 여겨지기까지 하였다.

3) 근대의 유아교육 사상

르네상스와 종교개혁으로 시작되는 근대에는 인간관과 종교관이 변화함에 따라 유아에 대한 엄격한 교육도 다소 완화되었다. 근대에는 위대한 교육사상가들이 많이 나타나 유아기 교육의 중요성에 대한 주장과 실천 등이 다양하게 이루어지기도 하였지만, 산업사회로 나아가는데 필연적인 노동환경의 변화로 인해 이 시기가 모든 유아들에게 평화로운 시대는 아니었다. 가난으로 인하여 노동하지 않으면 안 되는 어린이들은 어느 시대를 막론하고 존재하였지만 그것이 사회문제로 인식되기 시작한 시대가 근대사회이기도 하다. 유아교육에 영향을 미친 근대의 사상가로는 코메니우스, 로크, 루소, 페스탈로치, 프뢰벨을 들 수 있다.

(1) 코메니우스(J. A. Comeniuus, 1592-1670)

기독교적인 인간관에 의하면, 인간은 원죄를 지고 이 세상에 태어난다. 이 원죄를 속죄하는 방법은 그리스도의 가르침에 따라 현세를 사는 것이다. 이 가르침에 의하면 갓 태어난 영아는 죄 그 자체다. 그러나 코메니우스는 죄로 타락하기 이전의 인간의 원시상태가 유아기이며 유아의 본래 천성은 선량하고 순결한 것으로서, 유아기의 선량하고 순결한 성질을 발견하고 발전시키는 것이 신과 일체가 되는 길이라고 믿었다. 신과 결합하여 신과 함께 가장 충만한 영광과 축복을 누릴 수 있는 복을 인간의 사명으로 하면서 그 복을 실현시키는 가능성을 선량하고 순결한 유아의 자연성 속에서 발견해 내려 하였다.

위와 같은 이유로 코메니우스는 자연의 법칙에 따라 교육하는 것, 즉 '합자연의 교육'을 주장하였다. 코메니우스가 주장하는 자연은 인간 내부의 심리적인 자연이 아니고 외계의 자연이었으므로, 자연에 따른다는 것은 인간을 둘러싸고 있는 외적 자연계의 법칙에 따른다는 것을 의미한다. 그에 의하면, 자연이란 신이 인간을 영원으로 이끌어가기 위한 수단으로 창조한 것이고 인간도 자연과 같은 법칙아래서 생성 · 발전한다. 이 때문에 자연의 법칙에 따른다고 하는 것은, 인간이 되는 길이고 근원으로서의 창조자에게로 돌아가는 길이다. 이에 코메니우스는 교육 또한 자연적 순서를 따라야 된다고 믿었다. 자연적 순서란 인간의 성장과 그에 따른 배움의 시간표를 말하는 것으로 유아는 반드시 신체적으로 성숙한 뒤에 학습을 해야 한다.

코메니우스는 그의 교육적 신념을 학교에서 실제로 적용한 경험에 입각하여, 유아교육을 함에 있어 감각훈련을 강조하였다. 「세계도회」는 최초의 그림이 있는 아동교육서로 평가되고 있다. 세계도회는 라틴어 학습을 시작하는 초보자를 위하여 고안된 책인데, 학생들의 지루함을 덜어주기 위해서 자세한 설명을 피하고 모든 주제를 조그마한 그림으로 설명했다. 특히 코메니우스는 감각이 수반되어야만 유아의 학습이 최상의 효과를 얻을 수 있다고 하여 감각교육이 모든 학습의 기본이라고 믿었다. 감각교육에 대한 믿음 때문에 사물의 이름은 유아에게 가르칠 때는 사물 자체인 실물 또는 사물에 대한 그림이 필요하다고 하였다.

자연주의 교육을 상소한 코메니우스의 교육 사상은 이후 루소, 페스탈로치, 프뢰벨 등에 영향을 미쳤다. 감각을 통해 경험하고 학습하여 이성을 발달시켜야 한다고 한 점이나 자연 질서에 따라 쉬운 것에서 어려운 것으로 점진적 교육이 이루어질 것, 실생활에 유용한 것을 가르치도록 한 코메니우스의 교육 신념은 오늘날 유아교육에도 시사하는 바가 크다.

(2) 로크(John Locke, 1632-1704)

로크는 「인간오성론」에서 진리 및 도덕원리가 사람들의 마음에 태어날 때부터 있다고 하는 당시의 본유관념(innate idea)설을 부정하였다. 그는 본유관념설을 고집하는 자는 게으른 자이고 권위에 의존하는 사람이라고 생각하였으며, 동시에 인간은 스스로 생각하고 행동하는 자립적인 개인이어야만 한다고 생각하였다.

로크의 인식론에 관한 기본적인 생각은, 마음은 태어날 때 백지(白紙)와 같이 아무런 관념도 없는 것이다. 우리가 알거나 혹은 생각하는 모든 사물들은 사실은 우리들의 경험을 통해서 얻어진 것이다. 우리들의 지식도 감각적 경험을 통하거나 아니면 마음에 반영된 것을 반성함으로써 얻어진 것이다. 따라서 모든 근본적인 관념은 감각의 대상이거나 혹은 반성의 대상이며, 생각된 마음의 작용 이외에 다른 것이 아니다(서울대학교 교육연구소, 1995). 로크의 인간관에 따르면 유아는 백지와 같은 존재로 어떤 경험을 하는가에 따라 다르게 성장할 수 있는데, 행동의 변화에 대한 로크의 견해는 다음과 같다.

- 유아들이 학습할 때에는 타고난 자질보다는 경험 또는 후천적인 교육이 중요하다.
- 사고와 감정의 많은 부분은 연합(association)을 통해 발달한다.
- 행동은 반복(repetition)을 통해 형성되고 발달한다.
- 유아들은 모방(imitation) 및 보상(rewards)과 벌(punishment)을 통해 학습한다.

또한 교육에 대해 로크는 신체교육이 정신교육에 선행되어야 한다고 보았다. 이는 '건강한 신체에 건강한 정신이 깃든다.'는 그의 유명한 명제에 잘 나타나 있다. 인간은 자기의 욕구를 통제할 수 있어야 하는데 이는 훈련을 통해 성취된다. 자기훈련(self-discipline)이 몸에 배이도록 하려면 신체가 건강해야 한다. 신체가 병들고 약하면 인간은 욕구를 통제할 능력이 없다. 따라서 로크는 아동에게 많은 운동을 시켜 신체를 단련시키고 사철 내내 밖에서 놀게 하여 어떤 날씨에도 견뎌내는 법을 배워야 한다고 주장하였다(Crain, 2011).

한편 로크는 합리적 · 도덕적 행동은 강화하고 비합리적 · 방종한 행동을 소거하기 위해 사용하는 보상과 벌이 긍정적인 효과만 있는 것이 아니므로 주의할 것을 당부하였다. 특히 물질적 보상, 체벌, 협박 등은 노예적 근성을 키우므로 절대로 사용해서는 안 된다고 하였다. 최상의 보상은 바른 행동을 했을 때 칭찬하여 자부심을 갖게 하는 것이고, 최선의 벌은 나쁜 행동을 했을 때 냉정하게 대해 부끄러움을 느끼게 하는 것이다. 또한 로크는 규율은 적을수록 좋다고 하였는데 훈시하고 명령하기보다는 바람직한 모델을 모방하고 바람직한 행동을 소단계로 나누어 점진적으로 학습하게 하며 반복을 통해 습관화하도록 도와주는 것이 바람직하다고 보았다. 이러한 로크의 학습 원리들은 현대 심리학 분야에서 학습이론의 초석이 되었다.

이야기나누기

- 인간의 이성은 경험을 통해서만 발전할 수 있습니까? 실례를 들어가며 자신의 주장을 이야기해 봅니다.
- 자신의 경험을 돌이켜 보았을 때, 행동에서의 변화를 이끌어 낸 환경적 자극이 있었다면 어떤 것을 들 수 있습니까?
- 로크에 의하면 자녀는 다소 엄격하게 키울 필요가 있다고 합니다. 본인의 의견도 그러한가요? 그렇지 않은가요? 그 이유는 무엇입니까?

(3) 루소(Jean Jacques Rousseau, 1712–1778)

스위스 태생인 루소는 출생하자마자 어머니를 잃고 8세 때에는 아버지와 심하게 다투고 가출을 하였다. 무일푼의 방랑생활에 들어간 후에 많은 귀부인들의 호감을 얻어 경제적 지원을 받기도 하였으나 33세 이후 문맹의 하녀인 테레제와 동거하여 다섯 아이를 낳아 모두 고아원에 맡겼다. 37세 이후부터 문학적 경력이 시작되었는데, 예술과 과학이 도덕향상에 기여했는가를 묻는 수필경연대회에서 부정적 측면을 주장하여 상을 탄 이후 「사회계약설」과 「에밀」 등 여러 수필과 책을 집필하였다. 저술과정에서 왕권신수설과 종교적 정통성에 도전하고 일종의 민주주의 형태를 주장하여 제네바에서는 루소의 책이 불태워졌고 프랑스에서는 추방을 당하게 된다. 말년을 망상증에 시달리는 비참한 망명생활로 보내다가 죽은 후 프랑스의 어느 시골에 묻혔다. 그러나 그의 저술을 통해 혁명정신이 고취되어 발생한 프랑스혁명 후에 파리로 옮겨져

팡테옹(Pantheon)에 묻히게 되었다.

> "만물을 창조하신 신의 손에서 나올 때에는 모든 것이 선하나, 인간의 손에 들 때에는 모든 것이 타락한다. Tout est bien sortant des mains de l'Auteur des choses, tout degenere entre les mains de l'homme."

루소의 저작인「에밀」서문에 있는 위의 문장은 루소의 인간과 교육에 대한 사상을 집약적으로 나타내고 있다. 루소는 인간이 갖고 태어나는 본성은 선하고 자연스러운 것으로 보고, 자연성이 인간에 의해 왜곡되지 않은 인간을 '자연인'이라고 하였는데, '자연인'은 자연의 법칙에 따라 교육시켜야 한다고 주장하였다.

자연의 법칙에 따른 교육을 어떻게 하는가에 대해서는「에밀」에 제시하고 있다. 여기에서 루소는 아동의 발달단계에 따른 교육 방법을 제시하였는데 이를 살펴보면 다음과 같다(Crain, 2011).

① 1단계 : 유아기(출생~약 2세)

감각을 통해 직접 세계를 경험한다. 활동적이며 호기심이 있고 많은 것을 배운다. 스스로 언어를 획득하며 완전한 문법을 발달시킨다. 집안을 탐색하도록 허용하고 진정으로 배우려는 욕구가 있으면 탐색하려는 물건을 가져다준다. 이 시기의 아이들은 혼자 힘으로 걷고 말하는 것을 배울 수 있다.

② 2단계 : 아동기(약 2세~12세)

걷고, 말하고, 혼자서 먹을 수 있고, 뛰어다니게 된다. 신체의 움직임이나 감각과 직접적으로 연결된 직관적 추리력을 가지지만 지극히 구체적이다. 달리고, 뛰어오르고, 소리치고, 놀이하려는 충동과 활동을 억제하지 않는다. 단지 연령에 적합한 여러 과제들을 제시한다. 어두운 방에서 길을 찾는 놀이는 감각 발달에 도움이 되고 나무의 높이에 맞는 사다리를 고르는 것은 높이, 길이,

거리를 판단하는데 도움이 된다.

③ 3단계 : 아동 후기(약 12세~15세)

신체적인 힘이 강해진다. 구체적이고 유용한 과제의 훈련을 통하여 인지적 영역에 진전을 보인다. 농사일, 목수일과 같은 구체적인 활동과 관련지어 수학·과학 영역 내에서의 추리 학습을 돕는다. 잘못에 대해 직접 교정은 피하고 스스로 문제해결방법을 학습하도록 돕는다.

④ 4단계 : 청년기

두드러지게 사회적 존재가 된다. 사춘기와 함께 시작된다. 신체가 변화하며 열정이 내부로부터 용솟음친다. 성적 감정을 자각하며, 다른 사람들에게 매력을 느낀다. 추상적 개념을 다룰 수 있으며 과학·도덕에서의 이론적 문제들에 대해서도 흥미를 가진다. 많은 책들을 읽으며 독립적 성품을 발달시키고 이론적 추리를 할 수 있는 새로운 역량을 지니게 되어 자신이 속한 사회를 제대로 판단할 수 있게 된다.

루소는 교사들이 많은 지식을 아동에게 주입하기 때문에 아동이 학습에 흥미와 의욕을 잃게 되고, 성인들이 이야기하는 것을 그대로 받아들여 학습하게 되는 과정을 겪으면서 아동 스스로는 생각하지 않게 된다고 하였다. 때문에, 스스로 생각할 수 있는 역량이 발달할 때까지는 아동을 보호할 필요가 있다고 보았다. 이는 아동이 남들의 의견을 무조건 따르지 않고 진정한 본인만의 사고를 할 수 있도록 하기 위해서다. 특히, 루소는 아동이 특정 정보를 획득하는 것이 중요한 것이 아니라 스스로 생각하는 법과 학습하는 법을 배울 필요가 있다고 하였다.

이야기나누기

- 루소의 생애를 살펴보면, 사상가로서는 위대하였으나 개인 삶의 궤적만을 놓고 볼 때에는 결함이 많은 인간이었습니다. 루소가 주장한 인간과 교육에 관한 사상을 어떻게 받아들일 수 있을까요?
- 아리스토텔레스는 '인간은 사회적 동물이다.'라고 했습니다. 인위적인 영향을 제한하기 위해 에밀의 사회적 활동은 제한됩니다. 사회적 상황 하에서 인간이 자기 본연의 모습을 지켜 가면서 나름대로의 길을 갈 수 있도록 하기 위해서는 어떤 노력들이 필요할까요?
- 루소의 교육사상이 현대 사회를 살아가는 유아에게도 적용될 수 있습니까? 어떤 측면에서 그러합니까?

(4) 페스탈로치(Johann Heinrich Pestalozzi, 1746-1827)

루소가 주장한 자연주의적인 인간관은 교육에 관심을 갖고 있는 사람들에게 큰 영향을 미쳤는데, 그 중 한 사람이 교육 실천가로써 큰 업적을 남긴 스위스의 페스탈로치였다. 의사였던 아버지는 페스탈로치가 9세가 되던 해에 병으로 별세하였지만, 사회적인 약자에 대한 관심과 배려를 실천하는 따뜻한 가정환경에서 자랐다. 개신교 목사인 그의 할아버지는 가난한 교우들에게 항상 관심을 갖고 있었고, 어머니는 두 아들을 혼자서 돌보면서도 고아원에 틈틈이 음식과 옷을 보내고는 하였다. 취리히 대학에 재학 중 애국자 단체에 소속되어 사회 운동에 가담하였으며, 1769년 같은 단체원이던 안나와 결혼하였다. 1771년 노이호프에 농민학교를 세웠으나 실패한 후 사색과 저술 생활로 세월을 보냈다. 1798년 프랑스 혁명의 여파가 스위스로 밀려왔을 때 슈탄스에 고아원을 설립, 전쟁고아를 돌보았다. 그 후 부르크도르프, 이베르돈에 학교를 세워 독자적인 교육 방법을 실천하다가 만년에는 다시 노이호프로 돌아갔다. 당시의 유럽 사회를 분석하여, 계층 간에 존재하는 불평등을 지적하고 이의 시정은 정당한 교육으로만 가능하다고 주장하였다.

루소의 영향을 받아 페스탈로치는 자연이 곧 인간의 본성이라고 생각하였다. 인간본성을 따르는 길은 '자연의 길'에 따른 것으로써 그 고유한 힘의 원천은 외부의 주입이나 지배에 의하지 않는, 인간의 '자율'에 있다고 보았다. 자연은 곧 신성이요 신성은 곧 선이며 모든 목적과 이념이 이에 귀결된다고 보았다. 따라서 그의 교육사상의 핵심은 신에로의 귀결이다. 인간본성의 완성은 인간성 회복으로, 자연으로 돌아가 신의 사랑을 체감하고 그의 자녀가 되는 것이다.

이에 근거하여 페스탈로치는 몇 가지 교육의 원리를 제안하였는데 합자연의 원리, 자율성의 원리, 생활공동체의 원리, 직관의 원리, 조화의 원리를 들 수 있다. 그의 교육원리를 살펴보면 다음과 같다(김옥경 · 이선옥 · 고태순 · 이현아, 2007).

① 합자연의 원리

자연에는 순서가 있고 질서가 있듯이 유아에게도 자연스런 발달단계를 고려하여 주변의 환경을 제공해 주어야 됨을 의미하는 교육원리이다. 인위적인 방법이나 기교에 의한 교육방법은 지양하고, 성인중심이 아닌 유아중심의 교육을 진행해야 한다는 것이다.

② 자발성의 원리

교육은 학습자가 갖고 있는 잠재력을 끌어 내는 것이다. 자기활동을 통해 자신의 잠재력을 이끌어 내야 하는데 이를 위해서는 개인의 개성을 존중하고 발달을 가능하게 하는 내적인 힘이 있음을 인정하고 발달에 맞는 자극을 제공하여 스스로 활동하도록 한다.

③ 생활공동체의 원리

가정에서 서로에게 애정을 느끼고 상호 존중하는 분위기 속에서 도덕교육과 종교교육이 자연스럽게 이루어진다는 교육의 원리이다. 특히 어머니와 아이의 관계는 최초의 인간관계이며 모성은 인간형성의 근원이고 가정은 유아의 삶 자체라고도 볼 수 있으므로, 사랑이 넘치는 가정에서 성장한 아동은 사회구성원으로서의 자질을 자연스럽게 배울 수 있어서 결국 인류에도 도움이 될 수 있다는 논리이다.

④ 직관의 원리

학습과정에서 직관은 모든 인식의 출발점이며, 교육의 목표는 이러한 직관이 개념에 도달하도록 하는데 있다. 개인의 의식은 직관에서 출발하므로 구체적인 사물이나 행동을 통하여 교육해야 한다. 교육의 실제에서 페스탈로치의 교육방법은 '사물교육'으로 유명한데, 이는 다양한 개념을 배우기 위해 측정하고, 세고, 느끼고, 만지고 하는 직접경험을 통해 배우도록 하는 원리에 근거한 것이다. 명확한 개념을 얻기 위해서는 먼저 사물을 수에 의하여 분류하고, 그 다음에는 형태를 눈으로 파악하고, 언어를 사용하여 그 물체를 기억하도록 한다.

⑤ 조화의 원리

교육은 인간의 지적, 신체적, 도덕적인 면의 조화로운 발전을 꾀하는 전인교육의 형태로 이루어져야 한다. 지력(머리: head), 도덕(가슴: heart), 기술(손: hand)의 세 가지 기본 능력(3H)을 조화롭게 발전시킨다. 지력을 향상시키기 위한 지적교육, 도덕성을 향상시키기 위한 도덕교육과 더불어 페스탈로치는 노작교육(work based learning)을 제안하였는데, 노작교육은 기술 훈련으로써 인간이 기본적으로 가지고 있는 기본 능력의 개발과 관계가 있다.

이야기나누기

■ 다음의 동영상을 통해 페스탈로치의 생애를 알아봅니다.

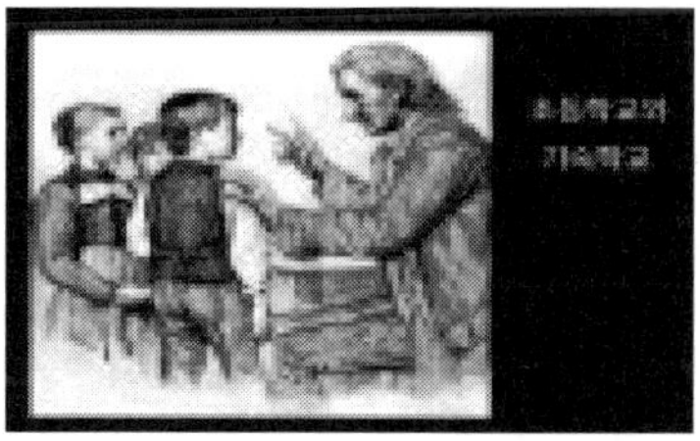

출처 : EBS 지식채널 '7전 8기의 사나이 페스탈로치'

■ 페스탈로치의 교육사상은 현대 사회의 교육에서 어떻게 적용되고 있습니까?

■ 페스탈로치는 노작교육을 중요하게 생각하였습니다. 노작교육은 유아교육에서 어떤 의미가 있다고 생각합니까?

(5) 프뢰벨(Friedrich Wilhelm August Fröbel, 1782-1852)

독일의 교육자이며 유치원(Kindergarten)의 창시자인 프뢰벨은 루소와 페스탈로치 교육사상의 영향을 받았다. 괴팅겐 대학에서 연구하던 중 어느 날 밤하늘을 쳐다보며, '군성(群星) 그 자체들은 구상(球狀)을 유지하면서 그 위치를 잡고 일정한 법칙에 따라 보다 큰 원으로 통일되어 있다'는 것을 깨닫고, '사연과 인생도 개개의 완전한 조화와 통일을 보유하면서 보다 큰 원으로 통일되며, 특히 신과의 관계에 있어서 조화를 보유하고 있다'고 하는 '구(球)의 원리'에 착안하게 되었다. 그는 놀이를 자연 놀이와 조직된 놀이로 나누어, 자연 놀이는 물 · 모래 · 점토 등과 같이 자유로이 조작할 수 있는 것을 가지고 행하는 것이라고 했고, 조직적 놀이는 운동 · 놀이 · 원예 등으로 구분했다. 그리고 운동 · 놀이 중에서 특히 '원형 놀이'를 중요시했다. 그는 원형놀이를 '구의 법칙'의 상징이라고 생각하고 아이들이 서로 손을 잡고 자기가 전체의 일부임을 체험하도록 하였으며, 막연하게나마 원형놀이를 하면서 세계와 인생을 이해하게 된다고 보았다(이태신, 2000).

프뢰벨은 「인간교육」에서 자신의 사상을 피력한 바 있다. 특히 어린이의 영혼과 발달에 대한 이해를 바탕으로 교육과 수업에 대한 철학을 제시하였다. 모든 사물의 가장 지고한 사명은 유한한 것에서 무한함을 표현하고, 일시적인 것에서 영원함을 표현하는 일, 즉 신성함을 드러내는 일이다. 인간은 이러한 자신의 사명을 통찰하여 의도적으로 행해야 하며 자라나는 세대로 하여금 인간과 자연이 신성한 전체성에 그 뿌리를 내리고 있다는 사실을 의식하게 해주는 데 교육의 진정한 의미가 있다고 하였다.

인간의 본질은 그 자체가 선하며 실로 인간 안에는 본래부터 선한 속성과 경향성이 존재하므로 인간의 삶은 개별적으로 표출되어야 한다. 외부의 힘에 의해 규정되고 요구되는 교육과 수업은 본원적인 것이 훼손된 것이다. 프뢰벨은 「인간교육」에서 발달의 단계를 제시하면서 그 특징과 교육적 의미를 논의하고 있다. 모든 내면적인 것은 밖으로 표현되어야 하고, 외적인 것은 내면으로 편입되어야 한다. 내면적인 것과 외적인 것은 원칙적으로 서로 함께 실현되고 완성된다. 그러나 발달 과정에서는 우선 하나가 우세하게 나타난 다음 다른 것이 더 우세하게 된다. 발달단계 중 유아기와 아동기의 특성을 살펴보면 다음과 같다(지식을 만드는 지식, 2009).

① 유아기(0~2세)

주로 외적인 것이 내면화된다. 유아들은 감각을 통해 외부세계를 수용하도록 배우고, 감각기관을 단련하며 외부세계를 내면화하기 위해 감각을 집중한다. 이 단계에서 성인이 어린이에게 행사하는 영향력은 직접 돌보는 일에 집중되는 양육이며 엄밀한 의미에서의 교육은 아니다. 유아에게서 자아와 세계의 관계는 아직 명확하게 분리되지 않고 있다. 모든 것이 하나로 통일된 상태에서 여전히 살고 있기 때문에 유아에게 진정한 자아가 형성되었다고 말하기 어렵다. 유아에게 있어 온전한 발달이란 자아와 세계의 관계가 전체성으로부터 점차로 세분화되어 가는 과정이라 할 수 있다.

② 아동기(2~6세)

아동과 세계가 분명하게 분리되는 것이 이 단계의 특징이다. 아동은 자아를 알게 되고 사물들을 응시하는 것 또한 배운다. 아동은 자기 자신과 세계를 발견하는 수단이요, 표현하는 통로인 말을 이 시기에 배우게 된다. 유아기와 달리 아동기는 내면적인 것을 외부로 표현해 낸다는 것이 그 특징이다. 아동기에 들어서면 신체의 양육과 보호의 측면은 감소하는 반면, 정신의 보육과 보호의 측면은 커진다. 아동기의 특징인 놀이는 어린이가 세계와 소통하는 독특한 방식인데 현재의 일에 몰두하면서도 이완될 뿐 아니라, 다른 한편으로는 전력을 다하는 진지한 행동이다. 어린이는 놀이의 형식으로 세상을 경험하고 자신의 내면을 표현하기 때문에 이 단계의 놀이는 삶의 심오한 의미와 뛰어난 교육적 가치를 지닌다.

프뢰벨은 아동기의 유아가 독자적이고 개성적으로 자기를 표현할 때 인간의 본질을 가장 순수하고 완전하게 표현한다고 생각했기 때문에 이 시기의 교육을 중요하게 생각하였다. 이에 따라 몇 가지의 교육원리를 제안하였는데 이를 통일의 원리, 자기활동의 원리, 노작의 원리, 놀이의 원리로 나누어 살펴보면 다음과 같다.

① 통일의 원리

프뢰벨은 '우주에는 근본이 되는 힘, 즉 절대적인 것'이 있는 바 그 절대적인 것이 신이라고 믿었다. 신은 만물의 조화와 통일의 근원이다. 모든 유기체는 신의 통일성을 갖고 있으나 그 중 인간은 다른 어떤 유기체보다도 신적인 요소를 많이 가지고 있으므로 교육목적은 유아들이 갖고 있는 신성이 발현되도록 돕는 것이다.

② 자기활동의 원리

인간의 발달은 외적인 강요나 구속에 의해서 이루어지는 것이 아니라 내부로부터의 자기발달에 의한 것이다. 자신의 동기와 흥미, 내적 힘에 의해 발달이 일어나므로 교육은 유아의 흥미와 욕구에 따른 창조적 자기활동의 과정이다.

③ 노작의 원리

인간은 노동을 함으로써 자기의 내적 본질을 구체적으로 표현하게 된다. 인간의 사명이 행동을 통한 신성의 표현이라고 보았으므로 노작 활동은 인간 생명의 원리이며 생명 발전의 과정이다. 때문에 노작교육이 곧 인간교육이라고 볼 수 있다.

④ 놀이의 원리

인간은 놀이를 통해 자기를 표현하므로 놀이 자체가 교육이다. 프뢰벨은 유아들의 놀이를 위해 은물(gifts)을 고안하고 작업(occupation)을 창안하였다. 10가지의 은물과 열 가지의 활동으로 구성된 작업 활동 — 종이에 구멍 뚫기, 수 놓기, 그림 그리기, 종이로 짜기, 종이 접기, 종이 자르기와 붙이기, 콩 작업(구슬 꿰기), 두꺼운 종이로 모델 만들기, 모래놀이, 찰흙놀이 — 은 오늘날 유아교육에서 유아들의 놀이 활동 및 교육 자료로 사용되는 블록, 조작자료, 구성자료의 기초가 되었다. 은물은 유아들이 개별적으로 테이블 위에서 다루는데, 은물을 다루는 데에는 순서가 있다. 순서에 따라 활동하도록 하여 엄격하고 형식적인 교육의 형태를 띠기 때문에 현재 유아기의 발달적 특징에는 부적합하다는 비판을 받기도 한다(이영자 · 박미라 · 최경애, 2009).

이야기나누기

- 프뢰벨이 고안한 은물은 가베(Gabe)라는 말로 우리나라에서도 상품화되어 많은 유아들이 사용하고 있습니다. 1은물부터 10은물까지 어떤 자료로 구성되어 있는지 조사해 봅니다.

- 은물을 활용하여 교육하는 것이 현대 사회의 유아에게는 어떤 도움이 된다고 생각합니까? 혹은 다른 자료에 비해 도움이 되지 않는다고 생각한다면 그 이유는 무엇입니까?

- 프뢰벨의 교육 원리는 현대 유아교육에서 추구하고 있는 교육 원리에 많은 영향을 미쳤습니다. 신성과 신과의 통일성을 강조한 그의 교육원리는 미래사회에도 구현될까요?

4) 현대의 유아교육 사상

(1) 듀이(John Dewey, 1859-1952)

프래그머티즘(Pragmatism)은 본래 인간의 지적인 활동이 의심으로부터 시작된다고 보는 데서 시작한 철학 운동이다. 프래그머티스트들은 의심되는 문제를 해결하기 위한 가설을 생각해 내고 그 가설을 실제로 검증해 봄으로써 문제해결에 도달할 수 있다고 주장했다. 듀이는 프래그머티즘 시카고 학파의 창시자로써 그의 교육 사상은 이러한 철학적 토대에 기반을 두고 있다.

듀이의 프래그머티즘을 도구주의(道具主義, instrumentalism)라고도 한다. 그는 '경헙'을 중시하였는데, 경험이야말로 유일한 실재이며 외계는 경험의 내용으로서만 존재하고 또한 경험은 불가분의 연속을 이루고 있다고 하였다(양운덕 외, 2009).

교육에 있어서도 '경험'은 핵심적 요소가 된다. 교육은 경험의 개조를 돕는 것이며, 학습자의 욕구에 입각한 자발적 활동을 통하여 이루어진다. 아동의 흥미와 아동 자체에 관심을 둔 그의 교육과정을 아동중심 교육과정이라고도 한다. 학습자인 아동이 중심이 되는 진보주의 교육이론에 의하면, 학교는 아동이 사회에서 생활하는 과정을 준비하는데 관심을 가져야 한다. 듀이의 저서

「나의 교육적 신념」에 표현된 그의 교육사상은 다음과 같이 요약된다(김옥경 외, 2007).

- 교육은 삶 자체다.
- 교육은 성장이다.
- 교육은 계속적인 경험의 재구성이다.
- 교육은 사회적 과정이다.

듀이는 민주적으로 교육이 이루어지는 교실에서 교육과정이 제대로 운영될 수 있다고 믿었다. 때문에 진보주의 교육과정은 아동의 흥미에 의해 구성된다. 이 과정에서 교사의 역할도 중요한데, 교육과정을 운영하는 교사는 관찰자, 안내자, 연결자, 제안자, 중재자로서의 역할을 한다. 교사는 아동이 암기위주의 학습보다는 실제 생활에 필요한 의사소통 능력, 정서 표현력, 셈하기 등을 경험을 통해 배울 수 있도록 안내한다.

듀이에 의하면 교육은 우선 아동의 흥미와 습관의 심리학적 통찰로부터 시작해야 하며 학습은 자기활동인 행함에 의한 교육(learning by doing)으로 이루어져야 한다. 즉 교육은 아동중심, 활동중심, 흥미중심, 생활중심이어야 한다. 이러한 듀이의 교육방법은 현대의 열린교육(open education)에 영향을 미쳤다.

이야기나누기

- 프래그머티즘의 관점에서 본다면 지식은 무엇이라고 볼 수 있을까요?
- 다음의 동영상을 참고하여 듀이가 이야기하고 있는 지식의 의미를 되새겨 봅니다.

출처 : EBS. 지식채널 e. '지식은 도구다' 듀이

(2) 몬테소리(Maria Montessori, 1870-1952)

이탈리아 최초의 의학박사였던 몬테소리는 초기에 정신 지체 아이들에 대한 연구에 몰두하였다가 교육에 큰 성과를 올리게 되었다. 의학적인 치료의 영역을 넘어 정신이 지체된 아이들에 대한 교육 필요성을 절감하게 된 그녀는 프랑스의 정신과 의사이자 교육자였던 세강(Seguin)의 교육원리와 방법을 교육 장면에 적용하여 정신지체아 교육에 있어 괄목할 만한 성과를 나타내었다.

1907년에 그녀는 로마에서 가장 가난한 동네에 빈민들을 위한 탁아소를 열었다. 2세에서 6세 사이의 어린이들이 그녀가 세운 탁아소에서 보살핌을 받기 시작했는데, 그 탁아소의 이름이 그 유명한 어린이집(Casa de Bambini)이다. 정신지체아들을 교육하던 방법을 일반 아이들에게도 적용하였는데 상당한 교육적 성과가 나타났다. 어린이집에서 교육활동을 하면서 몬테소리는 기존의 교육이론이나 유아를 보는 관점에 얽매이지 않고 유아들이 드러내는 자연 그대로의 모습을 관찰하였으며, 이를 통해 새로운 교육 방법을 창안하였다. 몬테소리는 유아들에 대한 관찰을 토대로 유아들은 흡수정신을 갖고 있으며 발달에 따라 민감기가 있다고 하였는데 이들 개념을 각각 살펴보면 다음과 같다.

① 흡수정신(absorbent mind)

몬테소리는 유아 안에 감춰져 있는 자기형성 충동에너지를 호르메(Horme, 생명력)라고 명명했다. 인간은 다른 동물과 같이 본능적으로 고정된 행동양식을 갖고 태어나지 않으므로 유아는 이 에너지에 의하여 스스로 자신을 형성해 간다. 출생 이후의 유아는 아직 정신이 확립되어 있지 않으므로, 몬테소리는 이러한 시기를 '정신적 태아기'라고 하였다. 정신적 태아기의 유아는 문화와의 접촉을 통해서 자신의 정신을 스스로 건설해 가지만 외적인 환경을 흡수할 수 있는 기본 틀을 가지고 있다는 점에서 백지상태와는 다르다.

② 민감기(sensitive periods)

민감기는 어떤 일정한 능력을 획득하는데 특수한 감수성이 나타나는 시기를 의미하는데, 유전적으로 미리 계획된 기간이라고 볼 수 있다. 유아들은 특별히 민감기 동안에 어떤 과제를 숙달하고자 노력하고 결과적으로 그 능력을 숙달할 수 있게 된다. 그러므로 교사는 유아의 민감기를 고려하여 교육과정을 운영할 필요가 있다.

철학적으로 루소의 영향을 받은 몬테소리는 루소와 같이 아이들은 자신만의 힘으로 배울 수 있으며 성인과는 다르게 생각하며 배운다고 생각했다. 정상적인 발달과정을 겪고 있음에도, 성인들의 반응에 따라 유아들은 자신이 갖고 있는 내적 리듬과 독립성에 영향을 받게 된다. 자신의 힘으로 숙달하게 되면 자신감과 자유감을 얻게 되지만 그렇지 않다면 소극적이고 행동을 억제하게 된다. 때문에 유아들의 민감기를 고려한 교육이 필요하며 유아 스스로 과제를 숙달할 수 있도록 기다려 주는 것이 필요하다.

몬테소리 교육방법은 유아의 발달과정과 경험의 연속성 등을 고려하여, 간단한 것에서 복잡한 것으로, 구체적인 것에서 추상적인 것으로 진행되는 연속적인 과정에 따라 설계되어 있다. 몬테소리 교육과정의 5개 학습영역인 일상생활의 연습, 감각교육, 수교육, 언어교육, 문화 일반의 각 영역은 분리되어 있는 것 같지만 운동적이고 감각적인 인식에서 출발하여 수에 대한 인식 및 언어에 대한 인식으로 연계되고 그것이 다시 문화일반에 대한 인식으로 전개되어 가는 형태로써 순서의 필연성이 구축되어 있다. 즉 신체적 운동을 통해 감각을 훈련시켜 점차 추상적인 개념을 획득해 갈 수 있도록 각 학습영역 간의 계통성과 연계성이 고려되어 있다. 이러한 구조로 인해 활동을 하는 유아는 지적능력이 활성화되고 유아 스스로 활동을 전개시켜 나갈 수 있게 된다. 이러한 측면에서 몬테소리 교육의 특징을 들라면, 자동교육(auto education)을 들 수 있다.

Chapter 3

유아교육과 발달이론

1. 발달의 개념과 원리
2. 발달이론
3. 유아기 발달 특성과 교육

1. 발달의 개념과 원리

1) 발달의 개념

정자와 난자가 만나 수정이 되어 인간의 생명이 시작되는 순간부터 죽음에 이르기까지 개인의 전 생애 동안에 연령의 증가와 함께 겪게 되는 모든 변화를 발달(development)이라고 한다(최경숙, 2001). 성장(growth)이나 성숙(maturation)과 같은 용어 또한 본질적으로 인간의 변화 과정을 의미하고 있다는 점에서 발달과 유사한 개념으로 파악되기도 하지만 엄밀하게 보았을 때 성장은 신체적, 생리적 측면의 변화 과정을 의미하며 성숙은 유전적인 소인에 의해 변화하는 과정을 의미한다는 측면에서 발달과는 그 개념이 조금 다르다(이숙재 · 김봉선, 2004). 연령의 증가에 따른 인간의 변화 과정은 신체적 측면뿐만이 아니라 심리적 측면의 변화를 포함하고 있으며 유전적 요인뿐만 아니라 환경에 의해서도 영향을 받기 때문이다.

이와 관련하여 환경적 영향에서 중요한 역할을 하는 것으로 학습(learning)을 생각해 볼 수 있다. 학습은 직접 또는 간접 경험의 산물로서 훈련이나 연습에 기인하는 발달적 변화를 의미한다. 예를 들어 외국어의 습득은 매우 특정한 훈련에 의존하는 학습된 행동이라고 할 수 있다. 인간의 발달은 성장, 성숙, 학습의 세 과정이 공존할 때 비로소 이루어진다. 그러므로 일생을 통하여 성장, 성숙, 학습에 의해 이루어지는 발달이 바로 인간 발달이다(정옥분, 2004).

발달의 개념과 관련하여 생각해 볼 점은 발달이 항상 기능적으로 증가하는 것은 아니라는 점이다. 노화에 따라 신체의 기능이 저하되고 지적 기능이 약화되는 것 또한 인간의 일생에서 일어날 수 있는 변화이므로 이러한 변화 또한 발달에 포함된다. 이러한 점들을 고려하여 볼 때 발달이란 수정에서 죽음에 이르기까지 연령의 증가와 함께 일어나는 모든 변화과정이라고 할 수 있다(최경숙, 2001).

2) 발달의 원리

전 생애에 걸쳐 일어나는 변화인 인간 발달의 양상은 매우 다양하게 보이지만 발달에는 몇 가지 기본 원리가 있다. 이를 살펴보면 다음과 같다.

첫째, 유전과 환경은 서로 상호작용하며 발달에 영향을 미친다. 발달은 유전과 환경 모두의 영향을 받으며, 인간 발달에 있어서 유전적 요인과 환경적 요인은 서로 역동적으로 상호작용한다. 예를 들어 유아의 지적 기능의 발달은 먼저 뇌신경 세포의 발달이 선행되어야 하지만 동시에 유아가 살고 있는 환경에서 적절한 지적 자극이 주어져야 한다. 환경에서 지적 자극이 결핍되면 지적 기능의 발달을 이루기가 어렵다. 유아의 발달에서 유전적 요인이 더 많이 작용하는지 환경적 요인이 더 많이 작용하는지, 혹은 발달의 원인이 유전적 요인인지 환경적 요인인지를 밝혀 내는 것은 쉽지 않다. 때문에 현재의 발달 연구자들은 유전적 요인과 환경적 요인의 역동적 상호작용으로 발달을 설명하고 있다.

둘째, 발달에는 순서와 방향이 있다. 발달에는 일정한 순서가 있다. 모든 유아는 앉은 다음에 서고, 선 다음에 걸을 수 있다. 바닥에 떨어진 동전을 주울 때 처음에는 손 전체를 이용하여 잡지만 점차로 엄지와 검지만을 이용하여 동전을 주울 수 있게 된다. 한 단어를 말한 이후에 두 단어, 세 단어를 말하고 문장을 말할 수 있게 된다. 즉 어떤 발달이 일어나기 전에는 선행되는 발달적 기능들이 있다.

특히 신체 발달은 일정한 방향을 갖고 진행되는데, 이를 정리해 보면 다음의 세 가지로 정리할 수 있다. 먼저 발달은 머리에서 발 방향으로 진행된다. 아기가 태어나면 처음에 목을 가누기 시작하고 점차로 팔 다리를 자유롭게 사용할 수 있게 된다. 다음으로 발달은 안쪽에서 바깥쪽으로 진행된다. 몸의 중심부가 말초 신경보다 먼저 발달한다. 그리고 발달은 전체적인 것에서 보다 세부적인 방향으로 진행된다. 예를 들어 영아가 처음에 블록을 잡으려고 할 때에는 손 전체를 사용하지만 점차로 몇 개의 손가락을 이용해서 블록을 잡게 된다. 처음에는 손의 크기에 맞는 블록을 잡을 수 있을 뿐이지만 점차로 아주 작은 블록들도 잡아서 쌓는 놀이를 할 수 있게 된다.

셋째, 발달의 속도는 일정하지 않다. 발달은 계속하여 진행되지만 그 속도는 일정하지 않다. 예를 들어, 신장과 체중의 발달은 신생아기부터 청소년기에 이르기까지 꾸준히 발달하지만 신생아기에 신장과 체중의 발달이 다른 시기에 비해 더욱 급속하게 일어난다. 마찬가지로 언어 또한 옹알이에서 한 단어, 두 단어, 문장을 말하게 되기까지 계속하여 발달하지만 언어가 폭발적으로 팽창하는 시기에는 언어의 발달이 급격하게 진행된다.

넷째, 발달에는 개인차가 있다. 발달은 보편적으로 진행되지만 동시에 개인차가 있다. 서고 걷게 되는 것은 보편적으로 일어나는 발달양상이지만 언제 서고 걷는 가에는 개인차가 있다. 어떤 영아는 조금 일찍 걷기도 하고 어떤 영아는 조금 늦게 걷기도 한다. 언어 발달이 빠른 유아가 있는가 하면 말을 조금 늦게 배우기 시작하는 유아도 있다. 같은 연령에 있는 유아들의 규준(norm)에 비추어 볼 때 지적 발달이 빠른 유아도 있다. 이와 같이 유아의 발달은 모두 똑같은 속도와 양상으로 이루어지는 것은 아니다.

다섯째, 각 영역의 발달은 상호 영향을 미친다. 발달에는 여러 가지 영역이 있다. 신체 발달, 사회 정서 발달, 언어 발달, 인지 발달 등이 그것인데 이들 발달 영역은 독립적으로 발달해 가는 것이 아니라 상호 영향을 미친다. 예를 들어 어머니의 사랑을 충분히 받지 못하여 정서적인 결핍을 겪는 유아는 신체 발달이나 언어, 인지 발달 영역에서 충분한 발달을 이루지 못하는 경향이 있다. 언어 발달이 너무 지체되면 의사소통에 어려움을 겪게 되어 사회적인 관계를 긍정적으로 형성하기 어려운 점이 있다.

여섯째, 발달에는 결정적 시기가 있다. 결정적 시기(critical period)는 동물생태학자인 로렌쯔(Lorenz)에 의해 제안된 개념이다. 로렌쯔는 새끼오리가 부화한 후 13시간 이내에 처음 본 물체를 따라다니는 현상을 관찰하였다. 새끼오리가 어떤 대상을 13시간 이내에 처음 보는가에 따라 새끼오리의 생존과 삶이 결정된다는 의미에서 결정적 시기 개념을 사용하였는데, 이는 인간에게도 어느 정도 적용되는 측면이 있다. 예를 들어 태어나서 생후 1년 이내에 주양육자와 신뢰감을 형성하지 못하면 성장하여서도 다른 사람과의 관계에서도 신뢰감을 형성하는데 어려움을 겪게 된다. 이런 이유로 생후 1년은 대인관계의 기초를 형성하는 결정적 시기가 될 수 있다. 그러나 최근에는 절대로 되돌릴 수 없다는 결정적 시기 개념보다는 발달의 위기 상황에 부적절하게 대처했다고 하더라도 그것의 결과에 대해 유아가 개인차를 갖고 있으며 후에 어느 정도 복원될 수 있다는 견지에서 민감기(sensitive period) 개념을 사용하고 있다.

이야기나누기

■ 제시된 상황을 떠올려 보고 자신의 생각을 이야기해 봅니다.

앞으로 유치원 교사가 될 예비 교사인 ○○○은 아이들을 좋아해서 유아교육과에 진학하기는 하였지만, 실제 아이들이 어떤 경로를 거쳐 성장하는지에 대해서는 잘 모르고 있습니다. 여러 교과목들을 배우고는 있지만 그것이 아이들을 이해하는데 어떤 도움이 될 것인지에 대해서는 확신이 없습니다.

■ 유아교육과에서 발달이론을 배우는 이유는 무엇인지 생각하고 이야기 나누어 봅니다.
■ 발달이론을 학습하는 것이 아이들을 이해하는데 어떻게 도움이 될른지 생각해 봅니다.

2. 발달이론

1) 성숙이론

성숙이론에 의하면 발달은 유기체 내부에서 자연스럽게 이루어지기 때문에 환경은 행동을 변화시키는 2차적 역할을 한다(정옥분, 2004). 성숙이론에 대해 알아보기 위해 성숙이론의 대표적 학자인 게젤(Gesell)의 이론을 소개한다.

게젤에 의하면 발달의 단계는 종의 생물학적 역사와 진화론적 역사에 의해서 결정된다. 다시 말하면 유기체의 발달은 본질적으로 생물학적 체계와 성숙과정의 통제 하에 있다. 환경은 성숙에 보조적 역할만을 담당하며 변화를 위한 어떤 추진력도 제공하지 못한다(Salkind, 1999). 그렇지만 발달에 미치는 환경의 영향력을 완전히 배제시키지는 않았다. 정상적인 발달을 위해서는 적절한 환경적 조건 또한 필요하다. 다만 성숙과 환경 이 두 가지 중 성숙이 인간 발달에 더 중요한 역할을 한다고 하였다.

게젤은 어린이의 신체 활동을 관찰한 결과 어린이의 신경계가 충분히 성숙되어 준비가 완료된 후에야 앉고 걷기를 할 수 있음을 발견하였다. 즉, 어린이에게는 어떤 행동을 할 수 있게 되는 준비도(readiness)를 결정짓는 내적 시간표가 있으며 이 시간표에 따라 발달이 이루어진다(이숙재 · 이봉선, 2004).

성숙이론은 교육을 할 때 유아의 준비도를 고려하여 유아가 스스로 성장할 수 있는 시간과 기회를 주면서 교육을 하는 것이 유아의 내적 잠재력을 발현시키는데 도움이 된다는 점을 시사한다.

2) 학습이론

학습이론은 아동발달에서 생물학적 요인보다는 환경적 요인을 더 강조한다.

환경적 요인에 의해 인간의 행동은 변화될 수 있으며 발달적 변화를 가져올 수 있다. 학습이론가들은 눈에 보이지 않는 생물학적 요인이나 인지적 사고 구조보다는 눈에 보이는 관찰 가능한 행동을 연구하는 것이 중요하다고 하였으므로 학습이론을 행동주의라고도 한다. 여기에서는 학습이론의 토대가 된 고전적 조건형성이론과 이후에 발전된 조작적 조건형성이론 및 사회학습이론에 대해 개괄한다.

(1) 고전적 조건형성이론(Classical Conditioning Theory)

고전적 고전형성이론은 자극의 연합에 따라 행동의 변화가 일어난다는 것을 증명한 이론이다. 고전적 조건형성이론을 이해하기 위해 파블로프(Pavlov)와 왓슨(Watson)의 이론을 소개한다.

① 파블로프(Pavlov)

러시아의 생리학자 파블로프는 개가 음식을 먹기 전에 침을 분비한다는 것을 알았다. 보통 침은 음식이 혀에 닿으면 분비되는 무조건 반사이다. 파블로프는 실험실에서 개에게 음식을 제공할 때 종소리를 들려주었다. 음식을 제공할 때 반복적으로 종소리가 들리자 개는 종소리만 들려도 침을 분비하였다. 종소리는 원래 개에게 침을 흘리게 하는 자극은 아니었다. 종소리와 같은 자극을 중립자극이라고 한다. 중립자극은 연합과 반복에 의해 조건자극이 되어 침을 흘리는 반응이 형성되었다. 이를 조건형성이라고 한다. 불빛과 음식을 짝을 지어 반복적으로 제공하였을 때도 불빛에 개가 침을 흘리는 반응이 형성되었다. 파블로프는 자극의 연합과 반복에 의해 행동이 형성될 수 있다는 것을 경험적으로 증명하였다.

② 왓슨(Watson)

파블로프의 조건형성 개념을 인간에게 적용시킨 최초의 학자는 왓슨이다.

왓슨은 생리적 반응 외에도 공포 반응과 같이 인간의 정서도 학습될 수 있다고 믿었다. 널리 알려진 실험으로는 알버트(Albert)라는 11개월 된 영아를 대상으로 한 실험이다. 처음에 알버트는 흰쥐에 대해 아무런 반응을 보이지 않았지만 흰쥐를 알버트에게 보여줄 때마다 동시에 막대기를 크게 두드려 알버트를 놀라게 했다. 그러자 알버트는 막대기 소리가 없을 때에도 쥐를 보고 얼굴을 찡그리며 울음을 터뜨렸다. 처음에는 중립자극이었던 흰쥐가 공포반응을 일으키는 조건자극이 된 것이다. 고전적 조건형성의 원리에 따르면 인간의 행동은 조건을 어떻게 연합시켜 반복하는가에 달려 있다고 할 수 있다.

(2) 조작적 조건형성이론(Operant Conditioning Theory)

스키너(Skinner)는 인간의 행동이 자극의 연합에 의해 변화하기보다는 행위의 결과에 따라 변화한다고 보았다. 즉 인간의 행동은 행동에 뒤따르는 결과가 어떠한가에 따라 결정된다. 유아가 어떤 행동을 하였을 때 그에 뒤따르는 결과가 긍정적인 것이라면 그 행동은 자주 일어날 것이다. 반대로 어떤 행동을 하였을 때 그에 뒤따르는 결과가 부정적인 것이라면 그 행동은 감소할 것이다. 이렇듯 어떤 행동의 빈도를 증가시키는 결과를 강화(reinforcement)라고 하며, 어떤 행동의 빈도를 감소시키는 결과를 벌(punishment)라고 한다. 스키너는 강화와 벌을 통하여 인간의 행동을 조작할 수 있다고 하였으며 이를 조작적 조건형성(operant conditioning)이라고 하였다.

예를 들어, 유아가 친구를 도와주는 행동을 하였을 때 교사가 칭찬을 하였다면 유아의 친구를 도와주는 행동의 빈도는 증가할 것이다. 반면 유아가 친구를 때리거나 방해했을 때 교사가 무시를 하거나 잠시 교실 한 구석에 서 있도록 벌을 준다면 유아의 때리는 행동은 감소할 것이다. 이렇듯 교사는 강화와 벌을 통하여 유아의 긍정적인 행동을 증가시킬 수 있으며 부정적인 행동은 감소시킬 수 있을 것이다. 조작적 조건형성은 교육적 장면에서 유아의 행동을 훈련하거나 수정하려고 할 때 종종 사용되어 왔으며 특수교육 분야에도 영향을 미쳤다.

(3) 사회학습이론(Social Learning Theory)

반두라(Bandura)는 스키너의 조작적 조건형성 만으로는 인간의 행동을 설명하지 못한다고 보았다. 인간이 행동을 학습할 때에는 직접적인 강화가 필요할 때도 있지만 그렇지 않을 때도 있다. 같은 반인 유진이와 정민이의 예를 들어 보자. 유진이가 다른 친구를 도와줄 때 교사로부터 긍정적인 보상을 받았다면 유진이의 친구 도와주기 행동의 빈도는 증가할 것이다. 그런데 직접 긍정적 강화를 받지 못했던 정민이의 도와주기 행동의 빈도도 증가한다. 그 이유는 무엇일까? 반두라는 직접 보상을 받지 못하였다고 하더라도 인간은 다른 사람이 보상을 받는 것을 관찰하여 그 행동을 증가시킬 수 있다고 설명하였다. 이를 관찰학습, 모방학습 혹은 대리학습이라고 한다. 반두라의 이론은 스키너의 조작적 조건형성에 비해 인간을 훨씬 능동적인 존재로 보고 있으며, 스키너가 주로 동물 실험을 통해 자신의 이론을 구축했던 것에 비해 일상적인 사회생활에서 이루어지는 행동을 토대로 자신의 이론을 구축해 나갔으므로 사회학습이론이라고 한다.

이야기나누기

- 고전적 조건형성의 예를 들어 봅니다.
- 조작적 조건형성의 예를 들고, 조작적 조건형성의 원리를 교육적 상황에 적용할 수 있는 방안을 생각해 봅니다.
- 대중매체를 통한 학습이 유아의 행동에 미치는 영향력에 대해 생각해 봅니다.
- 사회학습이론을 적용하여 유아의 행동을 어떻게 지도할 수 있을지 논의해 봅니다.

3) 정신분석이론

정신분석이론은 인간이 생물학적 요구와 사회적 기대 사이에서의 갈등에 어떻게 직면하게 되는지를 일련의 발달단계에 따라 설명하고 있다. 정신분석 이론의 대표적인 학자로는 프로이트(Freud)와 에릭슨(Erikson)을 들 수 있다. 여기에서는 프로이트의 심리성적 발달이론과 에릭슨의 심리사회적 발달이론의 두 이론을 개괄한다.

(1) 심리성적 발달이론

프로이트는 인간의 성격이 원초아(id), 자아(ego), 초자아(super ego)의 역동적 관계에 따라 형성된다고 보았다. 원초아는 선천적으로 갖고 태어나는 것으로 쾌락 원리에 따라 움직인다. 자아는 의식적인 부분으로 충동을 현실적으로 다루는 역할을 한다. 초자아는 양심과 같은 도덕적 통제 지침과 관련되어 있으며 남근기인 3세에서 6세 사이에 발달하기 시작한다. 이 세 가지는 밀접하게 관련되어 있다. 자아는 원초아의 충동을 현실적인 여건을 고려하여 합당하게 해소시키려고 하고 초자아는 원초아의 분방한 쾌락 추구에 반대하며 양심의 원리에 의해 활동한다.

프로이트는 성인 행동의 근원을 아동 초기의 발달 경험이 어떠했는가에서 찾을 수 있다고 보았다. 어렸을 때에 경험한 사회적 환경과의 상호작용 특성이 자란 후에까지 영향을 미친다고 하였다. 이를 프로이드는 심리성적 발달과정으로 설명하고 있다. 즉 연령이 변화함에 따라 성의 본능인 리비도(libido)가 집중되는 신체 부위가 달라지는데 이 변화에 따라 발달단계를 나누고 있다(최경숙, 2001).

① 구강기(oral stage)

출생에서 1세까지의 시기이다. 리비도가 입에 있어서 영아는 입을 통한 만족을 추구하려고 한다. 구강기에 입을 통한 만족이 충족되지 못하였을 때에는 구강기에 고착하게 되는데 구강기에 고착하게 되면 성인이 되어서도 수다 떨기, 손톱 깨물기, 음주, 흡연과 같은 구강기에 고착하는 모습을 보이게 된다.

② 항문기(anal stage)

약 1세에서 3세경까지의 시기로 이 시기에는 리비도가 항문에 있다. 유아는 배설을 통하여 쾌감을 얻으려고 하는데, 이는 배설물의 보유와 배출로 나타난다. 특히 이 시기에는 대 · 소변 훈련이 시작되는데 대 · 소변 훈련을 너무 엄격하게 시키면 항문기에 고착하게 되어 성인이 되어서도 결벽증, 수전노와 같은 성격을 보이게 된다.

③ 남근기(phallic stage)

약 3세에서 5세경까지의 시기로 이 시기에 리비도는 성기에 있다. 유아는 성기에 관심을 가지고 성기에 손이 닿을 때 가벼운 쾌감을 느낀다. 이 시기에 남아는 어머니를 사랑하는 오이디푸스 콤플렉스를 경험하게 되며 여아는 아버지를 사랑하는 일렉트라 콤플렉스를 경험하게 된다. 남아는 어머니를 사랑하게 되면서 아버지를 경쟁자로 느끼게 되고 이에 따라 아버지가 자신의 성기를 잘라 버릴지도 모른다는 거세 공포를 느끼게 된다. 이 과정에서 아버지처럼 되기 위해 아버지를 동일시하게 되는데 이를 통해 아버지의 역할인 남성의 역할을 학습하게 된다. 여아도 마찬가지로 어머니를 동일시하면서 어머니의 역할인 여성의 역할을 학습하게 된다. 이런 식으로 남근기에 성 역할을 학습하게 되고 성에 적절한 역할 및 도덕적 태도 등을 내면화 하게 되면서 초자아가 발달하게 된다. 남근기에 고착되면 성인이 되어 과시적, 공격적인 성격을 보이게 된다.

④ 잠복기(latency stage)

약 6세에서 12세까지의 시기로 성에 대한 관심이 나타나지 않기 때문에 이 시기를 잠복기라고 한다. 성의 충동이 나타나지 않고 동성들끼리의 집단을 형성하는 경향성 때문에 동성애착 시기라고도 한다. 지적 탐색이 활발하고 놀이, 게임 등에 에너지를 쏟는다. 이 시기에 고착되면 동성이 아닌 이성과의 관계가 원만하기 어렵다.

⑤ 생식기(genital stage)

11세, 12세 이후가 되면 사춘기에 들게 되면서 성적 성숙이 이루어진다. 이성에 대한 관심을 가지고 이성 애착의 경향을 보인다. 이 시기에 순조로운 발달을 하게 되면 타인에 대한 관심이 높고 성숙한 생식기적 성격을 보이게 되고 그렇지 않으면 이성에 대한 적응에 곤란을 겪게 된다.

프로이트의 이론은 인간의 본능적인 충동을 깨닫고 그 표현을 받아들이며 각각의 심리성적단계를 이해하여 각 단계에 고착되지 않도록 하는 것이 중요하다는 점을 시사하고 있다.

(2) 심리 사회적 발달이론

에릭슨은 프로이트의 심리성적 발달의 기본 개념을 받아들이면서도 인간의 성격발달을 사회와의 관계 속에서 연구하였다. 또한 프로이트가 청년기까지의 발달을 논의한 반면 에릭슨은 이에 그치지 않고 출생에서 노년기까지 전 생애에 거쳐 발달이 진행된다고 보았다. 각각의 발달 단계를 거치면서 인간은 각 단계에 부응하는 사회적인 기대와 요구에 직면하게 되는데 발달과업을 완수함으로써 인간은 한 단계에서 다음 단계로 발달하게 된다. 전 생애에 걸친 발달단계는 8단계로 이루어져 있으며 각각의 단계는 다음과 같다.

① 신뢰감 대 불신감(trust vs. mistrust)

출생에서 1세경까지의 시기이다. 이 시기의 핵심적 갈등은 프로이트의 구강기와 관련이 있다. 구순기의 갈등 해소 여부에 따라 세상에 대한 기본적인 신뢰감을 형성하게 된다. 주양육자가 영아의 신체적인 요구와 심리적인 요구에 잘 반응해 주면 영아는 주양육자에게 기본적인 신뢰감을 갖게 되고 나아가 주위 세계에 대해 신뢰감을 갖게 된다. 그러나 주양육자와 신뢰로운 관계를 형성하지 못하면 주양육자에 대한 불신감뿐만 아니라 주위 세계에도 불신감을 갖게 된다.

② 자율성 대 수치심, 회의감(autonomy vs. shame or doubt)

1세에서 3세경까지의 시기이다. 이 시기의 핵심적 갈등은 프로이트의 항문기와 관련이 있다. 유아의 배변 훈련과 관련된 핵심 갈등이 나타난다. 괄약근을 조절하고 대·소변 통제를 할 수 있게 되면서 유아는 자기주장을 시작한다. '아니야', '싫어'와 같이 자기주장을 나타내는 말을 많이 하게 되는 것도 이 무렵이다. 자율성이 발달해 나가는 이 시기에 유아는 사회적 기대와 압력을 배우게 되는데, 그에 적절한 행동을 잘 해 내지 못했을 때 유아는 자신에 대한 수치심을 느끼고 자신의 능력에 대해 회의감을 갖게 된다.

③ 주도성 대 죄책감(initiative vs. guilt)

3세에서 5세경까지의 시기이다. 이 시기의 핵심적 갈등은 프로이트의 남근기에 해당하는 것으로 유아는 오이디푸스 위기의 해결과 관련하여 부모에 대한 의존으로부터 벗어나 보다 복잡한 행동을 주도적으로 하려고 한다. 유아의 행동은 목표 지향적이고 경쟁적이나 아직 행동이나 발달은 미숙하므로 계획을 잘 완수하지 못한다. 이때 주위로부터 지지와 격려를 받으면 주도성이 발달하지만 행동을 주도적으로 할 기회를 얻지 못하거나 목표를 수행해 내지 못했을 때에는 죄책감을 느끼게 된다.

④ 근면성 대 열등감(industry vs. inferiority)

6세에서 12세경까지의 시기이다. 이 시기에 아동은 성인의 역할에 필요한 여러 가지 기술을 발달시키게 된다. 에릭슨에 따르면 이 시기는 대단히 역동적인 시기로 기초적인 지적 기술들을 습득하고 사회적 관계를 넓혀 가는 시기다. 이 시기에 아동은 근면성을 배우게 되는데, 학습에서의 좌절을 경험하거나 사회적 관계에서 실패를 경험하게 되면 자신감이 없어지고 열등감을 느끼게 된다.

⑤ 정체감 대 역할 혼미(identity vs. role confusion)

13세에서 사춘기라고 일컫는 시기가 이 시기에 해당된다. 이 시기는 신체적 변화가 급속하게 일어나면서 새로운 사회적 역할이 요구되는 시기다. 아동은 이러한 변화에 당황하게 되고 이 과정에서 자신이 누구인지에 대한 의문이 시작된다. 자신이 누구인지, 자신의 사회적 역할은 무엇인지, 자신의 위치와 능력은 어떠한지 등과 관련한 자아 정체감이 이 시기에 형성되어야 하는데 자아 정체감 형성에 어려움을 겪게 되면 혼란을 겪고 방황이 길어지게 된다. 그렇게 되면 자신의 정체감에 대한 역할 혼미를 경험하게 된다.

⑥ 친밀감 대 고립감(intimacy vs. isolation)

20세경부터 청년기를 지나 성인기 초기에 해당하는 시기다. 이 시기에는 직업을 찾고 배우자를 찾게 된다. 정체감을 획득한 성인은 다른 사람과의 관계에서 친밀감을 느끼고 이성과도 성적으로나 지적으로 진정한 관계를 이룰 수 있으나 정체감 혼미에 따라 방황하는 성인은 친밀감을 형성하지 못하고 사회적 관계에서 고립감을 느끼게 된다.

⑦ 생산성 대 침체성(generativity vs. stagnation)

성인기 중반에 해당하는 시기다. 중년의 시기인 이 시기에는 가정, 직장과 같은 사회적인 다양한 영역에서 자신의 생산성을 발휘하게 되는데 생산성을 제대로 발휘하지 못하면 침체성이 형성되고 이러한 사람은 자신의 행복에만 몰두하는 모습을 보인다.

⑧ 통합감 대 절망감(ego integrity vs. despair)

성인기 후반인 이 단계는 노년기에 해당하는 시기다. 자신의 삶을 되돌아보면서 자신의 삶이 가치 있다고 느끼면 자아의 통합이 이루어진다. 그러나 자신의 삶이 가치가 없었다고 느끼면 절망감을 느끼게 된다.

에릭슨의 이론은 전 생애의 발달에서 매우 의미가 있는 이론이다. 마지막 단계인 자아 통합을 이루기 위해서는 생후 조기 신뢰감의 발달부터 이루어져야 한다. 만약 선행 단계의 발달이 잘 이루어지지 못했다면, 즉 그 단계의 갈등을 잘 다루지 못했다면 다음 단계의 발달도 원만하게 이룰 수가 없다. 에릭슨의 이론을 통해 보면 어린 시기에 심리적으로 건강한 발달을 이루어 가는 것이 중요하며, 발달상의 갈등을 이해하고 유아를 교육하는 것이 필요하다는 점을 알 수 있다.

이야기나누기

- 정신분석이론을 고려해 보았을 때, 교사로서 유아의 건강한 성격 발달을 위해 지원할 수 있는 방안들에 대해 생각해 봅니다.

4) 인지발달이론

인지발달이론은 유아의 합리적인 사고 과정에 관심이 있다. 대표적인 학자로 스위스의 심리학자였던 삐아제(Piaget)와 러시아의 심리학자였던 비고츠키(Vygotsky)의 이론을 들 수 있다. 비고츠키는 삐아제에 비해 사고 과정에 있어 사회 문화적인 영향 요인을 강조하였으므로 사회문화이론에서 다루기도 한다.

그러나 둘 다 인간의 인지발달 과정에 관심을 두었다는 측면에서 인지발달이론에서 다루기로 한다.

(1) 삐아제의 인지발달이론

삐아제는 인간의 인지발달이 유기체와 환경 간의 끊임없는 상호작용을 통한 적응(adaptation)과정이라고 보았다. 적응은 동화(assimilation)와 조절(accommodation)의 두 가지 작용을 통해 일어난다. 동화는 새로운 환경에 반응할 때 기존에 자신이 갖고 있던 도식을 사용해서 새로운 자극을 이해하는 것을 말하며 조절은 기존에 갖고 있던 도식으로 새로운 자극을 받아들일 수 없을 때 기존의 도식을 바꾸는 것을 말한다.

예를 들어, 유아가 하늘에 날아다니는 것을 '새'라고 알고 있었는데 어느 날 하늘을 날아가는 비행기를 보게 된다. 비행기를 보고 유아는 '새'라고 한다면 이는 자신이 갖고 있던 새의 도식에 비행기를 동화시킨 것이다. 그런데 옆에서 보고 있던 엄마가 '저건 날아다니는 새하고 조금 다르게 생겼지. 저렇게 생긴 것은 비행기라고 하는 거야'라고 한다면 유아는 자신이 갖고 있던 '새'의 도식을 변경시켜야만 한다. 그래서 날아가기는 하지만 새와 모양이나 크기가 다른 물체는 '비행기'라고 하는 것을 알 수 있게 되는데 이를 '조절' 이라고 한다. 자신이 생각하고 있던 '새'를 '비행기'라고 할 때 유아는 인지적 갈등을 느끼게 된다. 그러나 동화와 조절 과정을 통해 유아는 새와 비행기의 차이를 알게 되고 이를 통해 인지적인 평형 상태에 이르게 되는데 이를 평형화(equilibrium)라고 한다.

한편, 이렇게 동화와 조절이 일어날 때 유아가 사용하는 이해의 틀을 도식(schema)이라고 하며 이는 감각 운동 도식, 상징 도식, 조작 도식으로 나뉜다. 도식은 연령의 증가에 따라 질적인 변화를 보이게 되는데 이는 다음 네 단계의 질적 발달 단계로 나뉜다.

① 감각운동기(sensorymotor stage)

출생에서 약 2세경까지의 시기다. 감각운동의 행동적 도식을 형성해서 외부 환경을 이해하고 적응해 간다. 감각운동기 초기에는 생득적 반사에서 출발하여 감각운동적인 행동적 도식을 통해 주변을 이해해 가지만 후기에는 상징적 표상을 형성할 수 있게 되면서 비교적 지적인 행동도 할 수 있게 된다.

② 전조작기(preoperational stage)

2세에서 약 7세경까지의 시기다. 감각운동기에서 벗어나 사물에 대한 상징을 사용하는 표상 능력이 급격히 발달하는 시기다. 이에 따라 사고에서의 진전 또한 급속하게 일어나나 아직은 직관적이고 자아 중심적이다. 눈에 보이는 대로 판단하는 직관적 사고 때문에 보존 개념을 획득하지 못하여 논리적인 사고가 어렵다. 자아중심성으로 인해 자신의 입장에서 사물을 보고, 다른 사람의 관점을 이해하기 어렵다.

③ 구체적 조작기(concrete operational stage)

7세에서 11세경의 초등학교 시기가 이 시기에 해당한다. 전 조작기보다 더 성숙한 인지 구조가 형성되며 보존개념을 획득한다. 논리적인 조작이 가능하게 되나 이는 구체적 사물을 다루는 데에 한정되며 추상적이나 가설적인 문제를 다루는 데에는 아직 미숙하다.

④ 형식적 조작기(formal operational stage)

12세 이후가 되면 아동은 형식적 조작 단계에 이르게 된다. 이 때가 되면 아동은 구체적인 상황을 넘어서 추상적인 개념도 다룰 수 있게 된다. 체계적인 사고 체계로 인해 연역적인 추론이 가능해진다.

삐아제의 이론은 유아의 인지발달 체계를 규명했다는 점에서 교육적인 시사점을 제공한다. 유아교육기관에서 전 조작기적 사고 특성을 갖는 유아를 대상으로 교육을 할 때에는 구체적인 경험이 필요하며 교사는 자기중심적인 유아의 사고 특성을 고려할 필요가 있다. 또한 동화와 조절을 통한 적응과 인지적 발달이 기본적으로 인지적 갈등에서 출발한다는 점과 인지발달에서 유아의 능동적 역할을 고려해 볼 때, 지식 전달적인 교수 방법에서 벗어나 유아 스스로 사고를 구성할 수 있도록 인지적 갈등 상황을 제공할 필요가 있다.

(2) 비고츠키의 사회 문화적 인지발달이론

비고츠키의 사회 문화적 인지이론은 특정 문화의 가치, 신념, 관습, 기술이 어떻게 다음 세대로 전수되는가에 초점을 맞추고 있다. 삐아제의 인지발달이 개인 아동의 능동적인 노력을 강조하고 있는 반면, 비고츠키의 이론은 인지발달에서 개인 아동의 노력뿐만이 아니라 성인 및 좀 더 유능한 또래의 역할을 강조하였다.

비고츠키가 제안한 근접발달지대(ZPD: Zone of Proximal Development) 개념은 아동이 스스로의 힘으로 문제를 해결할 수 있는 수준인 실제적 발달 수준과 성인이나 유능한 또래의 도움을 받아 문제를 해결할 수 있는 수준인 잠재적 발달 수준 간의 영역을 의미하는데 실제의 발달 수준이 같은 두 아동이라도 도움을 받아 문제를 해결할 수 있는 수준은 서로 크게 다르다는 것을 말해준다. 성인이나 유능한 또래가 아동 스스로 문제를 해결할 수 있도록 도와주는 것을 스캐폴딩(scaffolding)이라고 하는데, 근접발달지대와 스캐폴딩의 개념은 유아교육에 시사하는 바가 크다. 즉 근접발달지대에서 스캐폴딩이 원활하게 일어날 때 유아의 문제해결 능력은 크게 달라질 수 있으므로 교사는 유아의 근접발달지대에서 적절한 스캐폴딩을 하는 것이 필요하다는 점을 고려해야만 한다.

한편, 비고츠키는 언어가 인간의 사고발달에 중요한 역할을 한다고 보았다. 인간이 언어를 사용함으로써, 언어를 매개로 하여 사회 구성원과 상호작용을 하게 되고 이를 통해 고등 정신 기능이 발달한다고 하였다. 비고츠키의 이론을 교육적 현장에 적용할 때에는 근접발달지대에서의 스캐폴딩 및 언어의 중요성을 인식하고 교육하는 것이 필요하겠다.

이야기나누기

- 인지발달이론을 고려해 보았을 때, 교사로서 유아의 인지발달을 위해 지원할 수 있는 방안들에 대해 생각해 봅니다.

5) 동물행동학이론

동물행동학이론은 발달을 진화론적 관점에서 본다. 동물 행동학이라는 학문 분야를 연 사람은 로렌쯔(Lorenz)로 로렌쯔는 거위가 부화 직후부터 어미를 따라 다니는 행동을 관찰하였다. 이러한 행동은 새끼가 어미 곁에 있음으로 해서 먹이를 얻을 수 있고 위험으로부터 보호를 받을 수 있기 때문에 생존하는 데 가치가 있는 행동이다. 이처럼 일정 기간 내에 매우 빠르게 일어나는 선천적인 학습 형태를 각인(imprinting)이라고 한다. 각인은 생후 초기 제한된 시간 내에서만 일어나므로 막 부화한 새끼새의 곁에 어미가 없다면 대신 어미를 닮은 다른 대상에게 각인이 일어날 수 있다. 로렌쯔는 실험을 통해 이를 증명해 내었는데, 부화하자마자 로렌쯔를 본 새끼오리들은 로렌쯔를 어미로 알고 졸졸 따라다녔다.

로렌쯔는 이러한 현상을 통해 결정적 시기(critical period)라는 개념을 이끌어 내었다. 결정적 시기는 제한된 시간 내에 아동이 특정한 적응 행동을 습득하도록 생물학적으로 준비되어 있으며 그러기 위해서는 환경 내에 적절한 지원이 있어야 한다는 것을 의미한다(Berk, 2000).

결정적 시기 개념은 인간에게도 적용될 수 있다. 어머니의 부재나 심리적 거부 같은 모성 실조가 3세 이전에 일어나게 되면 영아는 성인과 긴밀한 애착 관계를 형성하기가 어렵다. 이렇게 보면 인간 애착발달의 결정적 시기는 3세 이전이 된다. 그런데 인간에게는 결정적 시기 개념보다는 민감기(sensitive period)의 개념이 더 적절하게 사용될 수 있는 것 같다. 민감한 시기는 그 개념이나 범위가 결정적 시기보다는 덜 엄격하다. 민감기는 특정한 환경적 영향에 민감한 시기로 유아는 이 시기에 특정 환경의 자극에 민감한 반응을 보인다. 민감한 시기가 지난 후에도 발달이 이루어질 수는 있지만 그 때는 시간이 더 오래 걸리고 발달이 잘 이루어지기가 어렵기도 하다. 앞서 예를 든 애착 행동의 경우도 생후 3년 이내에 애착 관계를 발달시키지 못한 경우 이후에 다른 대상과 애정적인 관계를 형성하기는 어렵지만 이후의 환경적 조건에 따라 애정적 관계를 형성할 수 있게 되기도 하다. 다만 그 과정이 더디고 어려울 뿐이다.

동물행동학이론은 양육과 교육에 다음과 같은 시사점을 제공한다. 즉 영아가 그들의 요구에 대해 울음과 같은 방식으로 신호를 보낼 때 즉각적이고 적절하게 반응해야 하며 입원이나 다른 일로 영아와 분리될 때 영아의 정서적 요구에 민감해야 할 것을 제안한다(Miller, 2004). 특히 교육적 장면에서는 동물행동학이론에서 도출된 결정적 시기와 민감기 개념을 애착과 같은 사회정서발달 영역에서 뿐만 아니라 지적 발달 영역과 같은 다른 발달 영역에도 적용하여 사용하고 있다.

이야기나누기

- 애착 외에 민감기이론이 적용될 수 있는 다른 사례를 찾아봅니다.

6) 생태학적 체계이론

브론펜브레너(Bronfenbrenner)는 유아를 둘러싸고 있는 환경체계들이 유기적으로 상호작용하며 발달에 영향을 미치고 유아 또한 환경체계에 적극적으로 적응하며 환경을 구성해 간다고 보았다. 브론펜브레너는 유아를 둘러싼 환경을 미시체계(microsystem), 중간체계(mesosystem), 외체계(exosystem), 거시체계(macrosystem), 시간체계(chronosystem)로 체계화하였는데 각각의 환경체계가 의미하는 바를 살펴보면 다음과 같다(신혜은 · 고태순 · 장세희, 2016).

(1) 미시체계

미시체계에는 유아의 가족, 친구, 학교, 이웃이 포함된다. 이 미시환경체계 안에서 유아는 부모, 형제, 또래 등의 영향을 받는다. 예를 들어, 행복한 결혼생활을 영위하고 있는 부모들은 더 민감하고 주의 깊게 아이를 기른다. 유아는 이들 환경에 수동적으로 반응하기만 하는 것이 아니라 능동적으로 대처함으로써 환경을 구성해 나간다. 예를 들어, 까다로운 기질을 가진 아이는 부모에게 양육이 어렵다는 느낌을 주어 부모-자녀간의 친밀감 형성에 어려움을 줄 수도 있다. 때문에 아동을 이해하기 위해서는 아이마다 다른 미시체계를 이해하는 동시에 각각의 미시체계와 아동 간의 상호관계를 파악하는 것이 필요하다.

(2) 중간체계

중간체계는 부모와 교사와의 관계, 부모와 이웃과의 관계 등 미시체계들 간의 상호관계를 말한다. 브론펜브레너는 이들 미시체계들 간의 관계가 강력하고 상호 지지적일 때 아이의 발달이 최적화된다고 보았다. 예를 들어, 부모와 안정된 관계를 형성한 유아는 좋은 또래 관계를 형성하는 경향이 있다. 학교에서 높은 학업 성취를 보이는 것은 잘 가르치는 교사 요인뿐만 아니라 학업 성취를 격려하는 부모가 있기 때문이다. 미시체계들 간의 관계가 잘 연결되어 있지 않고 서로 지지하지 않는 경우, 유아는 혼란을 느끼게 되고 최적의 발달을 기대하기 어렵게 된다. 예를 들어, 부모의 교육가치관과 교사의 교육가치관이 다른 식으로 미시체계들이 각각 서로 다른 가치관을 가지고 있다면 그 안에서 유아가 안정된 발달을 이루기가 어렵다.

(3) 외체계

외체계란 유아가 직접 참여하지는 않으나 유아에게 영향을 미치는 사회환경을 의미한다. 대중 매체, 부모의 직업 체계, 정부 기관 등이 이에 속한다. 외체계들은 일방적이고 간접적인 방식으로 유아에게 영향을 미친다. 예를 들어, 부모가 직장 생활을 즐기는가 혹은 힘들어하는가에 따라 가정에서 영유아를 대하는 방식은 달라질 수가 있다. 만약 정부가 유아교육기관의 질적 향상을 위한 정책을 최우선적으로 세워 실행한다면 유아교육기관을 이용하는 유아의 복지 상태는 훨씬 향상될 것이고, 이것이 유아의 발달에 긍정적인 영향을 미칠 수 있다.

(4) 거시체계

거시체계는 모든 체계를 포함하며, 그 체계간의 긴밀성 정도와 역동성이 만들어 내는 문화적 환경을 의미한다. 사회적 가치관, 신념, 직업 선호도의 변화, 아름다움에 대한 기준 등이 이에 속한다. 각각의 문화적 환경에 따라 그에 상응하여 무엇에 가치를 부여하는가는 다를 수가 있다. 어떤 문화적 환경에서는 뚱뚱한 것이 아름다움의 기준일 수가 있고, 또 다른 문화적 환경에서는 마른 것이 아름다운 것의 기준일 수가 있다. 문화적 환경에 따른 다양한 가치체계는 얼핏 유아의 삶에 개입하지 않는 것 같으나 실제로는 매우 강력한 영향력을 발휘한다.

(5) 시간체계

시간체계는 아이가 성장하면서 겪게 되는 생태학적 맥락을 강조하고 있다. 예를 들어, 부모의 이혼에 대해 죄책감을 느끼는 것은 아이의 연령에 따라 다르다. 좀 더 나이 든 아이는 죄책감을 덜 느끼고 나이가 어린 아이는 죄책감을 더 강하게 느낀다. 이처럼 같은 사건이라도 연령 및 발달에 따라 유아에게 다른 영향을 미친다.

이렀을 때에는 미시체계로부터 제일 많은 영향을 빋지만, 연령 증가와 함께 새로운 미시체계가 생기거나 있던 체계가 없어지기도 하는 등의 생태적 전환이 일어난다. 미시체계의 변화는 중간체계의 변화를 유도하고 그로 인해 유아의 발달은 또 다른 방식으로 일어난다. 예를 들어, 어머니의 갑작스러운 취업은 어린 유아에게 어머니와 떨어져서 하루를 보내야 한다는 일종의 스트레스로 작용하게 된다. 어머니 대신에 잘 돌보아 주는 양육자와 지낼 수 있게 되면 이 사건은 유아의 발달에 크게 나쁜 영향을 미치지 않지만, 유아에게 무관심한 양육자와 지내게 되면 영유아는 심리적 스트레스를 경험하게 되어 어머니의 취업이라는 사건이 영유아의 발달에 나쁜 영향을 미치게 된다. 결국 유아의 발달을 이해하기 위해서는 유아에게 영향을 미치는 생태적 환경 요소들과 생태적 전환 과정을 이해하는 것이 필요하다는 것을 브론펜브레너의 이론을 통해 알 수 있다.

이야기나누기

- 생태학적 체계 관점에서 보았을 때, 국가의 정책이 유아의 삶에 미치는 영향력에 대해 최근의 유아 관련 정책과 관련한 기사를 검색하여 설명해 봅니다.

3. 유아기 발달 특성과 교육

1) 신체 및 운동발달과 교육

유아기에는 영아기에 비해 키와 몸무게의 성장 속도가 완만해지고 키는 출생시의 2배, 몸무게는 출생시의 5배 정도가 된다. 점차로 팔 다리가 길어지면서 머리의 비율은 작아진다(대한소아과학회, 1998).

유아기에는 달리고 구르고 기어오르고 뛰어오르는 등의 대근육 운동 능력 및 그림 그리기, 글자 쓰기, 찢고 오리기, 쌓기 등의 소근육 발달이 크게 일어나게 된다. 3세가 되면 유아는 미끄럼틀에 올라 미끄럼을 타기도 하고 세발자전거도 탈 수 있다. 5~6세가 되면 두발자전거도 탈 수 있게 되며 평균대 위에서 균형을 잡는 것도 가능하게 된다. 3세경이 되면 두 손가락을 이용하여 작은 물건들을 집을 수 있으며, 5~6세경이 되면 펜을 쥐고 문자를 쓸 수도 있다. 조작 능력도 상당히 발달하여 5세가 되면 정교한 블록놀이를 할 수 있게 되면서 단순한 쌓기를 넘어서서 주제에 따라 쌓기 활동을 할 수도 있다.

[그림 3-1] 대근육 운동놀이와 조작놀이를 하는 유아들

유아의 신체 및 운동발달은 유전에 의해서도 영향을 받지만 영양에 의해서도 영향을 받는다. 때문에 적절한 운동발달을 위해서는 균형잡힌 식단의 제공이 필요하다. 또한 애정결핍, 사회적 고립과 같은 정서적 스트레스도 신체적 성장에 영향을 미치므로 유아에게 민감하고도 애정 어린 교육 환경이 필요하다.

한편, 다양한 운동 놀이는 아동의 운동발달이 활발하게 일어나도록 돕는다. 그러나 유아들은 자신의 신체 능력을 과대평가하는 경향이 있기 때문에 안전사고에 노출되는 경우가 발생하기도 한다. 그러므로 교육을 할 때에는 다양한 신체·운동적 경험과 함께 안전 교육이 수반되어야 할 것이다.

2) 인지발달과 교육

유아기는 삐아제의 인지발달 단계 중 전조작기에 해당하는 시기로 이 시기의 사고 특성은 상징적 사고, 직관적 사고, 자기중심적 사고, 물활론적 사고를 들 수 있다.

2세 이후가 되면 유아는 상징을 사용하여 표상하고 사고할 수 있게 된다. 베개를 아기라고 생각하고 업고 다니거나 장난감 전화기를 들고 마치 누구와 대화하듯이 하는 것은 상징적 사고의 증거로 보인다. 한편, 아동은 직관적인 사고를 하기 때문에 사건의 여러 측면에 주의를 기울이지 못하여 보존개념을 획득하지 못한다. 유아기 사고 특성의 또 다른 중요한 부분으로는 자기중심적 사고를 들 수 있다. 유아는 자신의 입장에서만 생각하며 다른 사람의 생각이나 관점 그리고 감정을 자신과 동일하다고 생각한다. 자기중심성과 관련하여 모든 사물은 살아 있다는 물활론적 사고를 한다. 유아기의 인지발달을 위해서는 구체물을 활용한 다양한 활동과 경험이 필요하다. 이는 다양한 놀이 활동을 통해 경험하는 것이 바람직하다.

한편, 유아기에는 호기심이 많아져서 다양한 현상에 대해 '왜'라는 질문을 많이 한다. 이때 교사는 유아의 질문에 성실하고 적절한 반응을 함으로써 유아의 호기심을 격려하여 유아가 주변 세상에 대해 더욱 적극적으로 탐색하고 알아가고자 하는 욕구를 지원하는 것이 필요하다.

[그림 3-2] 상상놀이를 하는 유아들

3) 언어발달과 교육

3~4세에 이르면 유아는 3~4개의 단어로 이루어진 문장을 사용하며 질문을 많이 하고 명령문을 사용하고 명령에 따르기도 한다. 4~5세에는 사용하는 어휘수가 1,500 내지 2,000개에 이르며, 5~6세가 되면 단어의 의미를 정의하고 6~12개의 단어를 사용하여 문장을 구사하기도 한다.

유아의 언어발달이 적절히 이루어지기 위해서는 언어적 환경을 조성하는 것이 필요하다. 언어적 환경은 크게 음성 언어 영역과 문자 언어 영역으로 나누어 볼 수 있다. 음성 언어 영역은 듣기와 말하기의 영역을 의미하는데 듣기와 말하기 능력의 발달을 위해 교사는 유아에게 적절한 언어 사용의 모델을 보여줄 필요가 있다. 정확한 문장 구사와 정확한 발음, 그리고 다른 사람의 말을 주의 깊게 듣고 시의적절하게 의사소통하는 모습을 보여주는 것이 유아의 음성 언어 능력을 발달시키는데 도움이 된다. 동시에 유아가 말을 자유롭게 할 수 있도록 허용적인 분위기를 만들어 주는 것이 필요하다. 읽기, 쓰기와 같은 문자 언어 영역의 발달을 위해서는 유아의 연령에 적합한 읽기 자료의 제공 및 다양한 쓰기 경험이 유아의 언어발달에 도움이 된다.

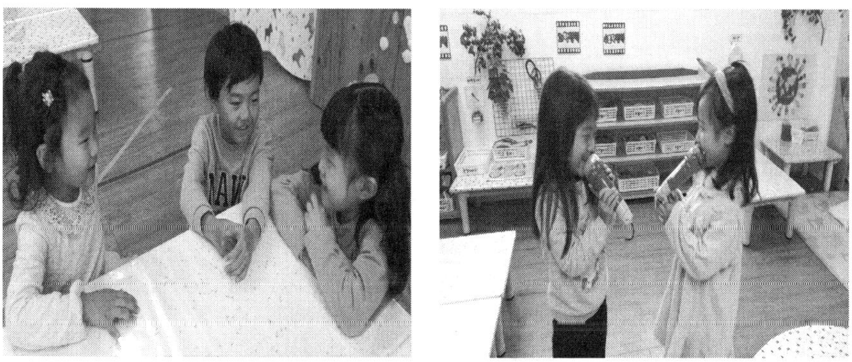

[그림 3-3] 이야기를 나누는 유아들

4) 정서발달과 교육

유아기는 정서가 강하게 나타나는 시기며 정서의 지속 시간이 짧고 표현의 변화가 급격하게 일어난다. 울다가도 금방 기분이 좋아지기도 하고 유아들끼리 싸우다가도 금방 사이좋게 놀기도 한다. 화를 내는 등의 분노의 표현은 3세까지는 발을 동동 구르며 차기도 하는 행동으로 나타나기도 하지만, 3세가 지나면서 난폭한 경향은 점자로 사라지고 5세 정도가 되면 사회적 기준에 따라 정서를 통제하고 조절할 수 있게 되고 점차로 침착해 지면서 행동보다는 언어로 분노를 표현한다.

한편, 4세경이 되면 공포가 심해지면서 악몽을 꾸기도 한다. 유아들의 공포는 상상력이 발달하면서 더 심해지기도 하며 연령이 증가함에 따라 직접 자극으로 인한 공포보다는 상상적, 비현실적, 가상적, 초자연적인 것에 대하여 공포가 많아진다. 3세 정도가 되면 또래 간에 애정을 갖기 시작하며 4~5세경이 되면 어린아기를 귀여워하고 돌보아 주기도 한다.

유아기에는 정서를 표현하는 방법을 학습하는 것이 필요하다. 타인의 정서를 이해하고 사회적으로 용인되는 방법으로 정서를 표현하는 방법을 학습하는 것이 필요한데, 이를 위해서는 놀이 상황과 같은 실생활 장면에서 갈등 상황이 발생했을 때 자신의 감정을 조절하는 법과 다른 사람의 감정에 대처하는 방법을 알려주거나 혹은 교사가 직접 정서 표현의 좋은 모델을 보여주는 것도 필요하다. 분노와 같은 부정적 정서의 조절뿐만 아니라 기쁨, 애정과 같은 긍정적 정서도 다양하게 표현할 수 있도록 지도하는 것이 필요하다.

[그림 3-4] 타인에게 자신의 정서를 표현하는 유아들

5) 사회성 발달과 교육

유아들은 성장함에 따라 또래 집단과의 관계 비중이 커지게 되며 또래와의 풍부한 경험이 사회성 발달에 중요한 요인이 된다. 또래 집단과의 친밀하고 지속적인 애정적 유대를 우정이라고 한다. 유아들은 아직 자기중심적이기 때문에 다른 사람의 관점을 잘 이해하지 못하여 성숙한 우정을 형성하기는 어렵

고 지속적인 유대 관계에 있기보다는 일시적인 놀이 상대로서의 또래 관계에 관심을 갖는다. 우정이 발달하기 위해서는 놀이가 매우 중요한 역할을 한다. 함께 하는 놀이를 통해 유아는 다른 사람의 관점을 이해해 보는 경험을 하고 나누어 주기, 함께 하기 등의 긍정적인 사회적 기술들을 형성할 수 있다. 그러므로 유아의 사회성 발달을 위해서는 유아들이 함께 놀이할 수 있는 환경을 조성해 주는 것이 필요하다.

[그림 3-5] 또래와 함께 놀이하는 유아들

한편, 유아기는 성 역할에 적절한 행동들을 익혀 가는 시기다. 전통적으로 여아에게는 애정적이고 타인의 요구에 민감한 표현적 역할(expressive role)을, 남아에게는 독립적이고 경쟁적이며 자기 주장적인 성향인 도구적 역할(instrumental role)을 가르치는 경향이 있는데, 이러한 성 역할은 현대 사회에서는 바람직하지 않은 것으로 생각된다. 오히려 양성적인 유형이 다른 유형들보다 더욱 융통성이 있으며, 유능하고 심리적으로 건강하다는 연구결과들을 고려해 볼 때 교육 현장에서도 고정된 성 역할을 강조하는 것은 바람직하지 못하다고 하겠다.

이야기나누기

■ 다음의 상황을 떠올려 보며 이야기 나누어 봅니다.

5세 ○○이는 유치원에서 놀이할 때 자꾸만 다른 친구의 놀잇감을 뺏는 행동을 하고는 합니다. 자기 뜻대로 되지 않을 때에는 분노를 조절하지 못하고 다른 친구를 때린다거나 놀잇감을 던져 버리고는 합니다.

■ ○○이가 이런 행동을 하는 이유는 무엇일까요?
■ ○○이의 행동을 어떻게 이해할 수 있을까요?
■ 교사로서 유아의 바람직하지 않은 행동을 제거하고 친사회적인 행동을 형성할 수 있도록 도우려면 어떻게 해야 할까요?

Chapter 4

유아교육과정

1. 유아교육과정의 개념
2. 유아교육 프로그램
3. 우리나라 유아교육과정

1. 유아교육과정의 개념

교육과정을 의미하는 영어의 curriculum은 라틴어의 '꾸레레(currere)'에서 유래된 용어다. currer는 '달린다', '뛴다'라는 뜻으로 경마장의 경주로(a race course)와 경주하는 그 자체(the race itself)에 해당하는 것으로 활동의 장소나 활동의 연속을 의미한다. 교육 장면에 적용할 경우에 달린다는 것은 '학생들이 공부한다'라는 의미이며 달리는 코스는 특정한 목적을 가진 학생들이 일정한 기간 동안 공부하는 과정(course of study)을 뜻한다(노영희 · 홍현진, 2011).

1) 교육과정

시대의 변화에 따라 교육과정의 개념 또한 변화하였는데 이를 교과중심 교육과정, 경험중심 교육과정, 학문중심 교육과정, 인간중심 교육과정 및 생태중심 교육과정의 네 가지 큰 흐름에 따라 개략적으로 고찰해 보면 다음과 같다(김종서, 1983).

(1) 교과중심 교육과정(subject matter centered curriculum)

1920년대 교육과정에 관한 관심은 거의 '교과를 가르치는 일'에 국한되어 있었다. 교과란, 교사가 학생들에게 가르쳐야 할 내용의 주제 또는 제목을 열거한 것을 의미하며 다른 말로 하면 교수요목이라고도 한다. 수학, 과학, 사회 등은 교과목, 즉 교수요목의 좋은 예다.

교과중심 교육과정은 교육을 문화유산의 전달로 보는 교육관에 기초를 두고 있다. 따라서 교육내용은 문화유산을 중심으로 하고, 이것을 교과로 구분해서 조직하는 유형이다. 교과는 지식 또는 학문을 체계적으로 조직한 것을 말하며,

이것을 학습함으로써 앞으로의 당면할 제 문제를 해결할 수 있는 능력을 기를 수 있다고 믿는다. 교과중심 교육과정은 문서화된 교수요목으로 한정되며 교육내용과 방법이 획일적이고 교사중심적인 성격을 지닌다. 대체로 교과중심 교육과정은 교과과정과 유사한 의미로 사용되며 현재까지도 많은 사람들이 교육과정이라고 하면 대표적으로 떠올리는 개념이다.

(2) 경험중심 교육과정(experience centered curriculum)

이 개념은 1930년 전후 미국에서 교과중심 교육과정에 대한 회의로부터 출발한 개념이다. 기존의 교과중심 교육과정이 현실 생활과 동떨어져 있어 학생의 흥미를 유발할 수 없고 또한 이러한 교육과정을 통해서는 학생들이 급변하는 사회에 적응할 수 없을 것이라는 인식에 근거하고 있다. 듀이(Dewey)의 실용주의 철학에 근거하고 있으며 교육과정에서 실제 경험을 중요하게 생각한다. 경험중심 교육과정은 교과보다는 경험을, 지식보다는 행동을, 교사의 교수보다는 아동의 흥미와 요구를 중시하는 입장을 취하고 있다.

경험중심 교육과정은 아동의 흥미와 요구에 바탕을 두는 것은 물론 사회생활에의 적응을 강조하고 있다는 측면에서 아동중심, 흥미중심 및 생활중심 교육과정이다. 경험중심 교육과정에서는 학생들이 고정된 교수요목을 통해 학습하기보다는 '학교의 계획과 지도하에서 습득하는 모든 경험'을 통해 학습한다. 비교적 넓은 의미의 교육과정이라는 성격을 지니고 있다.

(3) 학문중심 교육과정(discipline centered curriculum)

1960년대에 들어서는 과학기술의 발전과 지식의 폭발적인 증가로 인하여 종래의 경험중심 혹은 생활중심 교육과정에 대한 회의가 나타나게 되었다. 더욱이 미국에서는 소련이 1957년에 인공위성 스푸트닉(sputnik)을 발사하게 된 것에 따른 충격으로, 학교교육에서 수학과 과학을 강조하고 단편적인 사실이나 정보의 축적보다는 지식의 구조, 기본개념, 원리 및 탐구방법을 강조하는 학문중심 교육과정이 가속화되었다. 이러한 교육과정의 개념은, 브루너(Bruner, 1960)의 「교육의 과정」에 잘 나타나 있다. 교육과정은 '각 학문에 내재되어 있는 지적 탐구과정의 조직'으로 정의된다.

(4) 인간중심 교육과정(human centered curriculum)

1970년대에는 지식주입식, 점수따기식의 비인간화 교육에 대한 강력한 비판으로 인간성 회복을 주장하는 인본주의 교육사조가 대두하게 되었다. 이와 같은 인본주의 교육사조에 기초한 교육과정이 인간중심 교육과정이다. 특히 오늘날의 학교교육이 과학기술의 발전에는 기여했을지는 모르지만 인간교육 면에서는 실패했으며, 오히려 비인간화를 부채질하고 있다는 지적에 근거하고 있다. 인간중심 교육과정은 인간의 전체적인 삶의 질에 가치를 두는 전인교육을 지향하며 인간의 존엄성과 자율성을 강조한다. 교육과정은 '학생들이 학교생활을 하는 동안에 가지게 되는 경험의 총체'로서, 상당히 넓은 교육과정의 성격을 지닌다.

(5) 생태중심 교육과정(ecology centered curriculum)

20세기 후반의 산업문명은 인간의 이성과 합리성을 바탕으로 개발된 과학기술의 산물로써 인간이 자연을 지배하고 조작하는 이성적 존재로 사물과 자연 생태계를 이용할 수 있다는 인간중심적 세계관에 뿌리를 두고 있다. 이러한 인간중심의 세계관은 인류 생존의 위기뿐만 아니라, 삶의 터전인 지구 생태계의 위기를 초래하므로 이러한 산업문명의 위기를 극복할 수 있는 새로운 교육과정 패러다임이 모색되어야 한다는 시도에서 나타난 교육과정이다. 생태중심 교육과정 혹은 생명중심 교육과정이라고 한다.

이야기나누기

- 교육과정은 시대의 변화 및 요구에 따라 그 개념이 다양합니다. 현재의 교육과정은 어떠한 개념의 교육과정이 주류를 이루고 있다고 생각하는지 이야기해 봅니다.

- 미래사회의 특성을 고려해 보았을 때 교육과정은 어떤 방향으로 운영될 필요가 있을지 생각해 봅니다.

2) 유아교육과정

교육과정은 학교 급 및 종류에 따라, 유아교육과정, 초·중등교육과정, 고등교육과정, 대학 교육과정 등으로 구분될 수 있다. 이러한 구분에 따르면, 유아교육과정은 교육과정의 한 분야이면서 유아교육 영역에 관계되는 교육과정이다. 따라서 유아교육과정의 개념은 교육과정이라는 범주 내에서 유아교육 자체가 지니고 있는 독특성을 고려한 바탕 위에서 논의되어야 한다. 유아교육과정의 개념을 몇 가지로 정리해 보면 다음과 같다(서현아·김창평·하선혜· 한희정·변상우·허수윤·오소라, 2015; 임재택, 1992; Schwartz & Robinson, 1982).

(1) 「일어난 것」으로서의 교육과정(curriculum as a happening)

유아들이 활동 선정의 주도권을 가지고 있으며, 교사는 그것을 지원해 주는 형태의 교육과정을 의미한다. 유아들의 흥미와 욕구에 바탕을 둔 아동중심의 개별화 교육과정(individualized curriculum)을 지향하며, 유아들의 자발적 행동과 능동적 참여 및 일상생활의 경험을 강조한다. 유아들의 인격과 개성을 존중하는 인간중심 교육과정(human centered curriculum)의 성격을 지닌다. 교사는 사전에 교육활동을 체계적으로 수립할 필요 없이 유아들이 자연스럽게 활동할 수 있는 분위기와 환경 조건을 마련해 주고 그들의 활동을 관찰하고 평가하여 바람직한 방향으로 안내하는 역할을 한다. 교육과정은 아동중심적이고 개방적인 교육과정이라는 장점이 있으나, 교육과정의 범위가 너무 광범위하고 그 실체가 모호하여 교육의 목표나 방향이 흐려질 가능성이 높다.

(2) 「유아가 학교에서 갖게 되는 경험의 총체」로서의 교육과정(curriculum as all of the child's experiences in school)

유아들이 유아교육기관에서 생활하는 동안에 가지게 되는 모든 경험을 교육과정으로 본다. 교사가 가르치려고 계획한 경험뿐만 아니라 교육계획과 무관하게 우연적 · 자발적으로 겪게 되는 수많은 경험들이 의도하지 않았던 교육효과를 가져오게 된다는 것을 고려한 교육과정으로서 잠재적 교육과정(hidden curriculum)의 성격을 지닌다.

등원시와 귀가시의 대화, 유아교육기관의 시설, 교재 및 주변 환경, 교직원의 인성과 태도, 유아와 교사 및 유아와 유아간의 상호작용, 학급의 분위기 등이 유아들의 생활과 경험에 영향을 미치므로, 유아들의 경험에 영향을 미치는 유아교육기관의 모든 인적 · 물적 환경이 중요하다.

유아들이 갖게 되는 경험이 개별적이기 때문에, 학급 유아 수만큼의 다양한 교육과정이 존재할 수 있다. 교사는 유아들의 경험이 성장과 발달에 미치는 영향을 고려해야 하고, 유아들의 일상생활 경험과 교수 · 학습 경험과의 관계도 함께 고려해야 한다. 이러한 개념의 교육과정은 그 범위가 넓고 모호하여, 교사의 역할이나 책임 한계가 불분명해질 가능성이 있다.

(3) 「교수계획」으로서의 교육과정(curriculum as plans for teaching)

교육과정 분야에서 오랫동안 가장 보편적인 교육과정 개념으로 통용되고 있다. 이것은 유아들이 교육장면에서 접하게 될 교육목표 · 교육내용 · 교육방법이나 절차 등의 계획을 교육과정으로 규정하고 있다. 교수계획은 그 범위와 정도에 따라서 세부적 계획과 포괄적 계획 및 단기적 계획과 장기적 계획으로 구분된다. 교수계획으로서 교육과정을 보는 관점은 교사와 유아들이 학습해야 할 지식 · 정보 · 기능 등을 강조하는 내용중심 계획, 유아들의 장기적 발달과정을 강조하는 과정중심 계획 그리고 이들 세 가지를 절충한 종합적 계획 등으로 구분할 수 있다.

교사와 유아들이 무엇을 어떻게 해야 할 것인가에 대한 방향을 분명히 제시해 주므로 경험이 있는 교사는 물론 초보 교사도 자신의 역할을 무난히 수행할 수 있다. 교사는 미리 계획된 교수계획에 따라 유아들의 요구 · 흥미 · 발달수준 등을 고려하고 교재 · 교구를 준비하며 실내 · 외 환경을 구성하는 등의 역할을 수행하게 된다. 그러나 이 입장의 교육과정은 교사중심의 형식적 교육과정으로써, 유아들의 개성 · 독창성 · 자율성 등을 무시하거나 억압할 가능성이 있다.

(4) 「교수요목」으로서의 교육과정(curriculum as a syllabus)

매우 좁은 의미의 교육과정 개념이다. 교사가 유아들에게 가르치고자 하는 목표와 내용을 교과나 영역으로 계열성 있게 열거해 둔 일련의 문서화된 계획인 교수요목을 교육과정으로 규정한다. 수업 속에 반영된 교육과정이나 유아들에게 실현된 교육과정이라기보다는, 국가나 사회 수준의 의도된 교육과정으로써 결국, 학습자와는 거리가 먼 중앙집중적인 성격을 지닌 교육과정이다.

국가나 사회가 설정한 목표나 내용을 유아들에게 가르치도록 하고 그 성취결과를 확인하는데 용이하다는 장점이 있으며 교육과정의 실행과 결과에 대한 통제와 확인이 용이하므로, 중앙집권적 교육행정체제에 부합되는 교육과정이라고 할 수 있다. 반면에 이러한 교육과정은 지역사회나 유치원의 실정 및 유아들의 개성 · 요구 · 흥미를 무시한 획일화된 교육과정이 될 가능성이 높다. 문서로 된 교수요목으로서의 교육과정은 유아들이 유치원에서 경험하는 실제 교육과정과는 상당한 차이가 있으므로, 유아교육 분야에서 실효성 있는 교육과정이라고 보기는 어렵다.

(5) 「프로그램」으로서의 교육과정(curriculum as a program)

교육과정이라는 용어는 어떤 특정 프로그램을 기술하는 것으로 자주 사용되는데, 특히 유아교육 분야에서는 교육과정을 프로그램으로 규정하는 경우가 많다. 자주 사용되는 유아교육 프로그램으로는 디스타 프로그램, 몬테소리 프로그램, 발도르프 프로그램 등이 있다.

프로그램은 이론적 관점이나 철학적 배경의 차이뿐만 아니라, 유아교육기관의 유형과 실제적 상황의 차이에 따라 다양하다. 예컨대 미국의 헤드스타트 프로젝트(Head Start Project)에 의해 개발된 프로그램들 중에서 널리 보급·활용되는 것만도 40여 개에 달한다. 또한 프로그램으로서의 교육과정은 앞에 기술한 네 가지 유형의 교육과정 정의와는 맥락이 다르다. 즉, 프로그램의 성격과 입장을 어떻게 규정하느냐에 따라 앞의 네 가지 교육과정 정의들 중의 어느 하나에 해당될 수 있다.

유아교육의 다양성과 특수성을 감안해 볼 때, 프로그램을 교육과정으로 개념화하는 것은 어느 정도 적절하다고 할 수 있지만, 유아와 교육에 관한 철학적·이론적 관점에 근거하지 않고 활동만으로 구성된 프로그램을 교육과정으로 정의한다면 실제 교육과정 정의와는 상당히 거리가 먼, 단편적인 개념이 될 가능성이 있다.

2. 유아교육 프로그램

1) 디스타 프로그램(Direct Instructional System for Teaching Acceleration and Remediation Program)

디스타 프로그램은 1964년 헤드 스타트 프로젝트(Head Start Project) 프로젝트의 일환으로 일리노이 대학교에 있는 버라이터(Bereiter)와 엥겔만(Engelmann) 교수가 행동주의 이론에 기초하여 저소득층 유아를 위하여 만든 유아교육 프로그램이다. 이후 엥겔만 교수가 행동주의 심리학자인 베커(Becker)와 함께 엥겔만-베커(Engelmann-Becker) 프로그램을 완성하였는데, 이를 공식적으로 디스타 (Direct Instructional System for Teaching Acceleration and Remediation) 프로그램이라고 부른다.

디스타 프로그램은 교육의 과정보다는 결과를 중시하며 초등학교 교육의 기초 교과 학습 능력을 육성하는데 그 목적이 있다. 경제적으로 불리한 환경에 처한 유아들은 그렇지 않은 유아들에 비해 학습능력이 뒤쳐질 수 있는데 이러한 상황이 초등학교까지 지속되게 되면 초등학교에서의 적응뿐만 아니라 이후 진학 및 취업 상황에 이르기까지 실패를 경험할 가능성이 높아져 결국 성인이 되어서는 부모 세대와 같이 빈곤을 경험할 가능성이 높아진다. 디스타 프로그램은 이러한 상황을 예방하고자 하는 보상교육(compensatory education)의 일환으로 개발되었다. 보상교육의 형태는 여러 가지가 있지만 디스타 프로그램은 빈곤가정 유아들이 초등학교에 성공적으로 적응할 수 있도록 하기 위해 필요한 기능들, 예를 들면 수, 언어, 읽기 등을 더 많이 가르쳐서 기초 학습 능력을 높이고자 하였다. 기초 학습 능력 향상에 따라 유아들은 초등학교에서 성공적인 경험을 하게 될 가능성이 높아지고, 긍정적 자아개념을 부차적 산물로 얻을 수 있게 된다.

(1) 교육목적 및 목표

이 프로그램은 유치원에서 초등학교 저학년까지의 저소득층 아동들의 학습 기초 기능을 향상시켜 이후 학교 학습을 성공적으로 성취하도록 하는데 목적을 두고 있다. 이를 위해 읽기와 언어 및 산수의 3개 교과영역으로 구분하고, 각 교과영역에 따른 기능과 개념들을 하위 트랙으로 선정 · 제시하고 있다.

3개 교과영역의 하위목표는 다음과 같다.

① 읽기영역의 교육목표

- 단어나 어휘의 부호를 나누기
- 주어진 단어의 올바른 발성법을 익히기
- 주어진 대상과 일치하는 단어를 변별하고 단어의 소리를 바르게 내기

② 언어영역의 교육목표

- 질문하는 대상이나 사물의 명칭을 바르게 말하기
- 반대어, 관계개념, 부정사 등의 개념어 사용법을 익히기

③ 산수영역의 교육목표

- 사물들의 개수를 전후로 헤아리기
- 덧셈, 뺄셈, 등식과 같은 부호의 의미 및 그 사용법을 익히기
- 단순한 사실의 기억보다 문제해결의 절차와 방법을 익히기

(2) 교육내용 및 방법

디스타 프로그램은, 읽기 · 언어 및 산수의 3개영역의 하위 프로그램으로 구성되어 있으며, 각 영역의 프로그램은 수준에 따라 I과 II의 2개 수준으로 나뉘어져 있다. 이 외에도 부수적인 것으로 '노래를 통한 언어개념' 프로그램과 '그림을 통한 언어개념' 프로그램이 있다(이영석 · 박재환 · 김경중, 1985). 행동주의 기법에 근거하여 학습과제는 수준별, 단계별로 위계적으로 조직되어 있으며 이 과정에 따라 교육한다. 유아들의 수행에 따라 계속적인 피드백이 주어지는데, 유아의 바람직한 행동에 대해서는 강화와 보상을 주어 학습이 반복적으로 일어날 수 있도록 돕는다.

(3) 교사의 역할 및 환경구성

교사는 유아를 양육함과 동시에 교육하며 과제를 수행할 수 있도록 이끈다. 교사와 유아간의 언어적 상호작용이 중요한데, 교사의 언어 사용을 통일하기 위한 지침서가 제공된다. 교사는 직접적인 교수를 통해 교육할 뿐만 아니라 프로그램 사용 지침서에 제시된 형성평가 결과에 따라 유아를 개별 평가하고 이에 따라 개별 학습이 일어날 수 있도록 지도한다. 디스타 프로그램을 실행하는 교실에서는 환경적 요인에 의해 유아의 주의가 분산되지 않도록 필수적인 학습 자료를 중심으로 환경을 구성한다.

2) 까미 · 드브리스 프로그램(Kamii & Devries Program)

까미 · 드브리스 프로그램은 1966년 미국 미시간 주의 입실란티(Ypsilanti) 공립학교의 저소득층 유아들을 대상으로, 삐아제(Piaget)의 인지발달이론에 기초하여 연구 · 개발된 유아교육 프로그램이다.

(1) 교육목적 및 목표

까미 · 드브리스 프로그램은 유아의 인지적 · 도덕적 · 사회적 · 정서적 영역이 발달을 도움으로서 전인적 인간이 육성을 교육목적으로 삼고 있다. 새로운 것을 창조할 수 있는 발견 · 발명적인 사람과 능동적이고 비판적인 능력을 가진 사람을 육성하는데 있는데, 이러한 교육목적의 달성을 위해 인지적 영역과 사회 · 정서적 영역의 목표를 나누어 제시하고 있다.

① 사회 · 정서적 영역의 목표

- 성인과의 평등한 관계에서 안정감을 갖는다.
- 타인의 감정과 권리를 존중하고 서로 다른 관점을 조정한다.

- 독립적이며 활달하고 호기심을 가지며, 호기심을 충족하기 위해 주도적으로 활동한다.
- 자신의 생각을 표현할 수 있으며 표현할 수 있는 자신의 능력에 대해 자신감을 가진다.

② 인지적 영역의 목표

- 흥미로운 아이디어 · 문제 · 질문을 제기한다.
- 사물을 관계지어 유사점과 차이점을 파악한다.

(2) 교육내용 및 방법

삐아제(Piaget)의 구성주의 이론에 바탕을 두고 유아와 주변 환경과의 상호작용을 통한 유아의 전인적 발달을 지향하므로 그 학습내용 및 학습활동이 매우 광범위하다. 이 프로그램의 학습내용 및 학습활동은 일상생활과 아동발달 교육과정 및 삐아제 이론에서 시사하는 활동의 세 가지 차원에서 내용이 선정된다. 먼저 일상생활에서 일어나는 상황이나 활동에서 유아들이 호기심을 갖도록 지원하고 관심과 흥미를 유발함으로써 학습이 자발적이고 능동적으로 일어나도록 격려한다. 더불어, 기존의 아동발달에 근거한 유아교육과정에서의 자원을 활용하여 놀이와 게임 및 활동들을 제공한다. 삐아제 이론에 근거하여 논리 · 수학적 지식, 물리적 지식 및 사회적 지식의 세 가지 지식유형에 근거를 둔 활동과 도덕성 발달과 대인관계 증진을 지향하는 집단게임, 삐아제의 실험과제에서 도출된 활동 등이 교육내용이 된다. 한편, 까미 · 드브리스 프로그램에서의 학습내용 및 학습활동의 조직은 어떤 원칙이나 형태에 따라 체계적으로 이루어지는 것이 아니라 유아들의 흥미나 요구에 따라 자연스럽게 일어나는 것을 원칙으로 한다.

(3) 교사의 역할 및 환경구성

교사는 유아의 학습과 발달에 도움이 될 수 있는 환경과 분위기를 조성하고 유아들에게 지식의 유형과 성격에 적절한 다양한 활동을 안내하여 유아들이 스스로 지식을 구성할 수 있도록 돕는다. 더불어 유아들이 도출한 아이디어를 확장하고 발전시켜 나갈 수 있도록 돕는다. 놀이를 통한 학습, 시행착오를 통한 학습, 유아 스스로 하는 능동적이며 자발적인 학습을 격려한다. 기존의 아동중심 유아교육기관과 환경구성은 큰 차이가 없으나 유아의 호기심을 유발할 수 있는 자료를 계획하여 제공한다. 특히 물리적 지식 활동을 위한 환경구성이 요구된다.

3) 몬테소리 프로그램(Montessori Program)

몬테소리 프로그램은 이탈리아의 의사이자 인류학자 그리고 교육자였던 마리아 몬테소리(Maria Montessori)에 의해 개발된 프로그램이다. 몬테소리는 유아들에게 선택권이 주어질 때 효과적인 학습에 필요한 능력과 기술, 자율성, 그리고 긍정적인 자존감을 발달시킬 수 있다고 믿었다. 유아의 발달과 개인차를 고려한 과학적인 교육방법이며 세계 여러 나라에 보급되어 각 나라의 문화적 상황에 따라 운영되고 있다(이희경, 2016).

(1) 교육목적 및 목표

이 프로그램의 궁극적인 목적은 도덕적인 사회의 건설이며 도덕적인 행동을 할 수 있는 지성인의 형성에 있다. 그러한 목적을 성취할 수 있는 수단으로써, 지식과 경험을 중시하고 감각적인 연마를 강조한다. 이에 따라 교육의 목표를 정신적 발달 뿐만 아니라, 신체적 협동과 평형, 자발적인 자기 성장과 발전 등에 두고 있다(이선옥, 2002).

(2) 교육내용 및 방법

몬테소리 프로그램은 5개의 학습영역으로 구성되어 있다. 일상생활의 연습,

감각교육, 수교육, 언어교육, 문화 일반으로 구성된 5개 학습 영역은 운동 · 감각적 인식에서 시작하여 수와 언어적 인식으로 연계되고 문화일반에 대한 인식으로 전개되는 순서의 필연성을 내포하고 있다. 즉 신체적 운동을 통해 감각을 훈련시켜 점차 추상적인 개념을 획득해 갈 수 있도록 각 학습영역 간의 계통성과 연계성이 고려되어 있다.

학습영역의 목표를 완성하기 위해 몬테소리는 교구를 고안하였다. 교구들 간에는 계통성 · 순차성 · 단계성 등이 고려되었으며, 각각의 교구에는 분류하기, 대응시키기, 단계짓기 등의 수학적 구조가 포함되어 있어 이 구조들이 유아의 지성을 활성화시키는 기능과 유아의 활동을 자발적으로 전개시켜 나가게 하는 자동교육(auto-education)을 가능하게 한다. 몬테소리 교구 환경의 특징은 유아들의 발달단계에 따라 필요로 하는 요구들을 만족시켜 주기 위하여 여러 가지 문화적인 요소가 골고루 배치되어 있다는 점, 유아의 정신집중을 촉진시키기 위하여 매력적인 활동들이 준비되어 있다는 점, 그리고 각 교구와 활동 간에 계통성이 있도록 배려되어 있다는 점 등을 들 수 있다. 준비된 환경(prepared environment) 안에서 유아들은 교사와의 상호작용, 유아들끼리의 상호작용, 준비된 교구와의 상호작용을 경험하며 스스로 배우게 된다(김옥경 외, 2007).

(3) 교사의 역할 및 환경구성

몬테소리 교실에서 교사는 인적 환경의 중심요소로서 훌륭한 인격과 높은 교양이 요구된다. 교사는 유아가 자신을 발전시킬 수 있도록 도우며 개인차를 고려하여 교육 프로그램을 구성한다. 유아의 독자성과 자발성을 고려하되 동시에 유아의 자유와 교사의 지도를 통합하여 교육활동을 전개해 나간다.

몬테소리 교실의 특징은 준비된 환경에 있다. 교구를 활용한 개별활동과 작업이 주로 이루어지지만 음률활동과 이야기나누기 등의 대집단 활동과 실외

놀이 활동 역시 함께 이루어진다.

4) 발도르프 프로그램(Waldorf Program)

발도르프 프로그램은 1919년 루돌프 슈타이너(Rudolf Steiner)에 의해 창시된 발도르프 학교에서 시행하는 교육 프로그램이다. 슈타이너는 인지학(anthroposophy) 철학을 정립하였는데, 인지학에서 인간은 육체적, 정신적, 영적 존재로써 발도르프 교육에서는 인간발달 단계를 영유아기, 아동기, 청소년기로 나눈다. 인간은 물질체(Physischer Leib), 생명체(Aetherleib), 감성체(Astralleib), 자아(IchLeib)라는 4가지 구성체를 가지고 있는데 이 중 유아기는 물질체에 해당하는 시기다.

슈타이너에 따르면 이 단계의 아이들은 아직 정신적인 측면에서 발달이 완전하지 않기 때문에 주위 환경에 보이는 것을 '모방(imitation)'하려는 욕구가 있다. 그러므로 좋은 '본보기(example)'를 제공해야 한다. 교사는 아이들에게 모방할 만한 물리적, 심리적, 도덕적 환경을 제공해야 하는데, 여기에는 비가시적인 환경도 포함된다. 또한 이 시기에는 외부적 자극에 의해 무언가를 '학습'하기보다 무엇인가에 열중하여 '충분히 노는 것'이 중요하다. 상상력을 자극할 수 있는 놀잇감을 필요로 하기 때문에 의도적으로 만들어진 장난감보다는 실물을 닮은 놀잇감이 더욱 바람직하다(정운경, 2004).

(1) 교육목적 및 목표

슈타이너는 인지적 영역에 치우친 교육에 반대하고, 신체와 정신적 성장에 맞춘 의지, 감각, 사고의 조화로운 발달을 추구하였다. 따라서 궁극적인 교육의 목적은 전인교육에 있다. 한편으로 인간이 내면의 잠재성을 일깨움으로써 정신적으로 점차 고양되며 우주와 하나가 될 수 있게 되는 교육을 강조한다. 이 때문에 발도르프 교육에서는 영성 회복도 전인교육의 일부로 본다(정윤경, 2004).

(2) 교육내용 및 방법

발도르프 유아교육에서는 모방과 본보기, 반복, 질서 그리고 리듬에 따라 하루일과를 구성한다. 하루일과를 진행하는데 있어서 사물을 보고, 듣고, 만져 보고 느끼는 등 몸 전체를 감각기관으로 활용한다. 이러한 직접적인 경험을 통해 지식과 느낌이 육체와 내면, 정신에 조화롭게 되어 전인적 발달을 해 나갈 수 있다. 유아는 외부에서 제공되는 교육적 요소들을 통해 자기 내면의 세계를 개별적으로 표현하게 된다(이명희, 2013).

발도르프 교육은 어린이들의 시간적인 체험을 교육적 행위의 중요한 장으로 여기고 있다. 하루, 주, 달, 계절, 1년의 리듬을 경험하며 인간의 삶은 생동감 있게 된다. 인간은 기본적인 리듬으로 호흡과 맥박을 가지고 있는데 이들은 영혼의 상태나 신체의 상태에 따라 다양하게 변화한다. 그러나 기본적으로 일정한 리듬을 갖추어야 건강한 삶을 영위할 수 있으며, 신체의 리듬은 주로 영유아기 때 자리를 잡게 되므로, 교육을 하루, 주, 달, 계절 또는 연간 리듬에 따라 구성하는 것은 리듬을 잃어버리고 사는 현대의 어린이에게는 더욱 필요하다(윤선영, 2002).

(3) 교사의 역할 및 환경구성

발도르프 유아교육기관에서는 유아의 상상력을 제한하지 않기 위해 완벽하게 만들어진 놀잇감 대신에 나뭇가지나 나무토막 또는 단순하게 만들어진 눈, 코, 입이 없거나 점만 찍힌 인형을 제공한다. 동화도 가급적 그림 없이 들려주고 인형극의 인형도 옷의 색깔만으로 상징적으로 표현하여 상상의 여지를 남겨 둔다.

발도르프 유아교육기관에서의 흥미 영역 구성은 구획 없이 개방된 공간이다. 인형놀이 활동을 위한 공감은 별도로 존재하며, 유아들의 필요에 따라 긴 천이나 나무 재료를 활용하여 공간을 분리할 수 있다. 상상력을 지원하기 위한 놀이상황에서 교사는 유아들 곁에서 인형이나 놀잇감을 만들고 뜨개질, 바느질, 나물 다듬기 등을 한다. 놀이 후에는 교사가 먼저 노래를 부르면서 즐겁게 놀잇감을 정리한다. 계절 탁자는 계절의 변화를 반영하여 자연의 변화와 사람들의 삶의 모습을 볼 수 있도록 하는데, 이 공간은 자연에 대한 신비감과 경외감을 느끼게 하고 상상력과 감성을 자극해 주고자 하는 곳이다(이명희, 2013).

5) 레지오 에밀리아 접근법(Reggio-Emilia approach)

이탈리아 북부 지역인 레지오 로마냐 지역에 위치한 에밀리아 시립 유치원에서 로리스 말라구치(Loris Malaguzzi)에 의해 시작되어 오늘날 양질의 교육과 탁아를 성공적으로 조화시킨 종일제 교육 프로그램으로 평가받고 있는 프로그램이다. 이 접근법은 듀이(Dewey)의 진보주의 철학과 삐아제(Piaget)의 구성주의 및 비고츠키(Vygotsky)의 사회 문화적 접근법에 토대를 두고 있다. 프로젝트를 통한 발현적 교육과정(emergent curriculum)을 운영하면서 유아중심의 교육을 전개하고 있다(한국교육심리학회, 2000).

(1) 교육목적 및 목표

레지오 에밀리아는 특정한 교육의 목적과 목표가 없다. 대신 레지오 에밀리아에서는 교육에 대해 다음과 같은 관점을 가지고 있다. 먼저 레지오 에밀리아에서는 참여와 관계에 의한 만남과 대화의 교육을 중요하게 생각한다. 인간의 관계는 교육을 위한 바탕이 되고 의사소통은 어린이의 학습을 위한 열쇠이다. 레지오에서는 어린이를 의사소통의 개체로 보고 말하기 보다는 듣기가 바탕이 되는 귀 기울임의 교육을 실현하고자 한다(오종숙, 2003).

(2) 교육내용 및 방법

레지오 교육에는 계획이나 미리 정해진 교육과정이 없다. 매년 장단기 프로젝트를 구상하여 그 주제가 기본 뼈대 역할을 하며 진행 중 무엇으로 바꾸든지 모든 것은 어린이와 교사들이 결정한다. 교육은 계획에 따라 진행되는 것이 아니라 어린이가 가는 곳으로 따라가야 한다. 목표도 중요하지만 더욱 중요한 것은 왜, 어떻게 목표에 도달하는가이기 때문이다. 이런 이유에서 레지오는 교육과정 대신에 '프로젝트'(Progettazione)라는 용어를 사용하는데, 이는 의사소통의 리듬에 민감하고 어린이들의 탐사와 연구의 의미와 타이밍을 내포하고 있다. 프로젝트의 길이는 짧을 수도, 중간 정도일 수도, 길 수도 있으며 연속적이거나 비연속적일 수도 있고, 쉬어가기, 잠시 접어두기와 재출발도 있을 수 있다(오종숙, 2003).

다양한 매체를 통한 표상을 학습에 활용하는 다상징적 접근, 또래간의 상호작용 및 의사소통을 통한 인지활동의 촉진, 아동의 사고와 학습과정을 기록하고 기록을 토대로 진행하고 있는 활동의 발전 방향을 찾는 기록작업(documentation), 부모-교사-지역사회의 협력을 통해 교육과정을 운영하는 지역사회 중심의 운영, 유치원 내에 다양한 매체를 통하여 표상활동을 할 수 있는 아뜰리에(atelier)를 두고 미술 자원교사인 한 명의 아뜰리에리스타(atelierista)가 프로젝트나 개인 활동의 진전 상황을 지도하고 평가하는 것이 교육방법의 특징이다(한국교육심리학회, 2000).

(3) 교사의 역할 및 환경구성

연구자이며 지식의 공동 창출자인 교사들은 역할을 분담하여 정기적, 체계적으로 관찰하고 메모하며 유아들 간의 대화를 녹음한다. 이렇게 모아진 자료를 토대로 교육과정을 계획하고 평가할 때 다른 교사, 미술 자원교사, 부모들과 함께 나눈다. 여러 유치원에서 온 교사들이 페다고지스타(pedagogista, 교육조정자)를 리더로 하여 유아들이 시작한 활동을 어떻게 확장시킬 것인가를 함께 의논하기도 한다(김연진 · 박해미 · 연미희 · 최은숙 · 한은경, 2016).

레지오 에밀리아에서는 교육을 복합적인 상호작용의 산물이며, 환경은 많은 상호작용을 가능하게 하는 제3의 교사로 여긴다. 물리적 환경은 이들이 지향하는 교육철학, 교육이론 그리고 교육내용이 최대한 실현될 수 있도록 구성되어 있는데 이는 순환성과 투명성의 두 개념으로 표현할 수 있다. 순환성과 투명성의 두 개념을 살펴보면 다음과 같다(황해익 · 송연숙 · 최혜진 · 손원경, 남미경, 2013).

① 순환성

순환성이란 모든 공간이 자연스럽게 연결되어 있으며 막힘없이 어느 곳으로나 통할 수 있음을 의미하는 것으로 유아들과 다른 유아들, 교사, 환경 간의 상호작용을 최대한 장려하는 레지오 에밀리아의 교육철학을 반영하고 있다. 레지오 에밀리아의 환경은 공통적으로 건물의 어느 곳에서나 구성원들 간에 직접 연결되는 중앙 공용 공간이 중심부에 자리 잡고 있고, 네 면을 따라 아뜰리에, 활동실, 각 학급별 미니 아뜰리에 그리고 화장실이나 부엌 같은 부대시설이 배치되어 있으며 문을 통해 모두 연결되어 있다.

② 투명성

투명성은 같은 공간에 있지 않아도 서로의 존재를 보고 느낄 수 있는 가능성을 의미하는 것으로 모든 문과 창에 유리를 사용하여 서로 볼 수 있도록 하였다. 모든 공간을 비추는 빛, 교실의 빛을 반아 반사하는 거울, 라이트 테이블, 유리 항아리 등 관계 맺음을 은유하는 투명성이 레지오 학교 모든 곳에서 드러나는데, 이러한 레지오 학교의 투명성은 물리적 환경뿐만 아니라 부모와 방문객들에 대한 개방적인 태도를 시사한다.

6) 프로젝트 접근법(Project approach)

프로젝트(project)는 유아들이 살고 있는 세계에서 흥미를 느끼는 특정 주제를 찾아 이에 대해 심층적으로 연구하는 유목적적 활동으로, 프로젝트 접근법은 유아들이 주도적으로 프로젝트를 수행할 수 있도록 안내하는 일련의 교수 전략을 의미한다(김연진 외, 2016).

듀이(Dewey)의 진보주의 사상, 생활중심 · 아동중심 교육철학이 이론적 토대된 것으로, 듀이는 아동이 진정으로 흥미를 가지는 문제를 탐구할 때 스스로 탐구하고 사고하는 방법을 배울 수 있다고 생각했다. 듀이의 이러한 사상은 그의 수제자였던 킬패트릭(Kilpatrick)에 의해 1920년대 프로젝트 방법(Project method)으로 소개되었으며, 캐츠와 차드(Katz & Chard, 2000)는 이를 유아교육 분야에 적용, 발전시켜 '프로젝트 접근법(Project approach)'이라는 교육 방법을 창안하고 소개하기에 이르렀다. 현재 상당 수 우리나라의 유아교육기관에서 프로젝트 접근법의 교수 전략에 근거하여 유아교육을 수행하고 있다.

(1) 교육목적 및 목표

프로젝트 접근법은 '아동의 정신을 계발'하는 데 주목적이 있다. 캐츠와 차드(Katz & Chard, 2000)는 지식의 획득, 기능의 습득, 성향의 계발, 느낌의 발달이 프로젝트 접근법의 목적이라고 소개한 바 있다. 목표는 교수목표가 아닌 학습목표에 초점을 맞추고 있는데, 학습목표는 주변 세계에 대한 더욱 폭넓은 이해를 돕기 위해 유아의 지식, 기술, 성향, 감정을 발달시키도록 계획된다.

(2) 교육내용 및 방법

프로젝트 접근법은 준비단계, 도입단계, 전개단계, 마무리 단계에 걸쳐 진행된다. 각각의 단계를 살펴보면 다음과 같다.

① 준비단계

- **주제선정하기**: 프로젝트를 진행하기 위한 주제를 선정한다. 주제는 유아의 발달수준이 고려된 것이어야 하며 무엇보다 유아의 흥미를 유발하는 것이어야 한다. 구체적인 경험을 할 수 있도록 유아의 일상생활과 관련이 있는 주제여야 하며 다양한 방법으로 문제를 해결할 수 있는 주제, 유아들 간의 상호 협력을 장려하는 주제, 교육적인 주제 등인지를 고려하여 선정한다.

- **예비주제망 작성하기**: 주제가 선정되면 교사가 먼저 예비 주제망을 작성한다. 브레인스토밍(brainstorming)을 활용하여 떠오르는 생각들을 적은 후 관련 있는 것들을 모아 몇 개의 그룹으로 분류한다. 유목화가 이루어지면 주제를 중심으로 주제망을 그린다.

- **기본 어휘 및 중심개념 선정하기**: 주제를 다루는 동안 유아가 익히고 사용할 기본적 어휘와 개념들을 교사가 미리 선정해 본다.

- **영역별 학습 내용안 및 활동 예상안 작성하기**: 프로젝트가 진행되는 동안 교육과정의 각 영역에서 수행될 학습 내용과 활동을 예상하여 작성한다. 이렇게 하면 프로젝트 활동만 수행하는 것이 아니라 통합적 교육과정 운영이 가능해지며 프로젝트를 수행할 때 필요한 자원의 준비가 용이해진다.

- **자원 확보 및 부모에게 알리기**: 프로젝트를 수행하는 동안에는 다양한 자원들이 필요하게 된다. 실물 자료와 같은 1차 자료와 함께 영상, 도서와 같은 2차 자원도 필요하다. 이러한 자원들은 도움을 받을 수 있는 기관에 의뢰하거나 부모로부터 도움을 얻을 수 있다. 또한 유아들이 프로젝트에

참여하기 전에 부모에게 알려 자원을 요청할 수 있다. 부모들은 유아들이 탐구할 프로젝트가 어떤 것인지에 대해 관심을 갖게 되고 전문가로서 원을 방문하거나 현장 방문 시 도움을 준다거나 자원을 직접 제공할 수 있다. 프로젝트가 마무리되면 전시회에 참여할 수 있다.

② 도입단계

- **이전경험 표현하기**: 준비단계에서 정해진 주제에 대한 유아들의 사전 경험의 정도를 알기 위해, 유아 자신의 관련 지식을 정리하기 위해 주제에 대한 경험을 그리기, 만들기, 쓰기, 극화하기 등과 같은 다양한 방법으로 표현한다.

- **교사와 유아의 공동 주제망 구성하기**: 주제에 대해 유아와 교사가 함께 주제망을 구성한다. 공동 주제망을 구성하면서 유아들은 주제에 대해 확산적으로 사고할 수 있는 기회를 갖게 되며 사물들 간의 관계를 논리적으로 생각해 보게 된다. 또한 주제망 구성 과정에 직접 참여함으로써 학습할 내용을 사전에 어느 정도 파악할 수 있으며. 다른 사람들과 함께 생각을 나누고 의사소통하는 경험을 갖게 된다.

- **질문목록 작성하기**: 주제와 관련하여 유아들이 알고 싶어하는 것들에 대한 질문목록을 만든다. 질문목록을 작성하게 되면 유아들은 주변 사물에 대해 보다 관심을 가지고 자세히 관찰하도록 동기화된다. 더불어 유아들이 활동에 보다 분명한 목표 의식을 가지고 임하게 되는 효과가 있다.

③ 전개단계

질문 목록에 따른 질문이나 프로젝트를 수행하면서 새롭게 생긴 의문점을 알아보기 위한 활동이 이루어진다. 준비된 영역에서의 활동과 더불어 현장견학, 전문가 면담하기, 책을 통해 알아보기, 실험하기, 조사하기 등의 활동이 이루어진다.

④ 마무리단계

그간 수행해 온 프로젝트 활동 결과를 전시, 발표한다. 유아들은 자신의 프로젝트 활동을 되돌아보면서 스스로 활동의 과정 및 결과를 평가해 볼 수 있는 기회를 갖는다. 반 전체가 공동의 전시회를 준비하는 동안 협동의식과 공동체 의식이 발달하며, 자신이 맡은 일에 대해 책임감을 갖게 된다. 프로젝트 주제에 관한 전문가가 되어 전시회를 보러 온 사람들에게 활동과정이나 결과물을 발표하고 설명하면서 자신의 활동이나 작품 결과를 가치 있게 여기게 되고 자신감도 갖게 된다.

(3) 교사의 역할 및 환경구성

프로젝트 접근법을 실행하는 교사는 '민감한 관찰자와 안내자'로서의 역할을 한다. 프로젝트 접근법의 실행단계에 따라 구체적으로 살펴보면, 먼저 준비단계에서 교사는 프로젝트의 주제 선정 및 활동을 계획하는 것 뿐만 아니라 주제에 관한 유아의 관심과 흥미를 유발할 수 있는 환경을 구성한다. 프로젝트 시작 단계에서는 주제에 관한 유아들의 다양한 생각들을 격려하고 유아들의 흥미를 유지할 수 있는 다양한 활동을 지원하는 한편 유아들이 탐구하고자 하는 내용의 큰 줄기를 잡아 주어야 한다. 전개단계에서는 유아들의 질문내용을 활동으로 연결해 주고 적합한 자원을 조달한다. 마무리단계에서는 프로젝트 활동과정에서 이루어진 여러 가지 학습결과들을 유아들과 함께 검토하고 평가하면서 이후의 프로젝트가 더욱 풍부해질 수 있는 기반을 마련한다(김수향 · 이경하 · 이용주 · 임영심, 2015).

3. 우리나라 유아교육과정

1969년 2월 19일 문교부령으로 유치원 교육과정이 제정 · 공포되면서 형식적 수준에서의 교육과정 개발이 착수되기 시작하였으며 이후 1979년, 1981년, 1987년, 1992년, 1998년 2007년에 이르기까지 여섯 차례에 걸쳐 교육과정의 개정이 이루어졌다. 유치원 교육과정은 시대적 · 사회적 변화와 요구에 따라 그 성격과 내용이 변화되어 왔는데, 현재 우리나라 유치원은 '3-5세 연령별 누리과정'에 따라 운영되고 있다. 이에 따라 여기에서는 누리과정의 도입배경, 목적과 목표, 주요 구성방향, 편성과 운영, 교수-학습방법, 누리과정 운영평가에 대해 살펴보며, 구체적 내용은 〈부록 2〉를 참조한다(교육과학기술부, 보건복지부, 2013).

1) 누리과정의 도입 배경

우리나라는 저출산으로 인구 규모가 감소되고 인구의 구조도 변화하게 되면서 노동력 감소, 노인 인구의 증가, 이에 따른 사회적 비용의 증가 등 심각한 사회 문제를 초래할 것이라는 우려가 확대되고 있다. 이러한 상황에서 영유아 교육 · 보육비 부담은 저출산을 더욱 심화시키는 요인으로 지적되었다. 또한 교육적 경험에 대한 격차 또한 벌어져서 계층 간에 나타나는 교육적 경험의 격차를 해소하기 위해 국가가 나서야 할 때라는 인식이 높아졌다. 한편으로는 영유아기 발달을 고려해 볼 때, 생애 초기의 교육적 경험이 이후의 학습에 대한 태도나 능력에 크게 영향을 미치므로 생애 초기 교육에 대한 국가적 지원이 필요하다는 인식이 광범위하게 형성되었다.

이러한 배경 하에 정부는 2011년 5월 2일, 만 5세 교육 · 보육에 대한 국가의 책임을 강화하는 '만 5세 공통과정'을 시행한다고 발표하였다. '만 5세 공통과정'은 유치원과 어린이집 관리 체제를 유지하면서, 만 5세 유아의 교육과 보육 내용을 통합하여 하나의 과정으로 만든다는 것이었다. 또한 만 5세 유아 학비, 보육비 지원을 전 계층으로 확대하고, 지원 단가도 연차적으로 현실화한다는 정책으로써, 만 5세 유아는 2012년 3월부터 유치원과 어린이집에서 공통의 '5세 누리과정'을 배우게 되었다.

2013년에는 만 3~4세까지 누리과정을 확대한다는 '3, 4세 누리과정 도입계획'을 발표하였는데, 이 때에는 유치원과 어린이집으로 이원화되어 있는 교육·보육과정을 통합하여 유아기 단계에서 교육의 질을 제고하고, 생애 초기 출발점 평등을 보장하며 특히 유아기부터 타인을 배려하고 존중하며 공감하는 역량을 기리기 위한 인성교육을 대폭 강화하고자 하였다. 5세 누리과정에 이어 2013년부터 만 3, 4세까지 누리과정이 확대·도입됨에 따라, 우리나라 모든 만 3~5세 유아들은 유아교육·보육과정이 통합된 '3-5세 누리과정'에 따라 교육을 받게 되었으며 이로써 생애 초기의 공정한 출발선을 보장받을 수 있게 되었다.

2) 누리과정의 구성 방향

누리과정의 구성 방향은 다음과 같다.

- 질서, 배려, 협력 등 기본생활습관과 바른 인성을 기르는 데 중점을 두어 구성한다.
- 자율성과 창의성을 기르는 데 중점을 두고, 전인발달을 이루도록 구성한다.
- 사람과 자연을 존중하고, 우리 문화를 이해하는 데 중점을 두어 구성한다.
- 만 3~5세아의 발달 특성을 고려하여 연령별로 구성한다.
- 신체운동·건강, 의사소통, 사회관계, 예술경험, 자연탐구의 5개 영역을

중심으로 구성한다.

- 초등학교 교육과정과 0~2세 표준보육과정과의 연계성을 고려하여 구성한다.

3) 누리과정의 목적과 목표

(1) 누리과정의 목적

누리과정은 만 3~5세 유아의 심신의 건강과 조화로운 발달을 도와 민주시민의 기초를 형성하는 것을 목적으로 한다.

(2) 목표

- 기본 운동 능력과 건강하고 안전한 생활 습관을 기른다.
- 일상생활에 필요한 의사소통 능력과 바른 언어 사용 습관을 기른다.
- 자신을 존중하고 다른 사람과 더불어 생활하는 능력과 태도를 기른다.
- 아름다움에 관심을 가지고 예술 경험을 즐기며, 창의적으로 표현하는 능력을 기른다.
- 호기심을 가지고 주변세계를 탐구하며, 일상생활에서 수학적 · 과학적으로 생각하는 능력과 태도를 기른다.

4) 편성과 운영

(1) 편성

- 1일 4~5시간을 기준으로 편성한다.
- 5개 영역의 내용을 균형 있게 통합적으로 편성한다.
- 유아의 발달 특성 및 경험을 고려하여 놀이를 중심으로 편성한다.

- 반(학급) 특성에 따라 융통성 있게 편성한다.
- 성별, 종교, 신체적 특성, 가족 및 민족 배경 등으로 인한 편견이 없도록 편성한다.
- 일과 운영 시간에 따라 심화·확장할 수 있도록 편성한다.

(2) 운영

- 연간, 월간, 주간, 일일 계획에 의거하여 운영한다.
- 실내·외 환경을 다양한 흥미 영역으로 구성하여 운영한다.
- 유아의 능력과 장애 정도에 따라 조정하여 운영한다.
- 부모와 각 기관의 실정에 따라 부모교육을 실시한다.
- 가정과 지역사회와의 협력과 참여에 기반하여 운영한다.
- 교사 재교육을 통해서 누리과정 활동이 개선되도록 운영한다.

5) 교수-학습 방법

- 놀이를 중심으로 교수-학습활동이 이루어지도록 한다.
- 유아의 흥미를 중심으로 활동을 선택하고 지속할 수 있도록 한다.
- 유아의 생활 속 경험을 소재로 하여 지식, 기능, 태도 및 가치를 습득하도록 한다.
- 유아와 교사, 유아와 유아, 유아와 환경 간에 능동적인 상호작용이 이루어지도록 한다.
- 주제를 중심으로 여러 활동이 통합적으로 이루어지도록 한다.
- 실내·실외활동, 정적·동적활동, 대·소집단활동 및 개별활동, 휴식 등이 균형 있게 이루어지도록 한다.
- 유아의 관심과 흥미, 발달이나 환경 특성 등을 고려하여 개별 유아에게

적합한 방식으로 학습하도록 한다.

6) 평가

(1) 누리과정 운영 평가

- 운영 내용이 누리과정의 목표와 내용에 근거하여 편성 · 운영되었는지 평가한다.
- 운영 내용 및 활동이 유아의 발달수준과 흥미 · 요구에 적합한지를 평가한다.
- 교수-학습 방법이 유아의 흥미와 활동의 특성에 적합한지를 평가한다.
- 운영 환경이 유아의 발달특성과 활동의 주제, 내용 및 효율성 등을 고려하여 구성되었는지를 평가한다.
- 계획안 분석, 수업 참관 및 모니터링, 평가척도 등 다양한 방법을 활용하여 평가한다.
- 운영 평가의 결과를 반영하여 운영계획을 수정 · 보완하거나 이후 누리과정 편성 · 운영에 활용한다.

(2) 유아평가

- 누리과정 목표와 내용에 근거하여 유아의 특성과 변화 정도를 평가한다.
- 유아의 지식, 기능, 태도를 포함하여 평가한다.
- 유아의 일상생활과 누리과정 활동 전반에 걸쳐 평가한다.
- 관찰, 활동 결과물 분석, 부모면담 등 다양한 방법을 사용하여 종합적으로 평가하고, 그 결과를 기록한다.
- 유아평가 결과는 유아에 대한 이해와 누리과정 운영 개선 및 부모 면담 자료로 활용할 수 있다.

Chapter 5

유아교육과 놀이

1. 놀이의 특성
2. 놀이의 기능
3. 놀이와 발달
4. 놀이이론
5. 놀이의 유형

1. 놀이의 특성

놀이가 무엇인지에 대한 정의를 명료하게 내리기는 어렵다. 그 이유는 놀이가 상당히 추상적인 개념이며 역사적, 문화적으로 다양한 정의를 내포하고 있기 때문이다. 놀이를 한 마디로 정의하기는 어렵기 때문에 현대사회에서는 놀이와 다른 행위의 특성을 비교함으로써 놀이의 특성을 설명하고자 하였다.

산업사회에 들어서면서 노동과 일은 노는 것과는 구분되는 행위였다. 때문에 최근까지도 놀이의 특성을 설명하는 데에 있어 일과 비교하여 놀이의 특성을 정리하고자 하는 것이 일반적이었다. 이에 따르면 놀이는 일에 비해 타인에 의해 강제적으로 하는 것이 아니라 자발적으로 시작한다는 특징이 있다. 즉 일은 수동적 활동인데 반해 놀이는 유아 주도적이며 능동적인 활동이라는 속성을 가진다. 일은 대가나 보상이 목적이지만 놀이는 놀이 자체가 행위의 목적이며 외적인 보상을 요구하지 않는다. 일은 때로 힘들고 따분하고 지겨울 때가 있지만 놀이는 항상 즐겁다. 일은 현실에 기반을 두고 있지만 놀이는 현실 생활에 국한되지 않는다. 놀이하면서 사람들은 공상이나 상상을 통해 현실을 초월한다.

[그림 5-1] 공을 가지고 놀이하는 유아, 놀이와 일의 가장 큰 차이는 무엇일까?

한편 놀이를 탐색(exploration) 활동과 구분하면서 정의를 내리기도 한다. 탐색과 놀이는 내적으로 동기화된 활동이라는 면에서는 비슷한 성격을 갖지만 몇 가지 면에서는 차이가 있다. 탐색은 어떤 물체에 관한 정보를 얻는데 관심을 두는 자극 중심(stimulus-dominated)의 활동이다. 따라서 그 물체의 특징에 의해 통제되는 활동이다. 그러나 놀이는 유기체 중심(organism-dominated)의 활동으로서 어떤 물체에 관한 정보를 얻는 데는 관심이 없다. 대신 그 물체를 가지고 활동하는 사람의 욕구와 소망에 의해 활동이 이루어진다. 즉 놀이에서는 '이 물체를 가지고 내가 무엇을 할 수 있는가?'에 관심이 있고, 탐색에서는 '이 물체는 무엇을 위한 것인가?'에 관심이 있다(신옥순, 2005).

[그림 5-2] 물체를 탐색하는 유아, 놀이와 탐색은 구분될 수 있는 행위일까?

관점에 따라 놀이의 정의는 달라지기도 한다. 유치원의 창시자인 프뢰벨(Frobel)은 놀이가 가장 순수한 정신적 소산으로 자기 내면의 욕구와 필요를 외부로 자유롭게 표현하는 것이라고 하였다. 정신분석학자인 프로이드(Freud)에 따르면 놀이는 아동으로 하여금 외상적 경험과 관련된 부정적인 감정과 갈등을 정화하게 하는 활동이다. 삐아제(Piaget)는 놀이가 새롭고 복잡한 사물들과 사건들에 대해 배우는 방법, 개념과 기술들을 통합하고 확대하는 방법,

그리고 생각과 행동을 통합하는 중요한 방법이라고 하였다. 이 밖에도 에릭슨(Erickson)은 '가상적 상황'을 창조함으로써 경험을 다루고 실험과 계획에 의해 현실을 조절하는 '인간 능력에 관한 아동기적 형태'라는 말로 놀이를 정의하였다(김영희 · 고태순, 2005).

[그림 5-3] 함께 놀이하고 있는 유아들, 놀이를 하면서 유아들은 무엇을 배울 수 있을까?

놀이를 한 마디로 정의하기는 쉽지 않지만 놀이의 본질적인 특성을 점검하는 것이 놀이를 이해하는데 도움이 될 것이다. 루빈(Rubin)과 페인(Fein) 그리고 반덴버그(Vandenberg)는 놀이는 다음의 다섯 가지 필수조건을 충족시키는 활동이라고 하였다(Rubin, Fein, & Vandenberg, 1983). 첫째, 놀이는 내적으로 동기화된 것이다. 놀이는 그 자체가 목적이다. 즉 놀이는 그것을 하는 자체가 완전한 만족을 주는 것이다. 둘째, 놀이는 놀이에 참여하는 유아가 그것을 자유롭게 선택해야 한다. 놀도록 강요된 활동은 유아에게는 놀이가 될 수 없다. 오히려 그것은 일에 가까운 활동이 될 수 있다. 셋째, 놀이는 즐거워야 한다. 아동은 경험을 즐겨야 하고 그렇지 않으면 그것은 놀이가 아니다. 넷째, 놀이는 융통성이 있어야 한다. 놀이는 현실을 반영할 수도 있지만 상상을 통하여 어느 정도 현실의 왜곡이 일어나기도 한다. 다섯째, 놀이는 유아가 적극적으로 참여하는 것이다. 진행되는 활동에 대해 수동적이거나 무관심하기보다는 신체적으로나 심리적으로 몰입할 때 그것을 놀이라고 할 수 있다.

이야기나누기

■ 최근 '놀이'와 관련한 인상적인 기사를 찾아보고 다음의 질문 준거에 따라 다른 사람들에게 기사를 소개해 봅니다.

- 기사를 선정한 이유는 무엇입니까?
- 기사를 통해 보았을 때 놀이는 우리의 삶과 어떤 관계가 있을까요?
- 유아교육과 놀이는 어떤 관계가 있을까요?

2. 놀이의 기능

아이들은 놀면서 배운다. 유아들은 놀면서 주변세계를 알아 나가고 직면한 문제를 해결할 능력을 기르고 사회성을 기르며 긍정적인 정서를 기른다. 이런 기능들 때문에 놀이는 유아교육현장에서 교육적 수단으로 활용된다. 놀이의 기능을 몇 가지로 정리해 보면 다음과 같다.

1) 주변세계 적응

유아들은 주변 세상에 관심을 갖고 이를 알아 나가려고 한다. 반복되는 놀이 경험을 통해 유아들은 신체, 인지, 정서, 사회성을 발달시켜 주변세계를 더 잘 알아갈 수 있다. 예를 들어, 물을 탐색하고 물의 성질을 탐구하는 유아이 놀이 활동은 유아들이 물과 관련한 세상을 이해하는데 도움이 된다. 탐색과 탐구를 돕는 놀이 활동은 물과 관련한 원리에서 그 관심을 확장시켜 배와 같은 운송기관까지 관심을 확장시킬 수 있다. 유아들이 어떤 것에 관심이 있고 놀이를 통해 그것을 숙달하게 되면 관심의 영역은 확장되고 내용은 더 잘 기억된다. 기억된 내용은 새로운 세상에 대한 이해에 도움이 된다.

인지적 측면에서 뿐만 아니라 사회성 측면에서도 놀이는 주변세계에 적응하는 유아의 능력을 기르는데 기여한다. 유아는 또래와 게임을 하면서 겪은 놀이 경험을 통해 다른 사람과 어떻게 놀이하는 것이 놀이를 더욱 즐겁게 할 수 있는지를 알게 된다. 사회적 능력의 발달은 유아가 어떤 환경에 처했을 때 위축되지 않고 다른 사람들과 적절한 관계를 형성하는데 필요하다. 이렇듯 놀이를 통한 다양한 능력의 발달은 유아들이 주변세계를 알아가고 이해하며 적응하는데 도움이 된다.

2) 정서적 적응력 향상

유아는 놀이를 하면서 다양한 감정을 경험하고 표현한다. 놀이는 일생 동안 유아들이 감당하여야 할 여러 감정들을 경험하고 조절할 수 있도록 돕는다. 놀이를 하면서 유아는 자신의 감정을 적절하게 표현하고 적대심과 공격성을 조절하게 되는데 이를 통해 후에 심각한 문제가 될 수 있는 부정적 감정을 조절할 수 있는 방법을 터득한다. 즉 놀이는 불안으로 억제된 자신의 감정을 폭발시키고 안정을 되찾아 긍정적인 정서로의 전환이 가능하게 하는 효과가 있다. 동시에 유아가 놀이를 통해 획득한 만족감, 자신감의 경험은 자기보상의 자원이 된다. 자기보상은 의미 있는 학습을 유지시키고 계속해서 찾도록 동기를 유발하는 원동력이 되기도 한다.

3) 창의력과 문제해결력 향상

창의성의 주요 요소는 민감성, 다양성, 유창성이다. 유아들은 자연물을 비롯한 여러 가지 놀이자료를 갖고 다양한 방법을 고안하여 놀이한다. 이러한 활동은 유아들의 창의성을 기르는 기초가 된다. 놀이를 하면서 무엇인가를 만들고 춤추고 이야기하는 과정은 유아들의 표현력과 상상력 및 창의성을 기르는데 도움이 된다. 한편으로 유아들은 놀이를 하면서 다양한 문제 상황에 처하게 된다. 블록을 몇 개 연결해야 다리가 될 것인지를 생각하면서, 다른 친구들과 협력하여 문제를 해결하는 방법은 무엇이 있을까를 생각하면서, 유아들은 다양한 상황에서 직면할 수 있는 문제에 대처하는 방안을 기르게 된다.

4) 사회적 능력의 향상

다른 사람과 놀이를 함께 하면서 유아는 자기중심적인 성향에서 벗어나게 된다. 다른 사람의 입장을 이해하고 다른 사람의 감정을 공유하고 공감하게 되면서 사회적 능력의 기초를 형성하게 된다. 더불어 유아는 스스로 선택한 놀이에 참여하면서 자신을 통제하고 받아들이는 자기수용을 경험하게 되는데 이러한 경험은 타인을 수용하는 능력의 토대가 된다. 사회적 상호작용 경험은 사회적 능력을 향상시키는데 중요한데, 유아들은 놀이를 하면서 사회적 상호작용을 자연스럽게 경험하게 되므로 놀이가 사회적 능력 향상에 도움이 된다고 할 것이다.

5) 미래사회에 대한 적응력 향상

유아들이 잘 놀 수 있도록 지원하는 것은 미래사회에 대한 적응력을 기르는데도 중요하다. 매일매일 새로운 지식이 쏟아져 나오는 때에 모든 것을 어른이 가르칠 수는 없다. 많은 것을 알려주려고 노력하기보다는 주변 상황에 호기심을 가지고 스스로 알아 나가려는 성향, 주어진 문제 상황에서 자신감을 갖고 다양한 방안을 모색하여 문제를 해결하고자 하는 성향과 방법을 가르치는 것이 미래사회에 적절한 교육이다. 이런 관점에서 볼 때 놀이는 교육적 장면에서 유용하게 사용될 수 있다.

3. 놀이와 발달

놀이는 유아의 발달에 어떻게 기여하는가? 놀이와 발달의 관계를 발달의 제반 영역에 따라 살펴보면 다음과 같다.

1) 놀이와 신체 · 운동발달

뛰어다니며 놀고 뛰어다니면서 놀고 자전거나 미끄럼틀과 같은 여러 가지 놀이 기구들을 타고 매달리고, 기어오르는 등의 놀이 활동은 유아의 대근육 운동발달을 촉진한다. 작은 물건을 집어 올리거나 색종이를 오려서 무엇인가를 만드는 놀이는 아동의 소근육 발달을 촉진한다. 몸을 움직이는 놀이 활동은 신체 성장의 촉진과 생리 기능의 향상에 도움이 된다. 놀이를 하면서 경험하게 되는 다양한 놀이자료에 대한 탐색은 유아의 감각 및 지각 능력의 발달에 기여한다.

[그림 5-4] 신체놀이를 하는 유아들

2) 놀이와 인지발달

유아들은 구체적인 사물을 가지고 놀이하면서 물체들의 무게, 질감, 색깔, 크기 등 물리적 지식을 학습하게 된다. 놀잇감들이 어떤 점에서 같고 다른지 비교해 보는 경험을 통해 사물들 간의 관계를 이해할 수 있는 논리 · 수학적 지식을 학습한다. 주변의 사물과 사건을 지각하고 이해하는 유아들의 인지능력을 새로운 환경에서 새로운 놀이경험을 전개해 가면서 보다 발전된 인지체계로 나아가게 된다(고태순, 2015).

3) 놀이와 언어발달

놀이를 하면서 유아들은 다양한 어휘를 습득하고 연습한다. 놀이를 하면서 역할에 적절한 언어 사용 방법을 배우고 놀이 친구들과 사회적 관계를 맺으며 자기중심적 언어에서 탈피하여 타인의 말에 귀를 기울이고 자신의 의견을 교환하는 사회적 언어능력을 갖게 된다.

과거의 사실을 언어적으로 회상하고 시간의 흐름에 따라 일어난 사건들을 언어적으로 배열하고 미래사건을 계획하는 데도 놀이는 관련이 있다. 유아들은 놀이를 하면서 대화를 나누고 사물의 명칭과 기능을 언어로 표현한다. 다른 사람과 언어적으로 상호작용하며 놀이한 경험은 언어발달에 긍정적인 영향을 미친다.

4) 놀이와 정서발달

놀이를 하며 유아들은 즐거움과 기쁨을 느낀다. 즐거움과 기쁨, 놀이 활동을 완성했을 때의 성취감 및 만족감은 유아가 긍정적인 정서를 발달시켜 나가는 데 도움이 된다. 다른 사람과 함께 놀이할 때, 때때로 유아들은 갈등 상황을 경험하게 되는데 이때 느끼는 화나 분노를 조절하는 방법을 놀이과정에서 학습할 수 있다.

한편으로 타인에 대한 부정적인 느낌이 놀이에서 자연스럽게 드러나기도 한다. 예를 들어, 새로 태어난 동생에게 화가 많이 난 유아는 분노를 직접 동생에게 표현할 수 없지만 놀이를 통해서는 자유롭게 표현할 수 있다. 이런 과정에서 분노의 감정은 놀이 과정에서 정화되게 되는데 놀이에서 나타나는 유아의 자유로운 정서 표현은 유아의 정신 건강에도 도움이 된다.

[그림 5-5] 놀이를 하며 즐거워하는 유아

5) 놀이와 사회성 발달

유아들은 다른 사람들과 놀이하면서 사회성을 발달시킨다. 함께 즐겁게 놀이하기 위해서는 타인의 입장을 고려하여 놀이해야 한다는 것을 알게 되면서 자기중심성이 감소하게 된다. 타인에 대한 적극적인 이해는 주변의 다른 사람들과의 관계에도 영향을 미친다. 유아는 함께 하는 놀이를 통하여 습득한 양보하기, 협동하기, 질서지키기와 같은 사회적 기술들을 또래 관계뿐 아니라 다른 사회적 관계에도 적용할 수 있게 된다. 더불어 놀이 과정에서 다른 사람을 괴롭히면 안 된다는 등의 도덕적 기준 및 규칙 등을 학습할 수 있게 된다.

6) 놀이와 창의성 발달

유아들의 놀이과정에는 사물과 인물 및 사건에 대한 다양한 탐색과 문제를 해결하는 과정이 내포되어 있어 놀이는 유아의 창의성 발달에도 기여한다. 비구조적 놀잇감을 사용하는 구성놀이나 연극놀이, 모래놀이 등 다양한 놀이 활동이 유아의 창의성 발달에 기여하는데, 놀이 활동 자체보다는 놀이를 하는 과정에서 경험하는 여러 가지 요소들이 창의성의 발달에 도움이 된다. 놀이를 하면서 경험하게 되는 다른 사람들과의 다양한 상호작용 및 구조화되어 있지 않아 다양한 방법으로 놀이할 수 있는 놀잇감과 창의적 사고를 지원하는 놀이 분위기 등이 창의성 발달에 도움이 된다.

이야기나누기

- 어렸을 때에 경험한 놀이 중 특히 기억에 남는 놀이상황은 무엇입니까?
- 그 놀이를 할 때의 기분은 어땠나요?
- 놀이가 자신의 발달에 도움이 되었다고 생각하나요? 어떤 점이 그러합니까?

4. 놀이이론

놀이이론은 고전적 놀이이론과 현대적 놀이이론의 두 가지로 나누어 살펴볼 수 있다. 학자들마다 놀이의 본질이 무엇이고 놀이의 동기가 무엇인가에 대한 견해는 다소 다르다. 놀이이론을 고전적 놀이이론과 현대적 놀이이론에 따라 살펴봄으로써 놀이의 본질에 대해 생각해 본다.

1) 고전적 놀이이론

고전적 놀이이론은 19세기 말부터 20세기 초기에 나타난 이론으로 잉여에너지이론(surplus energy theory), 휴식이론(relaxation theory), 반복이론(recapitulation theory), 연습이론(practice theory)이 있다.

(1) 잉여에너지 이론

잉여에너지 이론의 주창자로는 쉴러(Shiller)와 스펜서(Spencer)를 들 수 있다. 이들에 따르면 유기체는 생존을 위해 일정량의 에너지를 생성해 내는데, 생존에 필요한 에너지를 소비한 후 남은 에너지를 뚜렷한 목적 없이 발산시켜 소모하는 것을 놀이라고 정의하였다. 이 이론에 따르면 유아들은 일을 하는 성인에 비해 에너지의 소모가 적고 따라서 잉여에너지는 성인에 비해 많다. 때문에 유아들이 성인보다 놀이를 더 많이 하게 된다. 더불어 고등 동물은 하등 동물보다 생존을 위한 대처 전략이 더욱 효율적이어서 생존에 사용하는 에너지가 하등 동물에 비해 적으므로 고등 동물에서만 놀이가 나타난다고 주장한다. 그러나 잉여에너지 이론만으로 보면 사람들이 잉여에너지가 충분하지 않은 상태에서도 놀이를 하는 이유에 대해서는 설명하기가 어렵다(고태순, 2016).

(2) 휴식이론

19세기 독일 철학자인 라자러스(Lazarus)가 주창한 휴식이론은 놀이가 에너지의 잉여가 아니라 결핍 때문에 나타나는 것으로 본다(정금자, 1999). 라자러스는 사람들이 일을 할 때에는 에너지가 소모되어 에너지 결핍증상이 나타나는데 이 결핍된 에너지를 수면이나 일이 아닌 다른 활동, 즉 놀이를 함으로써 재충전할 수 있다고 하였다.

현대사회를 사는 사람들은 고도의 집중력이나 추상적 추리가 필요한 활동을 하게 되고, 이 활동들에 의한 정신적 피로감은 뛰기, 던지기 등과 같은 운동이나 레크리에이션에 의해 회복될 수 있다(이숙재, 1999). 휴식이론에 따르면, 놀이는 일의 스트레스를 풀고 재충전하는데 필요한 것이므로 성인은 일을 하지 않는 유아에 비해 훨씬 더 많은 놀이를 해야 하지만 실제로는 그렇지 않다. 이러한 이유가 무엇인지에 대해 휴식이론만으로는 설명하기 어려운 점이 있다.

(3) 반복이론

반복이론을 주장한 홀(Hall)은 진화론적 시각에서 아동의 놀이에 관한 견해를 제시하였다. 홀은 유아의 놀이가 인류 진화과정의 재현이라고 하였다. 예를 들어, 아동이 놀이 기구에 올라가는 것은 조상들이 나무에 올라가는 것을 재현하는 것이며 술래잡기 놀이는 인류가 수렵생활을 하던 시대의 경험이 재현되는 것이다. 인간은 놀이를 통해 인류의 진화과정을 반복, 재현함으로써 원시 본능을 제거하고 진화에 유용한 결정적인 행동은 계승시킨다.

이 이론은 자전거 타기, 컴퓨터 관련 놀잇감을 활용한 놀이 등 원시 본능과 관련이 없는 다양한 놀이를 유아가 즐기는 이유를 설명해 주지 못한다는 점에서 비판을 받지만(전국보육교사교육원대학협의회, 2004), 놀이의 발달적 경향을 체계적으로 설명하려고 한 점에서는 의의가 있다.

(4) 연습이론

그루스(Groos)의 연습이론은 초기 놀이이론 중 가장 설득력이 있다고 평가되는 이론이다. 그는 유아들이 놀이를 하면서 미성숙한 본능적 행동을 연습하고 점차 정교하게 발달시켜 지적인 행동을 성취할 수 있게 된다고 설명한다. 따라서 놀이는 성인기의 생존활동을 충분히 연습하기 위해 필요한 학습수단이 된다(김수영 · 김수임 · 김현아 · 정금자, 2000). 예를 들어, 유아는 소꿉놀이를 하면서 엄마와 아빠의 역할을 대신해 보고 엄마, 아빠의 역할을 미리 연습해 볼 수 있다. 그러나 오늘날 아동의 놀이 경험이 아동의 신체, 정서, 인지, 언어, 사회성 발달에 영향을 미친다는 점이 밝혀짐에 따라 놀이가 성인생활에 필요한 기술만을 연습하는 것으로 보는 연습이론은 놀이의 기능을 지나치게 한정시켰다는 비판을 받고 있다(오영희 · 송영란 · 강영식, 2003).

2) 현대적 놀이이론

1920년대 이후에 등장한 놀이에 관한 현대적 이론들은 심리학의 영향을 받았다. 대표적인 현대적 놀이이론으로는 정신분석학적 관점에서 보는 놀이이론, 인지발달적 관점에서 보는 놀이이론, 각성조절이론, 상위의사소통이론, 각본이론이 있다.

(1) 정신분석학적 관점에서 본 놀이이론

정신분석학적 관점에서 보면 놀이는 유아의 정서발달과 관계가 있다. 프로이트(Freud)에 의하면 유아에게 있어 놀이는 소망의 충족과 더불어 정서적 충격을 극복하는 데 필요하다. 유아는 놀이를 하면서 상상 속에서 원하는 바를 표현함으로써 간접적으로 자신의 욕구를 충족시킬 수 있다. 현실이라는 장애물 때문에 실생활에서 그대로 받아들여질 수 없는 위험하고 공격적인 충동은 놀이를 하면서 완화되고 현실에서 수용 가능한 것으로 바뀐다(정금자, 1999). 예를 들어, 유리창을 깨뜨리고 친구를 때리거나 진흙에 뒹굴고 싶은 욕망은 현실 상황에서는 허용되지 않지만 놀이를 할 때에는 어느 정도 허용된다. 또한 놀이는 내적인 갈등이나 현실의 어려움을 극복하게 한다. 유아들은 놀이를 하면서 자신의 감정이나 욕구를 건설적이고 공개적으로 표현할 수 있는데 이 과정에서 문제를 능동적으로 해결할 수 있게 되어 결국 정서적으로 안정되고 원만한 성격을 가지게 된다.

에릭슨(Erikson)은 놀이를 통하여 유아는 자아의 기능을 강화하고 이를 기초로 사회성을 발달시켜 자기중심적인 모습에서 사회적이며 집단지향적인 모습으로 발달한다고 보았다. 아동들은 주변세계를 숙달하기 위해 공상하고 상상하며 그것을 놀이 활동에 이행하고, 동시에 놀이 활동을 통하여 주변세계를 숙달하기 위해 연습한다. 에릭슨은 놀이가 심리사회적 발달을 반영하는 단계들을 거쳐 발달하게 된다고 하였는데, 다음과 같은 세 단계를 거쳐서 발달한다고 하였다(오영희 외, 2000).

첫 번째 단계는 자기세계 놀이(autocosmic play) 단계다. 아이들은 출생 시부터 자신의 신체를 이용하여 감각이나 근육운동 및 발성을 반복하여 시도해 보는 놀이를 한다. 두 번째 단계는 미시영역 놀이(microsphere play)단계다. 자기세계 놀이단계가 끝날 즈음에 놀이대상은 주변 사물이나 사람, 특히 가족에게로 옮겨가게 된다. 다양한 발성을 했을 때의 어머니 혹은 주변 사람들의 반응 변화를 살펴보고, 어머니의 얼굴이나 신체를 만지는 놀이를 한다. 그런 후 장난감이나 사물을 놀이의 대상으로 삼게 된다. 세 번째 단계는 거시영역 놀이(the macrosphere play)단계다. 유아가 다른 사람과 함께 놀이하게 되면서 놀이의 대상이 나와 가족뿐만 아니라, 유치원 · 학교 · 사회에서 접하는 사람들로 확대되면서 놀이영역이 넓어지고, 자아를 조절하면서 현실세계에 적응하는 방법도 배우게 된다. 그리하여 이 단계에서 유아는 단독 놀이를 해야 할 경우와 사회적 놀이에 참여해야 하는 경우를 학습하게 된다ᄀ 한다.

(2) 인지발달적 관점에서 본 놀이이론

인지발달이론에서 놀이는 유아의 인지적 성장을 촉진하는 도구다. 삐아제(Piaget)에 의하면 놀이는 이러한 적응 과정에서 동화가 조절보다 우세한 불균형 상태에 나타난다. 유아는 놀이를 하면서 새로운 기술을 학습하기보다는 이미 습득한 기술들을 연습하여 더욱 능숙해지게 된다. 유아의 인지구조가 보다 높은 수준으로 발달해 가기 위해서는 연습을 필요로 하는데 놀이를 통해 연습이 이루어지므로, 아동은 놀이를 함으로써 자신의 인지구조를 발달시켜 간다. 삐아제는 놀이의 유형이 유아의 현재 인지발달 수준을 반영한다고 보면서, 유아의 놀이는 감각운동기, 전조작기, 구체적 조작기 등의 인지발달 단계에 따라 연습놀이, 상상놀이, 규칙놀이 등으로 진행된다고 하였다. 삐아제가 제시한 단계별 놀이의 성격을 간략하게 알아보면 다음과 같다.

① 연습놀이(practice play)

감각운동기에는 신체의 감각운동을 연습하는 즐거움 때문에 단순한 놀이행동을 반복하는 연습놀이가 주로 나타난다. 연습놀이는 출생 후부터 일생 동안 발생하며 주변세계를 탐색하도록 돕는다.

② 상징놀이(symbolic play)

전조작기에는 상징놀이를 시작한다. 상징놀이는 '~인 척 하는' 것으로 사물, 행동, 역할 등을 실제와 다르게 가상화하는 놀이를 의미한다. 상징놀이는 유아의 인지가 발달하면서 사물의 원래 의미를 더욱 확장하여 유아 스스로가 의미를 부여하게 되면서 나타난다.

③ 규칙 있는 게임(games with rules)

구체적 조작기에는 규칙이 있는 게임이 주로 나타난다. 유아들은 집단의 규칙과 도덕의 영향을 받는 게임을 주로 하게 되는데, 놀이집단에서 정한 규칙을 지켜야 하며 규칙을 변경하려면 다른 집단 구성원들의 동의가 있어야 함을 알게 된다. 게임에 적용되는 규칙을 지키는 경험을 반복함으로써 유아들은 정해진 규칙 내에서 자신의 감정과 행동을 조절하며 다른 아동의 의견을 수용하는 방법과 같은 집단에서 필요한 사회적 기술을 배우게 된다(윤운성 · 정정옥, 1998).

비고츠키(Vygotsky)는 보다 높은 정신과정으로 발달하는 데 있어 놀이가 중요한 역할을 한다고 하였다. 유아는 사물과 사물이 지닌 의미를 분리하여 생각할 수 없기 때문에 추상적 사고가 어렵다. 예를 들어, 아동은 실제 말이 없으면 말에 관하여 다양한 생각을 하지 못한다. 상상놀이를 하면서 아동은 실제사물인 말을 대리사물인 막대기로 나타낼 수 있게 된다(이숙재, 2001). 초기에 아동은 매우 닮은 것을 주축으로 하여 놀이를 진행시키나 점차 닮은 사물로 상상하는 대상을 대치하는 것이 줄어들게 된다. 마침내는 사물보다 사물의 의미가 우세하게 되어 유아는 어떤 사물과도 목적하는 대상을 대치할 수 있게 된다. 유아들은 상징놀이를 하면서 고등 사고를 형성할 수 있으며, 현실에서 벗어나 자신의 감정과 생각을 표현하고 인지적으로 세상을 이해할 수 있게 된다(오영희 외, 2003).

놀이에서는 학습의 기능도 나타난다. 유아들은 놀이를 하면서 언어적으로 상호작용하기도 하고 혼잣말을 한다. 놀이를 하면서 나타나는 내적 언어(inner speech)는 생각을 정리하고, 표현하며, 행동의 발판을 마련하는데 기초가 된다. 자기조절과 기억력 및 타인과의 협동과 같은 능력 또한 놀이를 통해 확장될 수 있다(고태순, 2016).

(3) 각성조절이론

각성조절이론은 놀이가 최적의 각성상태를 유지하기 위해서 중추신경체계의 충동이나 필요성에 의해 나타난다고 설명한다. 벌린(Berlyne)에 의하면, 유기체의 중추신경조직은 최적의 각성수준을 유지하려 하는데, 자극의 수준이 지나치게 높거나 혹은 지나치게 낮으면 각성의 수준이 이상 상태가 되며, 이런 경우 인간은 자극수준을 조절하여 적정상태를 되찾으려 한다는 것이다(이숙재, 1999). 환경 속에 새롭고 혼란을 야기하는 자극이 있을 때 사람들은 혼란스러워하고 불확실하게 느끼며 중추신경체계 각성의 수준이 고양된다. 이 수준을 감소시키려면 환경의 불확실성을 줄이기 위해 환경을 탐색해야만 한다. 반대로 환경에 자극이 결핍되면 사람들은 지루함을 느끼고 원하는 각성수준을 유지하기 위해 자극을 추구하게 된다. 바로 이때 놀이가 나타나게 된다. 유아는 충분한 양의 환경적 자극이 없을 때 그것을 만들어 내기 위해 놀이를 한다(Berlyne, 1969).

유아들은 놀이를 하다가 지루하면 새로운 방법으로 놀이하려고 하는데, 각성조절이론의 관점에서 보면 이러한 놀이 행동은 유아에게 신체적, 지각적, 지적 자극을 제공함으로써 각성 수준을 적정하게 유지하는데 기여한다(고태순, 2016).

(4) 상위의사소통이론

상위의사소통이란 이차적 의사소통이라 할 수 있다. 상위의사소통은 실제 일어나고 있는 언어적 의사소통과 동일할 수도 있고 그렇지 않을 수도 있다. 베이트슨(Bateson)의 상위의사소통이론은 놀이와 상위의사소통의 관계를 설명하고 있다. 유아들이 놀이 중에 하는 행동은 실제 행동과 그 의미가 같을 수도 있고 다를 수도 있다. 일반적으로 때리거나 밀치는 행위는 공격적인 행위로 간주되지만 상상놀이 속에서는 공격성과 관계없이 어떤 장면을 재현하는 행위일 수도 있다. 유아들은 그러한 맥락(context)을 고려하여 공격적인 행위를 피하기보다는 즐거워할 수도 있다. 놀이에서 나타나는 상위의사소통을 이해할 때 교사는 유아들의 놀이 행동의 의미를 더 잘 이해할 수 있게 된다.

(5) 각본이론

각본(script)이란 기억에 의해 활성화되는 지식 구조를 뜻한다. 각본은 특정 상황에서의 행위 계열 구조이므로 유아들의 각본 형성은 유아가 미래의 유사한 상황에서 어떻게 행동해야 할 것인가를 예측할 수 있게 하는 기능을 한다.

놀이는 유아가 경험한 사건에 대한 지식구조가 표현된 것이라고 할 수 있다. 개인적인 경험이 다르면 놀이도 다른 형태로 나타난다. 또한 같은 경험을 했더라도 경험에 대한 유아의 기억과 해석이 다르면 놀이도 다른 양상으로 나타난다(고태순, 2016).

5. 놀이의 유형

하나의 놀이도 어떤 기준으로 구분하느냐에 따라서 여러 가지 놀이로 유형화할 수 있다. 놀이에 대한 정의 및 이론이 다양한 만큼 놀이의 종류도 바라보는 시각에 따라 분류되기 때문이다. 여기에서는 놀이장소 및 유치원에서 구성하는 놀이영역에 따라 놀이를 소개하였다.

1) 놀이장소에 따른 놀이 유형

놀이가 일어나는 장소에 따라 실외놀이와 실내놀이로 구분하여 볼 수 있다. 실외놀이는 유아들이 건물의 밖에서 하는 모든 놀이를 말한다. 놀이 시설들이 대형이고 공간적으로 높고 넓기 때문에 건물 내에는 실시되기 힘든 것들이 대부분이다. 놀이터, 마당에 있는 놀이기구를 이용하여 노는 것, 혹은 놀이기구 없이도 놀 수 있는 많은 놀이들이 있다. 아동들은 미끄럼틀, 그네, 자전거 등의 인공 시설물과 모래, 물 등의 자연물을 놀이 대상으로 삼아 주로 대근육 운동을 하게 되어 활동량이 많고 에너지 소비가 큰 놀이들을 하게 된다. 실외놀이는 실내놀이에 비해 신체적으로 다칠 위험도 많지만, 실외놀이는 유아가 자기 신체와 타인 그리고 자연환경에 대해 확신을 갖게 해 준다.

실내놀이는 건물 내에서 이루어지는 놀이를 통칭한다. 실내놀이의 놀잇감은 아동이 쉽게 조작하고 다룰 수 있는 것들이 대부분인데 소꿉놀이 도구, 블록, 책, 퍼즐, 악기 등 인위적인 것들과 자연환경에서 구할 수 있는 여러 자연물들로 종류가 매우 다양하다.

2) 흥미영역 구분에 따른 놀이 유형

유아교육기관에서는 교실을 흥미영역 중심으로 구성하고 있다. 누리과정의 편성과 운영에서도 실내 · 외 환경을 다양한 흥미영역으로 구성하여 놀이중심으로 운영하도록 하고 있다. 즉, 유아교육과정을 놀이중심으로 편성하고 이를 실천할 수 있는 환경은 흥미영역 중심으로 구성하여 각 흥미영역에서 놀이중심 교수-학습을 하도록 하는 것이다(한미라 · 전예화 · 신혜영 · 서현아 · 김현주 · 오성숙, 2016). 흥미영역은 연령과 상황에 따라 구성할 수 있는데 역할영역, 쌓기영역, 언어영역, 미술영역, 음률놀이영역, 수 · 조작영역, 과학영역 등이 있다. 각 영역에서 일어나는 놀이들을 정리해 보면 다음과 같다(고태순, 2015).

(1) 상상놀이

상상놀이, 역할놀이 영역에서 일어난다. 가상의 세계, 가상의 타인, 어른들의 세계를 연습할 수 있으며 다양한 정서와 갈등 상황을 경험할 수 있다. 시간과 공간, 역할 및 사물이 실제와 다르게 나타나며 현실적인 요소와 비현실적인 요소가 함께 나타난다.

(2) 쌓기놀이

다양한 색과 모양, 크기, 형태 등의 블록을 사용하여 평면 혹은 입체적인 구조물을 구성하는 놀이를 말한다. 유아들이 일상생활에서 보고, 듣고, 상상한 것들을 구성해 보면서 공간 구성력, 분류 및 측정 능력, 상상력, 사회적 기술과 태도, 긍정적인 자아개념, 불안감과 긴장감 해소, 대 · 소근육의 발달과 눈과 손의 협응력, 언어 능력, 논리적 사고를 이끌어 유아의 전인적 발달에 기여한다(전영아, 2012).

(3) 언어놀이

언어영역에서 일어난다. 말하기, 듣기, 읽기, 쓰기의 언어와 관련한 놀이 활동이 함께 일어난다. 영유아의 언어 표현 및 이해 능력의 발달을 도와 궁극적으로 의사소통 능력의 향상을 도모할 수 있다.

(4) 창작놀이

미술영역에서 주로 일어나는 놀이가 창작놀이이다. 그리고 만들고, 오리고, 찢고, 붙이며 새로운 작품을 구상하고 이에 따라 다양한 창작 활동이 일어난다. 창작 활동을 하면서 창의성 뿐만 아니라 표현 및 아름다움에 대한 심미감도 기를 수 있다.

(5) 음악놀이

음악을 감상하고 노래를 부르고 악기를 다루며 몸으로 표현하는 놀이이다. 정서발달에 도움이 되고 몸을 이용하여 창의적으로 표현하는 활동이 함께 일어나 종종 동자놀이와 함께 일어난다.

(6) 수 · 조작놀이

조작놀이는 퍼즐이나 구슬 꿰기, 도미노 게임 등과 같이 주로 책상 위에서 손과 손가락의 근육을 사용하여 하는 놀이이다. 정적이고 탐색적인 성격을 지니고 있으며 연령이 증가함에 따라 수 개념을 획득할 수 있는 수놀이로 확대된다.

(7) 과학놀이

다양한 사물을 관찰하고 관찰한 것에 대해 호기심을 가지고 지속적으로 탐구하는 활동으로써 탐구과정에서 나타나는 가설설정, 실험, 기록 등의 활동을 하면서 사고력이 확장된다.

Chapter 6

유아교육과 환경

1. 유아교육을 위한 환경구성
2. 실내 환경구성
3. 실외 환경구성

1. 유아교육을 위한 환경구성

유아교육을 위한 환경은 크게 인적 환경과 물리적 환경으로 나누어 볼 수 있다. 인적 환경은 교육기관에서 근무하는 구성원들과 관련한 것이며 물리적 환경은 교육기관의 시설, 설비, 공간의 구성과 활용, 교재 · 교구 등을 포함한다. 인적 환경과 물리적 환경을 어떻게 구성하는 가는 효율적인 유아교육기관의 운영과 유아의 발달에 영향을 미치는데, 인적 환경으로 주요한 역할을 하는 교사에 대해서는 다음 장에서 다루므로 여기에서는 물리적 환경을 중심으로 효율적인 환경구성에 대해 알아보고자 한다.

1) 환경구성의 의의

유아교육기관의 환경구성이 어떻게 이루어지는 가는 유아의 행동에 영향을 미친다. 예를 들어 환경을 구성할 때 공간의 크기가 유아의 활동범위에 비해 지나치게 적거나 혹은 크다면 유아의 행동에 영향을 미칠 것이다. 실내 활동을 위한 환경을 구성할 때 각각의 영역이 서로 완전히 분리되어 있다면 통합적 교육을 지향하는 유아교육의 목표를 달성하는데 어려움이 있을 것이다. 유아교육기관의 환경을 어떻게 구성하는가 하는 문제는 유아의 활동과 교육과정의 목표를 성취하는데 영향을 미친다.

유아의 발달과 교육목표를 고려한 물리적 환경은 유아의 발달과 상당한 관련이 있다. 공간의 위치, 실내 디자인, 교구 및 재료들은 유아들의 활동을 활성화시키기도 하고 억제하기도 한다. 잘 정돈된 활동영역은 유아의 활동을 활성화시킬 수 있지만 영역의 구분이 없고 정돈되지 못한 교실 환경에서는 유아가 집중해서 활동하기가 어렵다.

더불어 유아교육기관에 유아의 발달에 적절한 교구와 교재가 배치된다면 유아의 제반 발달 영역의 향상은 효율적으로 일어난다. 풍부한 교재 · 교구를 배치하면 유아들의 놀이 활동이 더욱 활발해질 가능성은 높아진다. 그러나 교재 · 교구가 너무 부족하면 유아들의 경험이 제한될 수 있고 정서적으로는 좌절감이나 욕구불만을 초래할 가능성이 있다.

적절한 시설과 설비 및 교구가 갖추어진 유아교육의 물리적 환경은 유아의 발달과 유아교육의 질을 결정짓는 중요한 변인이 될 수 있으므로 유아 교사는 유아의 발달과 욕구에 적절한 환경을 구성할 필요가 있을 것이다.

이야기나누기

- 유아를 위한 환경을 구성할 때 공간의 면적은 유아의 활동에 어떤 영향을 미칠 것인지에 대해 이야기 나누어 봅니다.
- 풍부한 교구와 교재는 항상 유아의 발달에 긍정적인 영향을 미칠까요? 풍부한 교재와 교구가 의미하는 바는 무엇일까요?

2) 환경구성의 원리

유아의 욕구에 적절한 물리적 환경을 구성할 때에는 다음과 같은 점을 고려할 필요가 있다.

- 무엇보다도 중요한 것은 어떤 환경을 구성할 때라도 유아의 성장과 발달에 적절한 환경을 구성해야 한다는 것이다. 활동영역과 영역에 비치된 자료는 유아의 연령과 발달에 적절하게 제공되어야 한다. 그러나 획일적으로 구성하는 것은 바람직하지 않다고 할 것이다. 발달에서의 개인차를 고려해야 하는 것처럼 환경을 구성할 때에는 개별 유아의 흥미와 욕구도 고려할 필요가 있다.

- 유아교육기관의 환경은 유아들에게 심리적으로 편안함과 안정감을 제공하도록 구성한다. 심리적으로 안정된 공간에서 유아들은 활동에 집중할 수 있다.
- 유아교육기관의 시설 및 설비는 유아의 신체 크기에 맞게 준비되어야 한다. 유아들은 몸의 크기에 알맞은 시설이 준비되었을 때 활동에 보다 집중할 수 있으며, 자료에 능동적으로 접근할 수 있다. 유아의 신체 발달 수준을 고려하여 시설을 배치한다.
- 유아들의 흥미를 고려하여 다양한 재료와 도구를 제공한다. 다양한 재료와 도구를 사용하는 경험은 유아의 제반 발달을 도울 뿐만 아니라 창의성의 발달에도 도움이 된다. 다양한 자료를 사용하는 것은 사고의 유연성을 기르고 표현에서의 다양성을 기르는데도 도움이 된다.
- 매력적이고 흥미로운 환경은 유아들의 감각을 자극한다. 교사는 유아에게 깨끗하고 정돈된 환경을 제공한다. 무엇보다 교사 자신이 청결함과 심미적인 것을 중요하게 생각하는 것이 중요하다. 교사의 내면화된 가치관은 유아들의 가치관에도 영향을 미친다. 교실은 혼잡하지 않으며 깨끗하고 시각적으로 끌리도록 구성되어야 한다. 정돈된 환경과 매력적인 교구들이 유아들의 흥미와 주의를 더 끌 수 있다. 불필요한 교재 및 교구는 유아들의 관심을 분산시킬 가능성이 있다는 점에도 유의한다.
- 환경을 구성할 때 가장 중요한 것은 유아의 안전이다. 유아는 신체 발달이 완전한 상태가 아니기 때문에 성인에 비해 안전에 취약하다는 점을 고려하여 환경을 구성한다.

2. 실내 환경구성

1) 실내 환경구성의 원리

실내 환경은 유아들이 하루 일과 중 가장 많은 시간을 놀이나 작업, 휴식을 하면서 보내는 곳이기 때문에 가장 핵심적이고도 중요한 공간이다. 그러므로 실내 환경은 즐겁고 안전하며 편리하게 활동할 수 있도록 구성되어져야 한다. 유아들은 잘 정돈되어 있으며 밝고 따뜻한 실내 환경 속에서 심리적인 안녕감을 가지고 활동에 몰입할 수 있다. 실내환경을 구성할 때에는 다음과 같은 점을 고려한다.

(1) 안락함

맞벌이 부부의 증가로 인해 유아들이 유아교육기관에 머무는 시간이 길어지고 있으므로 유아교육기관은 가정과 같은 안락함과 편안함을 제공해야 한다. 실내 활동영역을 구성할 때 언어영역에 카펫을 깔거나 쉴 수 있는 쿠션 등을 배치하는 것, 역할놀이 영역에 가정놀이를 할 수 있는 공간을 제공하는 것들은 유아들이 편안함을 느끼는데 도움이 된다.

(2) 단순성

좁은 공간에 여러 영역을 배치하면 유아들의 활동이 복잡해지고 불편해진다. 교사는 전체 공간에 맞게 영역을 배치하며 단순하고 편리함을 중시하여 영역을 배치하여야 한다. 교사가 유아들에게 많은 경험을 제공하고자 좁은 공간에 다양한 환경을 제시하면 유아들은 오히려 혼란스럽고 불편함을 느끼게 된다. 그러므로 교사는 공간의 크기, 전체 유아의 수, 유아의 연령, 학습내용 등을 고려하여 교실 환경을 구성할 필요가 있다.

(3) 감각

유아들에게 있어 감각은 대상과 환경을 알아 나가는 중요한 통로이다. 감각적 경험을 통해 유아들은 세상을 이해하고 탐색, 탐구하며 보다 심층적인 학습을 할 수 있는 토대를 마련한다. 유아들이 다양한 감각적 경험을 할 수 있도록 영역을 구성한다.

(4) 위생

유아의 안전을 위해 위생은 필수적이이라고 할 것이다. 교실은 청소를 깨끗이 하고 환기를 하여 쾌적한 공간이 될 수 있게 한다. 헝겊 인형이나 놀잇감도 주기적으로 세탁하고 소독하여 청결한 환경을 구성한다.

(5) 안전성

교실을 구성할 때 무엇보다 안전은 중요한 사항이다. 교실에는 위험한 기구나 도구가 없어야 하며 출입문이 크고 눈에 잘 띄어야 한다.

(6) 자극

유아들을 위한 교실은 흥미롭고 자극적이어야 한다. 교사는 다양한 재료와 도구를 제시하여 유아들에게 표현하고자 하는 자극을 주어야 한다. 또한 유아들의 눈높이에 맞는 곳에 교구들을 제시하여 유아 스스로 선택하여 활동할 수 있도록 지원한다.

실내 환경은 다양한 흥미영역으로 구성되는데 흥미영역을 구성할 때에는 다음과 같은 점들을 고려한다.

- 실내 환경을 다양한 흥미영역으로 구성하여 유아들에게 활동의 다양성과 선택의 기회를 준다.
- 흥미영역은 계절이나 활동 내용, 유아의 욕구나 흥미에 맞게 적절히 변화시킨다.
- 유아들의 신체에 맞는 가구를 사용하고 자료 배치는 유아의 키에 맞게 놓아 주어 유아 스스로 활동할 수 있도록 한다.
- 각 흥미영역의 수는 실내 공간의 크기와 유아의 특성에 따라 달라질 수 있으므로 이점을 고려하여 구성한다. 각 흥미영역의 공간의 크기와 형태는 유아의 수, 가구, 재료, 기구 등을 고려하여 정한다.
- 흥미영역은 활동의 특성에 맞게 유사한 활동영역끼리 인접하여 배치시킨다. 즉 정적 활동영역과 동적 활동영역을 구분하여 배치한다.

2) 영역별 실내 환경구성

실내 공간을 흥미영역에 따라 배치한다. 흥미영역을 중심으로 실내 환경을 구성하면 첫째, 유아들에게 효과적이고 다양한 경험을 할 수 있는 기회를 제공할 수 있다. 둘째, 유아들에게 물리적 · 시각적으로 경계를 제공함으로써 활동에 대한 집중을 유도하고 심리적으로 안정감을 제공할 수 있다. 셋째, 유아가 놀이할 영역을 스스로 선택하고 활동하는 과정에서 자율성과 의사결정 능력을 기를 수 있다.

프로스트(Frost)는 실내에서 흥미영역을 배치할 때에는 활동의 특성을 고려하여 동적인 활동영역, 정적인 활동영역, 물이 필요한 영역, 물이 필요 없는 영역에 따라 구성하면 활동이 더욱 효과적으로 일어날 수 있다고 하였는데 이를 그림으로 나타내어 설명해 보면 다음과 같다.

	건조한 곳		
정적영역	첫 번째 영역	두 번째 영역	동적 영역
	세 번째 영역	네 번째 영역	
	물이 있는 곳		

[그림 6-1] 실내 활동영역의 구성 준거

첫 번째 영역은 건조하고 정적인 활동영역으로서 독서, 언어, 수, 조작놀이를 위한 공간으로 구성할 수 있다.

두 번째 영역은 건조하고 동적인 활동영역으로 적목놀이, 조작놀이, 음률놀이를 위한 공간으로 구성할 수 있다.

세 번째 영역은 물이 있고 정적인 활동영역으로 간식영역 및 과학활동을 할 수 있는 공간으로 구성할 수 있다.

네 번째 영역은 물이 있고 동적인 활동영역으로 물놀이 및 모래놀이, 미술놀이를 할 수 있는 공간으로 구성할 수 있다.

프로스트가 제안한 영역의 배치 준거는 준거로 활용될 수 있다. 교실의 크기 및 출입문의 위치 등과 같이 교실의 상활에 따라 융통성 있게 배치하는 것이 더욱 중요하다. 더불어 유아교육기관의 교실에서 운영하는 영역의 특성을 고려하여 환경 구성을 할 때에는 다음과 같은 점들을 참고한다.

(1) 언어영역

언어영역은 유아의 언어 발달을 촉진시킬 수 있는 자료가 준비된 공간이어야 한다. 동화나 그림책만을 보는 곳이 아니라 다양한 언어적 경험을 할 수 있는 영역으로 구성되어야 한다. 언어영역은 유아들이 안정적인 분위기에서 책을 읽거나 쓰기 활동을 할 수 있도록 조용한 곳에 배치하고 활동을 위해 편안한 책상과 조명 등을 준비할 수 있다. 듣기, 읽기, 말하기, 쓰기와 같이 언어와 관련한 네 가지 영역의 고른 발달이 일어날 수 있도록 듣기 자료, 손인형과 같은 말하기 자료, 읽기를 위한 그림책, 쓰기를 위한 필기구 등을 배치한다.

(2) 수 · 조작영역

조작영역은 유아의 눈과 손의 협응력 발달 및 수학적 개념과 주의력, 인내력을 빌달시길 수 있는 영역으로써 수학영역과 함께 배치하는 경우가 많다. 조작영역은 조용한 곳에 배치하는 것이 좋다. 조작영역에 사용되는 자료는 뚜껑, 단추 끼우기, 구슬과 끈, 바느질 도구, 본뜨기, 공구놀이, 일상생활 훈련 틀, 플라스틱 볼트와 너트, 작은 블록, 퍼즐 등을 들 수 있다.

수학 활동을 위해 수와 관련한 자료를 쉬운 것에서 어려운 것까지 단계로 제공해 두어 유아의 수준에 따라 활동할 수 있도록 돕는다. 수학 활동을 위한 자료는 수학과 관련한 개념을 형성할 수 있도록 분류, 순서, 일상생활에서의 수, 전체와 부분, 시간, 공간, 도형 인식, 측정, 패턴, 그래프 활동을 경험할 수 있도록 구성하는 것이 필요한데 구슬, 솔방울, 색과 구멍 수가 다른 단추 등을 활용할 수 있고, 저울, 온도계, 시계, 숫자퍼즐, 기하학적 도형, 게임판, 색 입방체 블록 등을 배치할 수 있다.

(3) 과학영역

과학영역은 실험 및 조작활동을 할 때에 다른 유아들로부터 방해되지 않도록 영역의 구분이 필요하다. 유아들은 구조화되고 자연적인 사물들을 관찰하고 조작하는 기회를 가짐으로써 사물과 현상들 간의 유사점 및 차이점을 잘 이해할 수 있다. 유아는 주의 깊게 보고 정확하게 관찰하는 능력을 발달시키기 위해 다양한 재료를 탐색할 수 있어야 한다(이윤경 외, 2013). 과학영역은 유아들이 직접 활동을 해 보면서 대상과 환경을 알아 나가고 유아 스스로 학습을 할 수 있는 기회를 얻을 수 있도록 구성할 필요가 있다.

유아의 관찰을 돕기 위해 씨앗과 곡식, 자연물, 돋보기, 관찰 기록지, 실내에서 기를 수 있는 동식물들을 배치할 수 있고 실험을 위해 색 혼합을 위한 색깔 돋보기, 자석놀이 자료, 바퀴가 달린 놀잇감 등을 배치할 수 있다. 온도계, 습도계, 모래시계, 저울, 자, 계량컵, 날씨 기록판을 측정과 실험을 위해 배치할 수 있다. 기타 공룡에 대한 자료, 모양의 변화를 관찰할 수 있는 자료 등을 배치할 수 있다.

(4) 쌓기영역

쌓기영역은 다양한 블록들을 이용해 구조물을 만들고 이 과정에서 유아들끼리의 상호작용이 많이 일어나는 영역으로써 활동적이고 소음이 많이 발생하는 영역이므로 정적인 놀이영역과는 떨어진 곳에 배치하는 것이 좋다. 역할놀이 영역과 인접하여 배치하면 역할놀이로 확장하기에 용이하며 카펫 등으로 경계를 구분하게 되면 소음이 줄어들고 영역이 구분되는 효과가 있다. 유아들은 블록놀이를 통하여 자신이 생활에서 보고, 느끼고, 경험한 것들을 재구성해 볼 수 있다. 다양한 모양과 크기의 블록놀이를 하는 동안 유아는 수, 형태, 색깔 등에 대한 개념을 알 수 있다. 또한, 다른 유아들과 협동놀이를 통하여 사회성을 기를 수 있다. 다양한 블록들로 함께 만든 구조물을 활용하여 놀이할 수 있도록 교통수단과 같은 여러 가지 모형 및 가게 간판 등 유아들이 만든 소품을 구비한다.

(5) 역할영역

역할영역은 유아가 끊임없는 상호 의사소통과 혼잣말을 통해 현실세계와 가상세계를 경험하는 영역이며 유아의 경험이 놀이로 표현되는 세계이기도 하다(신혜은 외, 2017). 역할영역에서는 동적인 활동이 많이 일어나므로 활동적인 영역들에 인접하여 배치하는 것이 좋으며 쌓기영역과 인접하여 배치하면 놀이 활동이 더욱 다양해지고 풍부해질 수 있다. 소꿉놀이 혹은 가정놀이를 할 수 있는 자료들과 다양한 역할을 표현하기 위한 의상들 및 주제에 따른 역할놀이에 필요한 소품들을 구비한다.

(6) 음악영역

음악영역에서는 유아들이 다양한 악기를 탐색하고 다루며 노래를 부르기도 하고 창의적으로 신체를 표현하기도 한다. 다양한 소리를 탐색하고 변별하는 경험을 갖고 친구들과 함께 간단한 연주 활동도 할 수 있다. 따라서 음악영역은 소음이 많이 발생하는 영역이다. 조용한 영역과는 떨어뜨려 배치해야 하며 바닥에는 카펫을 깔아 소음을 줄여주려는 노력도 필요하다. 음악영역에는 리듬악기를 포함한 다양한 악기류, 소리와 음악을 감상할 수 있는 기계, 스스로 노래를 부르고 연습할 수 있는 노랫말판, 가사와 음악에 따른 신체 표현을 돕는 소품 등을 구비한다.

(7) 창작영역

창작영역은 유아가 자신을 둘러싼 환경을 탐색하고 다양한 매체를 이용해 자신의 생각이나 느낌을 표현하고 감상할 수 있는 영역이다. 다양한 물체를 탐색한 경험을 바탕으로 자신의 생각을 자유롭게 표현하여 볼 수 있는 시간을 제공한다. 자르기, 색칠하기, 만들기 등은 눈과 손의 협응 기술을 발달시키며,

손가락 그림, 밀가루 반죽놀이 등은 대근육을 사용한 운동 기술을 발달시킨다. 유아 자신이 선택한 방법으로 작업한 결과는 성취감과 자아감을 갖게 하고, 정서적인 분출구로서도 중요한 역할을 한다(이경희 외, 2004). 창작영역은 물을 쉽게 사용할 수 있는 곳에 위치하는 것이 좋다. 다양한 종이류와 그리기 도구 및 만들기 자료 등이 창작활동을 하는데 도움이 되며, 감상 활동을 할 수 있도록 명화집이나 민화집, 그림화보 등을 준비해 줄 수 있다.

3. 실외 환경구성

1) 실외 환경구성의 원리

실외 환경은 제한된 실내 환경에서는 할 수 없는 여러 가지 활동을 할 수 있다. 유아들이 자신의 신체, 특히 대근육을 활용한 놀이를 자유롭게 할 수 있고 자연 환경과의 교감도 일어난다. 실외의 적당한 시설에서 활동하게 되면 유아의 활동영역이 보다 넓어지며 심리적으로는 유아가 실내에서 활동할 때 겪을 수 있는 긴장이 해소될 수 있는 효과가 있다. 그러나 유아교육기관에서 실외 환경은 유아의 신체 활동만을 격려하는 환경은 아니다. 실외 환경을 어떻게 구성하는가에 따라 실내에서의 활동이 확장되기도 하고 실내에서의 활동과 실외에서의 활동이 완전히 분리되기도 하며, 보다 창의적인 놀이 활동이 일어나기도 한다.

실외 환경에서 창의적인 놀이가 일어날 수 있는 공간으로 조성하기 위해서는 다음과 같은 점들을 고려한다. 첫째, 유아들의 안전을 무엇보다 고려해야 하지만 유아들의 능력을 더욱 확장시킬 수 있도록 하기 위해 도전의 기회를 제공해야 한다. 적절한 위험을 동반하는 도전의 기회가 없다면 유아들은 쉽게 놀이 공간에 흥미를 잃을 수 있으며 바람직하지 않은 방법으로 재밋거리를 만들어 낼 수 있기 때문이다. 둘째, 실외놀이 공간 또한 실내놀이 공간과 마찬가지로 유아의 발달에 적절하게 고안되어야 하지만 동시에 유아들의 변화하는 욕구와 능력에 적응할 수 있도록 환경을 구성해야 한다. 셋째, 놀이 활동이 활발하게 일어날 수 있도록 다양한 소품들을 준비해야 한다. 단순한 기능놀이만이 아닌 구성놀이와 상징놀이가 나타날 수 있도록 실외놀이 블록이나 안전한 건축 자재 및 상징놀이를 위한 소품들을 준비해 준다. 넷째, 유아들이 직접 조작할 수 있는 자료를 제공한다. 유아들은 직접 경험을 통해 세상을 더 쉽게 이해한다. 고정된 시설물 이외에도 유아들이 다룰 수 있는 안전하고 다양한 자료를 준비할 필요가 있다. 자연물과 인공물의 적절한 조화는 유아들의 경험이 확장되도록 돕는다.

2) 영역별 실외 환경구성

실외놀이 환경을 구성할 때에는 유아들의 신체 및 운동 능력의 증진뿐 아니라 제반 발달 영역의 발달을 도울 수 있도록 구성되어야 한다. 그러기 위해서는 실외놀이 환경도 동적인 영역과 정적인 영역을 적절히 배분하여 구성할 필요가 있다. 대체로 실외 환경을 구성할 때 동적인 영역에 비해 정적인 영역은 전체 실외 환경 공간에서 1/3 정도가 될 것을 권장하고 있는데(Decker & Decker, 1992), 유아교육기관의 상황에 따라 이들의 구분은 유연하게 조성되고 운영될 수 있을 것이다. 실외영역을 구성할 때에는 실내영역에서 운영하기 어려운 영역들, 예를 들면 물놀이나 모래놀이, 목공놀이, 동물과 식물을 기르는 영역들이 더욱 활성화된다. 실외 환경의 영역을 구성할 때에는 다음과 같은 내용을 참고한다.

(1) 신체활동영역

대근육을 사용하는 놀이가 주로 일어나는 곳으로 주로 고정된 설비인 그네, 시소, 미끄럼틀 등이 필요하다. 소품으로는 공, 사다리, 두발자전거, 스케이트보드, 교통 신호판, 종합놀이 기구 등이 사용될 수 있다. 유아들이 충분히 뛰어놀며 자신의 신체적 에너지를 발산하고 정서적 긴장을 해소할 수 있도록 공간을 마련한다.

(2) 물 · 모래놀이영역

물놀이 영역과 모래놀이영역은 따로 배치하기도 하지만 대체로 함께 배치한다. 물과 모래는 그 속성상 형태가 정해져 있지 않아 다양한 형태를 만들며 자유롭게 놀이할 수 있으므로 유아들은 물놀이와 모래놀이를 하면서 정서적인 만족감을 느낄 뿐만 아니라 창의적인 사고 능력을 기를 수 있다. 다양한 소품은 물 · 모래놀이영역에도 필요하다. 조그만 주전자, 플라스틱병, 스펀지, 빨대, 여과기, 거품기, 방수 앞치마 등의 물놀이 도구들과 양동이, 숟가락, 국자, 계량컵, 접시와 같은 상품화된 모래놀이 도구들도 유용하며 사람과 동물 및 작은 사물 모형들도 모래놀이가 극화놀이 등으로 확장되는데 도움이 된다.

(3) 극화놀이영역

실외에서 이루어지는 극화놀이 활동은 넓은 공간에서 일어나기 때문에 신체적 움직임을 더욱 자유롭게 드러내며 놀이할 수 있다. 주제에 따른 다양한 극화놀이가 가능하도록 의상과 소품 등을 준비할 수 있다.

(4) 자연 생태 관찰영역

자연 생태 관찰영역은 유아들이 동 · 식물을 관찰할 수 있는 영역으로 토끼,

닭, 거위, 오리, 염소와 같은 동물을 관찰하고 돌볼 수 있도록 조성한다. 동물의 생장에 관심을 갖고 돌보는 마음을 가질 수 있으며 정서적 안정에도 도움이 된다. 배추, 무, 고추, 토마토, 상추와 같은 식물을 유아들과 함께 심고 성장과정을 관찰하고 수확된 식품으로 요리를 해서 나누는 과정은 그 자체가 교육적 과정이 된다.

(5) 목공놀이영역

목공놀이영역은 유아들의 대 · 소근육의 발달, 창의력, 문제해결력 등의 발달뿐만 아니라 유아들에게 작업이나 일의 가치와 중요성을 인식시키는 의미를 가진다(한미라 외, 2002). 실외에 유아들의 신체 크기에 맞추어 목공영역을 설치해 주고, 여러 가지 종류의 나무를 유아들이 사용하기에 적절한 크기로 제공하며 유아들이 사용하기에 적절한 크기와 무게의 연장들을 비치한다.

(6) 휴식 공간

실내 환경과 마찬가지로 실외에도 유아들이 휴식을 취할 수 있는 공간이 필요하다. 나무 그늘을 활용하거나 천막 등을 활용하여 유아들이 개별적으로 휴식을 취할 수 있도록 한다. 더불어 친구들과 조용한 이야기를 나누거나 책을 읽거나 그림을 그리는 등의 조용한 활동을 할 수 있도록 공간을 조성한다.

Chapter 7

유아교육과 교사

1. 유아교사의 자질
2. 유아교사의 역할
3. 유아교사와 인간관계

1. 유아교사의 자질

교사의 자질이란 교사가 갖추어야 할 개인적 특성 및 교직 태도를 의미한다. 교사의 자질은 그 사회의 교육관 및 교사의 역할에 대한 기대에 따라 달라지기 때문에 한 마디로 정의 내리기는 어렵지만 크게 개인적 자질과 전문적인 자질로 구분할 수 있다. 개인적 자질은 교사 개개인의 사람됨과 관계되는 특성으로 주로 인성적 특면의 자질을 말한다. 전문적 자질은 유아에 관한 전문적 지식, 교육과정 및 교수에 대한 전문적 지식과 운영기술, 교직에 대한 건전한 태도, 윤리의식 등 교사의 전문성과 관련된 자질을 말한다(박선해 · 김미정, 2015).

1) 유아교사의 개인적 자질

교육은 인격적인 만남과 따뜻한 인간관계를 바탕으로 가르치고 배우는 활동이다. 교사의 따뜻한 인간미는 학생과의 관계를 더욱 친밀하게 만들어 교사와 학생간의 상호작용 활동을 활발하게 한다(류동훈, 2004). 유아교사가 갖고 있는 개인적 자질을 몇 가지로 살펴보면 다음과 같다.

(1) 유아를 사랑하는 교사

유아교사는 많은 시간을 유아들과 지낸다. 유아들을 사랑하는 마음이 없다면 이 시간은 교사 자신에게도 힘겨운 시간이 되겠지만, 유아들을 사랑하는 마음이 충만하다면 삶 자체가 풍성해질 수도 있다. 유아들을 사랑하는 마음이 있어야 유아들에게 관심을 기울이게 된다. 관심을 기울여야 유아의 행동을 자세히 관찰하여 이에 대한 교수계획을 세울 수 있게 된다. 유아들을 사랑하는 마음이 있어야 유아의 성취와 기쁨에서 보람을 느낄 수 있다. 이런 이유로 유아교육기관에서 근무하는 유아교사는 무엇보다 유아를 사랑하는 사람이어야 한다.

(2) 신체적 · 정신적으로 건강한 교사

일찍이 로크는 '건강한 신체에 건강한 정신이 깃든다.'라는 말을 하였다. 신체가 건강해야 다른 사람에게 관심을 기울이고 건강한 상호작용을 할 수 있다. 교사의 건강하고 온화한 미소 및 밝은 분위기는 건강한 신체에서 비롯된다는 것을 알고 자신의 신체적 건강을 관리할 필요가 있겠다. 더불어 교사는 자신과 타인에 대해 긍정적인 생각과 태도를 견지할 필요가 있다. 자존감(self-esteem)이 있을 때 타인을 대할 때에 긍정적인 시선으로 볼 수 있으므로 자존감을 향상시키려는 노력이 필요하다.

(3) 성실하고 열정을 지닌 교사

교육자로서 유아교사는 성실한 근무 태도를 견지해야 한다. 일과생활과 교육활동에서 보이는 교사의 성실한 태도는 유아의 본보기가 된다. 더불어 유아교육을 하는 것에 대한 열정이 있어야 한다. 유아를 돌보는 일에 대한 열정은 유아의 성장과 발달에 대한 연구로 이어지며, 교육활동에 대한 열정은 새로운 교수법이나 효율적인 교수법에 대한 연구로 이어진다. 개인적 성장과 학습자의 성장을 함께 도모하는 것, 가르치고 배우면서 함께 성장하는 것을 교학상장(敎學相長)이라고 한다. 가르침에 열정이 있는 유아교사도 교학상장의 의미를 되새겨 볼 일이다.

2) 유아교사의 전문적 자질

전문적인 자질은 유아교사로서 필요한 지식과 기능을 의미하는 것으로 일반적으로 직전 교육을 통해 습득되고 현직 교육을 통해 향상된다. 교사의 전문적인 자질은 여러 가지 측면에서 규정할 수 있겠지만 크게 다음의 세 가지 측면으로 구분할 수 있다(김옥경 외, 2007).

(1) 전문적인 지식

유아교사는 유아와 유아교육에 대한 전문적인 지식을 가지고 있어야 하는데, 이를 위해서 유아기 발달에 대한 지식, 교육과정 및 평가에 대한 지식 등을 학습한다. 유아의 발달은 생태학적 체계이론에 비추어 보았을 때 다양한 환경적 요인들에 의해 영향을 받으므로, 유아에게 영향을 미치는 사회 문화적인 요인과 더불어 일반적인 교양 등에 대한 폭넓은 지식을 갖추어야 한다.

(2) 교수기술

유아의 성장 · 발달을 돕는 교육 프로그램을 계획하고 실현하기 위해서는 이를 운영할 수 있는 교수기술의 습득이 필요하다. 교수기술은 교육과정 구성 기술과 프로그램 실천, 평가기술 및 의사소통기술 등을 들 수 있는데, 교수기술을 습득하고 운영하기 위해서는 융통성 있는 사고가 필요하다. 유아교육 현장에서 경험을 쌓아 나가다 보면 교수기술은 더욱 향상될 수 있으나 그것은 교사 자신의 관심과 노력 여부에 따라 달라질 수 있으므로 교수기술의 향상을 위해 노력하는 태도를 견지해야 할 것이다.

(3) 올바른 교육관과 직업윤리

유아교사는 교육에 대한 자신의 철학을 정립할 필요가 있다. 앞서 2장과 3장에서 유아교육과 관련한 사상과 발달이론을 학습한 이유는 유아교육에 대한 철학과 유아를 보는 관점에 대한 가치관 정립을 위한 것이다. 자신의 교육철학이 정립되어 있으면 교육활동을 수행하는데 있어 일관성 있게 나아갈 수 있으며, 유아교육에 대한 책임감과 소명감도 향상된다. 그러나 이것이 꼭 변하지 않는 교육관을 가지고 있어야 한다는 의미는 아니다. 계속적인 경험과 학습을 통해 유아와 자신에게 보다 적절한 교육 철학을 세우려는 노력이 필요하다.

이야기나누기

나는 어떤 교사가 되고 싶은가?

■ 다음의 시를 읽고 의미를 생각해 봅니다.

풀꽃

나태주

자세히 보아야 예쁘다.
오래 보아야 사랑스럽다.
너도 그렇다.

■ 어떤 교사가 되고 싶은가를 사물로 표현해 봅니다. 여러분은 유아에게 어떤 존재가 되고 싶습니까?

2. 유아교사의 역할

교사의 역할은 교육에 대한 교사의 세계관, 철학과 신념 및 가르치는 대상에 대한 이해에 따라 달라진다. 유아교사의 역할은 유아교육에 대한 교사의 철학과 신념, 그리고 유아기를 어떻게 바라보는지 유아 시기의 발달적 특성과 중요성을 얼마나 잘 이해하고 있는지에 따라 달라질 것이다. 유아 시기는 전 생애 발달에서 가장 중요한 시기이며, 이 시기에 교사와의 관계를 통해 경험하는 것들은 유아의 전인적 성장과 발달에 지대한 영향을 미치게 된다. 교사의 역할은 어떤 관점으로 역할을 부여하느냐에 따라 학자마다 조금씩 달라질 것이다. 스포덱(Spodek, 1985)은 교사의 역할을 양육의 역할(nurturer role), 교수적 역할(instructional role), 관계적 역할(relational role)의 세 가지로 구분한 바 있다. 이에 따라 유아교사의 역할을 살펴보면 다음과 같다(신혜은 외, 2016).

1) 양육자로서의 역할

양육의 역할은 발달의 다른 어떤 시기보다 유아 시기에 있어 매우 중요하다. 유아교사는 부모와 마찬가지로 유아를 신체적 · 정신적으로 보호하고 양육하는 역할을 수행함으로써 유아가 정상적인 발달을 이루어 나아가게 하는 역할을 수행한다. 교사는 영유아들의 기본적인 필요와 욕구를 민감하게 감지하고 이를 기꺼이 적절하고 신속하게 충족시켜 주어야 한다. 특히 따뜻한 마음가짐과 보살핌의 태도로 유아들에게 정서적 지지자가 되어 주어, 안전하고 보호받는 심리적 환경을 조성해 주어야 한다. 이러한 면에서 양육자로서의 역할은 일반적인 교수자로서의 역할과는 구분되는 독특한 역할 특성이라고 하겠다.

2) 교수자로서의 역할

교수적 역할은 발달의 모든 시기를 통틀어 교사에게 일관적으로 요구되는 필수적인 역할이다. 교사는 발달의 전 영역에 걸쳐 유아의 발달에 필요한 개념과 지식, 다양한 인지적 사회적 기술이 발달할 수 있도록 유아를 가르쳐야 한다. 양육자의 역할이 영유아들의 요구와 필요를 충족시켜 주고 보살펴 주는 데 있다면 교수자로서의 역할은 보다 적극적이고 계획적으로 유아의 발달을 이루어지게 하는 것이다. 훌륭한 교수자의 역할을 수행하려면 다음의 역할들을 잘 수행해야 한다.

(1) 계획자로서의 교사

교사는 영유아와 함께 할 학습활동을 계획하고 조직하는 역할을 수행한다. 비단 유아의 흥미를 기반으로 한 활동과 학습의 계획뿐 아니라 유아의 발달 수준에 적합하게, 교육기관의 상황, 부모와 지역사회의 요구, 국가 수준의 교육과정 등을 토대로 활동을 계획해야 한다.

(2) 관찰자로서의 교사

관찰자로서의 역할은 훌륭한 교수자의 역할을 수행하는 데 매우 필수적이다. 관찰은 영유아의 흥미에 맞는 학습활동을 계획하는 것에서부터 시작해서 실제 활동과 학습 내에서 유아들이 개인별로 얼마나 이해하는지를 보여주는 자료가 된다. 관찰을 통해 교사는 유아의 성장과 발달에 대한 다양한 정보를 수집할 수 있으며 자신이 계획한 학습활동을 평가하고 그 결과를 다시 새로운 활동계획에 반영하는 기초를 마련하게 된다. 관찰자로서의 교사에게 중요한 것은 열린 마음과 객관적인 태도를 지니는 것이다. 그래야 유아들의 말과 행동 속에 내포된 다양한 의미들을 적절하게 해석할 수 있다.

(3) 촉진자로서의 교사

촉진자로서의 역할은 계획자나 관찰자로서의 역할과 매우 다르다. 촉진자로서의 역할은 계획된 활동을 실행하는 과정에서 매우 적극적으로 수행하는 역할이다. 이에 비하면 이전의 두 역할은 상대적으로 객관적이고 수동적이다. 촉진자로서 교사는 유아들이 학습활동에 적극적으로 참여하도록 격려하고,

이해를 넓히도록 도와주고, 새로운 것을 창조하고, 대안을 모색해 보도록 지지한다. 개방적이고 수용적인 태도로 융통성 있고 지지적인 학습 환경을 마련해 준다. 이를 통해 유아들은 사고기술이나 문제해결 능력을 획득할 뿐 아니라 자기가 흥미 있어 하는 것이 무엇인지를 확인하고 자신감과 자기 효능감을 획득하게 된다.

3) 관계자로서의 역할

관계적 역할은 양육자로서의 역할이나 교수자로서의 역할에 비해 조금 생소하게 들릴 수 있다. 양육자로서의 역할은 유아의 필요를 충족시켜 주는 도구적 역할이다. 교수자의 역할 역시 교육활동을 계획하고 실행, 평가하는 도구적 역할이다. 반면 관계적 역할은 교사 변인 단독이 아니라 교사-유아 간의 이자적 관계(dyadic relationship)의 질이나 특성에 더 초점을 두는 것이다.

(1) 상호작용자로서의 교사

상호작용자로서 교사는 영유아의 삶에 중요한 대상관계 인물이 된다. 유아는 교사와 다양한 관계를 경험을 하게 된다. 교사와의 끊임없는 언어적 · 비언어적 소통을 통해 인간적 관계를 형성하고 교사를 자신의 삶에 의미 있는 타인(significant other)으로 받아들인다.

상호작용자로서 교사는 무엇보다도 자기 스스로를 사랑하고 긍지를 지닌 사람이어야 한다. 교사의 자아상이 긍정적일 때, 그런 교사와 상호작용하는 유아들도 긍정적인 자아상을 형성할 수 있기 때문이다. 자기에게 긍정적인 교사는 타인에게도 긍정적이다. 교사는 당연히 유아들을 긍정적으로 바라보고 존중하는 방식으로 상호작용을 할 것이며, 유아들은 교사의 이러한 특성을 그대로 흡수하듯 수용하게 된다. 그 무엇보다도 중요한 역할이 아닐 수 없다.

(2) 동반자로서의 교사

동반자로서의 역할은 단지 전수하는 역할이 아니라 함께 배우고 협동하는 공동학습자, 협력자의 역할을 의미한다. 실제로 유아들과 상호작용을 통해 교사는 스스로 성장하고 발달해 갈 수 있다. 이는 부모와 자녀간의 관계에서도 마찬가지이다. 교사가 유아를 통해 배우고 성장한다는 것을 인식할 때, 교사와 유아의 관계에서 진정한 동반자의 역할을 하게 된다.

3. 유아교사와 인간관계

유아교육기관에서 교사는 다양한 사람들과 상호작용을 하며 인간관계를 형성하게 된다. 교사가 인간관계에서 만족감을 느낀다면 유아교육기관에서 근무하는 것에 대한 직무만족도가 높아지고 교사로서의 역할 수행이 용이하게 된다. 그러나 반대로 인간관계에서 어려움을 겪게 되면 교사로서의 직무수행에 어려움을 느낄 뿐만 아니라 심한 경우 교사직 자체에 대한 회의감을 가질 수도 있다. 교사의 직무만족도에 대한 연구에 따르면(고태순, 김종석, 2010), 교육기관 내에서 겪는 교사의 인간관계는 직무만족도에 영향을 미치는 주요 요인이었으며 다른 여타의 요인들에 비해 영향력이 높은 요인인 것으로 나타났다. 따라서 교사가 다른 사람들과 적절한 인간관계를 맺는 것은 무엇보다 필요한 일이라고 하겠다.

교사는 유아교육기관에서 유아, 학부모, 동료 교사, 원장, 조리사나 운전기사와 같은 유아교육기관 종사자들, 지역사회 인사 등 다양한 사람들과 인간관계를 형성하게 되는데, 교사가 인간관계를 형성하게 되는 대상들 중 주요 대상이라고 볼 수 있는 유아, 학부모, 동료 교사, 원장과의 관계를 중심으로 관계에서 겪는 어려움과 그를 극복할 수 있는 방안에 대해 알아보고자 한다. 그러기 전에 먼저 교사 자신의 의사소통 유형을 분석해 봄으로써 다른 사람과 인간관계를 맺을 때 나타나는 본인의 성향을 점검해 본다.

1) 인간관계 유형

나의 인간관계는 어떠한가? 나의 인간관계는 어떤 유형에 속하는가? 나는 다른 사람에게 나의 모습을 잘 내보이는가? 또 다른 사람이 나에 대해서 어떤 생각을 가지고 있는지 잘 아는가? 인간관계에서 나 자신을 다른 사람에게 내보이는 일은 매우 중요하다. 이를 자기공개(self-disclosure)라고 하며 인간관계를 심화시키는 중요한 요인으로 알려져 있다. 이렇게 자신을 다른 사람에게 나타내 보이는 점에 있어서 사람마다 차이가 있다. 또 인간관계에서 다른 사람들이 나에 대해 어떻게 느끼고 있는지를 잘 아는 일 역시 중요하다. 타인은 나를 비춰주는 사회적 거울(social mirror)이라는 말이 있듯이, 다른 사람의 반응 속에서 나의 모습을 비쳐보는 일이 중요하다. 이렇게 다른 사람을 통해 대한 피드백(feedback)을 얻음으로써 자기이해가 깊어지고 자신의 행동에 대한 조절 능력이 커진다.

(1) 조해리 창을 통해 본 인간관계 유형

조해리 창(Johari's Window)은 현대 미국의 심리학자인 조셉 루프트(Joseph Luft)와 해리 잉햄(Harry Ingham)에 의해 개발된 도구로 타인과의 소통관계를 분석하는 모형이다. 조해리 창의 기본 가정은 사람마다 인간관계에서 표출하는 자기노출의 정도와 피드백 수용 정도에 따라 마음의 창을 구성하는 네 영역의 넓이가 모두 다르다. 조해리 창의 네 가지 영역을 그림과 함께 설명해 보면 다음과 같다.

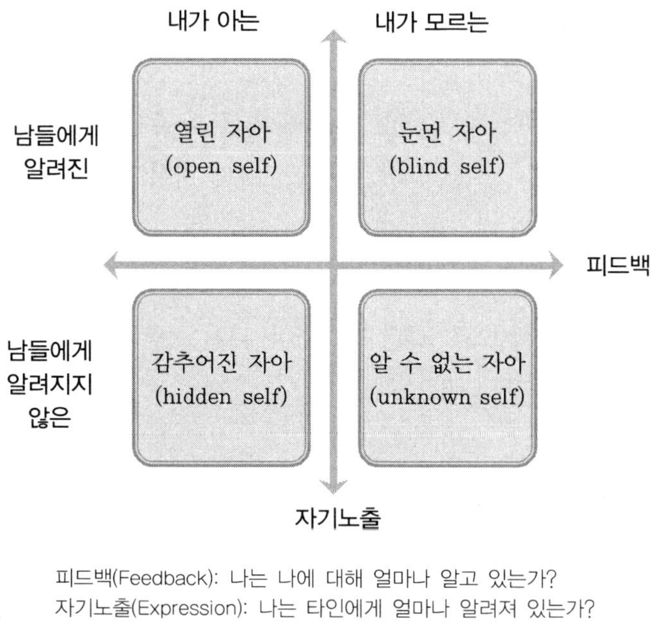

[그림 7-1] 조해리 창의 네 영역

① 열린 자아 (open area)

나도 알고 있고 다른 사람에게도 알려져 있는 나에 관한 정보를 의미한다. 두 사람 이상의 사람들이 상호작용하며 함께 일하고 경험을 나눌 수 있는 참 만남의 영역이다. 이 영역이 넓을수록 개인의 현실세계와 더 많은 접촉을 하게 되고, 자유롭게 자기의 능력과 요구를 자기와 다른 사람에게 나타낼 수 있으며 잠재력이 발휘될 수 있다.

열린 자아가 가장 넓은 사람은 개방형 인간관계를 맺고 있는 사람이다. 자신의 행동, 감정 및 동기 등에 대해 자신과 타인이 모두 충분히 알고 있다. 대체로 인간관계가 원만하며 적절하게 자기표현을 잘 할 뿐만 아니라 다른 사람의 말도 잘 경청한다. 다른 사람에게 호감과 친밀감을 주게 되어 인기가 있다. 그러나 지나치게 이 영역이 넓은 사람은 말이 많고 경박한 사람으로 비쳐질 수도 있다.

② 눈먼 자아 (blind area)

다른 사람들은 잘 알지만 나는 모르고 있는 나의 정보이다. 사람은 이상한 행동 습관, 특이한 말씨나 몸가짐, 독특한 성격과 같이 남들은 알고 있지만 자신은 모르는 자신의 모습이 있는데 이를 눈먼 자아라고 한다. 눈먼 자아가 가장 넓은 사람은 자기 주장형 인간관계를 맺고 있는 사람이다. 나름대로 자신감을 지녔으며 솔직하고 시원시원하지만, 다른 사람의 반응에 무관심하거나 둔감하기 때문에 독선적으로 보일 수도 있다. 다른 사람의 말에 좀 더 진지하게 귀를 기울이려는 노력이 필요하다.

③ 감추어진 자아 (hidden area)

나는 알고 있지만 다른 사람에게는 알려지지 않은 정보를 의미한다. 약점이나 비밀처럼 다른 사람에게는 숨기는 나의 부분이다. 별로 친하지 않은 관계에서는 남들이 나에 대해 모르는 것이 정상적이며, 새로운 집단 안에서는 서로 간에 잘 알지 못하고 신뢰하지 못하기 때문에 이 영역이 매우 넓다. 다른 영역에 비해 감추어진 자아가 가장 넓은 사람은 신중형 인간관계를 형성한다. 다른 사람의 이야기는 잘 듣지만 자신의 이야기는 잘 하지 않으며 속마음을 잘 드러내지 않는다. 계산적이고 실리적인 경향이 있으며 잘 적응하지만 고독감을 느끼는 경우가 많다.

④ 알 수 없는 자아 (unknown area)

남들은 물론 나 자신도 모르는 나의 부분을 의미한다. 예를 들면, 무의식이나 어린 시절의 경험 또는 심리적 외상 등은 남들이 모르는 것이지만 나 자신도 잘 모를 수 있다. 알 수 없는 자아가 가장 넓은 사람은 고립형으로 인간관계에 소극적이며 혼자 있는 것을 좋아한다. 고집이 세고 주관이 지나치게 강한 경우도 있지만, 대체로 심리적인 고민이 많고 부적응적인 삶을 살아간다. 인간관계에 대해 보다 긍정적인 태도를 가질 필요가 있다.

나의 자기개방 정도 점검하기

■ 다음의 질문에 답한 후 지침에 따라 자기개방 정도를 점검해 봅니다.

〈자기 개방 자가진단〉

※ 전혀 그렇지 않다면 1점, 매우 그렇다면 10점으로 점수를 부여합니다.

1. 나는 잘 몰랐을 경우에는 이를 바로 인정한다.
2. 나는 납득하기 어려운 지시를 받을 경우 지시한 이유를 물어 본다.
3. 나는 다른 사람의 잘못을 지적할 필요가 있을 때에는 직접 말한다.
4. 나의 의견에 대해 남들이 어떻게 생각하는지 물어 본다.
5. 나의 느낌을 솔직하게 표현한다.
6. 다른 사람의 감정을 존중한다.
7. 나는 걱정거리가 생길 경우, 터놓고 의논한다.
8. 나 혼자 이야기를 계속하여 남을 짜증나게 하지 않는다.
9. 남의 의견이 나와 다를 경우, 나의 생각을 말하고 함께 검토해 본다.
10. 나는 아이디어를 권장하고 대화를 독단적으로 끌고 가지 않는다.
11. 내 잘못을 숨기거나 남의 탓으로 돌리지 않는다.
12. 다른 사람의 충고를 잘 받아들인다.
13. 달가운 일이 아닐지라도 남들이 알아야 할 사항이라면 알려 준다.
14. 진심으로 남의 이야기를 들어준다.
15. 말하기 거북한 내용을 거리낌 없이 말한다.
16. 나는 변명을 하지 않고 비판에 귀를 기울인다.
17. 나는 있는 그대로를 나타내며 가식이 없는 편이다.
18. 나에게 찬성하지 않는다고 남의 마음을 상하게 하지 않는다.
19. 나는 확신하는 것을 굽히지 않고 말한다.
20. 나는 다른 사람에게 그들의 생각을 발표하도록 권장한다.

※ 문항에 부여한 점수를 아래의 표에 기록합니다. 문항번호에 따라 기입하고 합산합니다.

1	3	5	7	9	11	13	15	17	19	합계 (자아)
2	4	6	8	10	12	14	16	18	20	합계 (피드백)

※ 자아 합계를 세로 축으로 피드백을 가로 축으로 하여 선을 그어 봅니다. 선으로 완성된 면적이 자기 개방 면적이며 이를 통해 본인의 인간관계 유형을 파악할 수 있습니다.

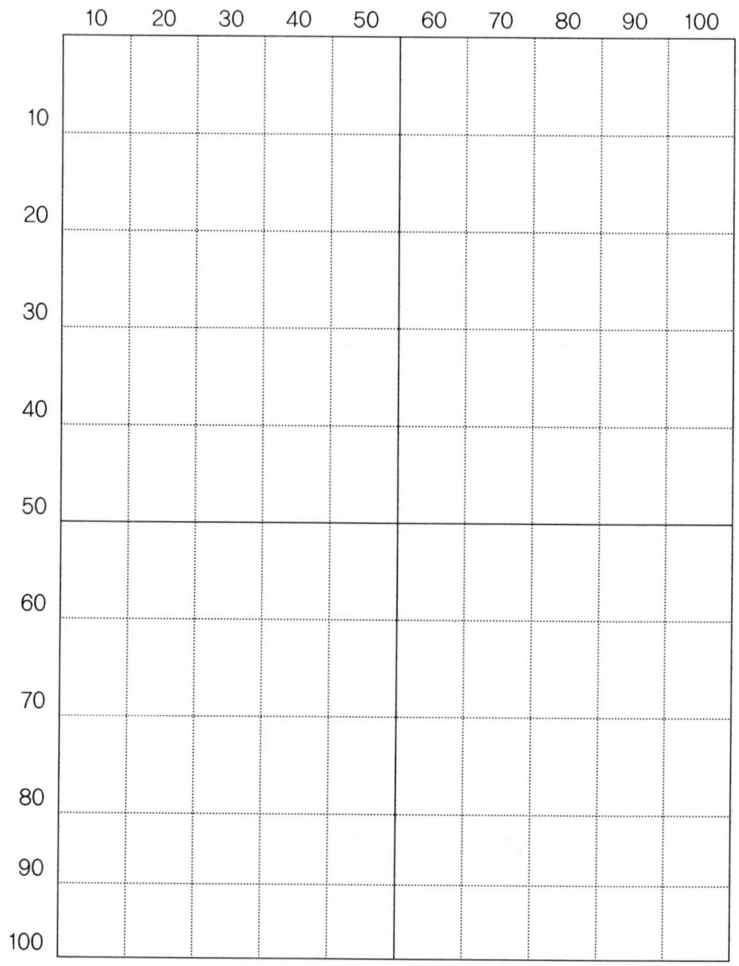

2) 유아와의 인간관계

앞서 교사는 유아들을 교육함에 있어서 양육자, 교수자, 관계자 등의 역할을 한다고 하였다. 이러한 역할들을 수행할 때 유아들과 좋은 관계를 형성하고 있다면 교육의 효율성은 더욱 높아질 것이다. 유아들과 좋은 인간관계를 형성하고 있다는 것은 유아들과 정서적으로 친밀하며 상호간 신뢰가 있다는 것을 의미한다.

교사가 유아와 이러한 관계를 형성하고 유지, 발전시키기 위해서는 먼저 유아에 대한 이해가 기본이 되어야 할 것이다. 그러기 위해서는 유아의 심리적, 신체적 발달에 대한 이해가 선행되어야 한다. 교사가 되기 이전에 학교에서 유아의 발달에 대한 이론을 학습하였다고 하더라도 유아교육 현장에서는 유아들의 이해되지 않는 행동에 당황스러울 때가 있을 것이다. 유아를 이해하려는 기본자세를 견지하면서 동시에 유아의 행동 발달에 대한 계속적인 학습이 필요하다.

둘째, 유아의 행동에 대해 너그러운 태도를 견지할 필요가 있다. 유아들은 성인이 요구하는 바에 따라 행동하는 존재가 아닌 자율적인 존재이다. 교사가 정한 목표에 따라 유아들이 행동하기를 바라지만 뜻대로 되는 것은 아니다. 유아들의 행동에 대해서는 다른 사람들에 비해 보다 너그러운 태도를 견지할 필요가 있다.

셋째, 유아들은 유아교육기관에서 사회생활을 첫발을 경험한다는 인식을 견지해야 한다. 유아들에 대한 교사의 공정한 태도는 장차 유아가 더 넓은 장면에서 사회생활을 할 때 공정함과 정의로움을 이해하고 실천할 수 있는 기초가 된다는 점을 인식한다.

넷째, 교사는 유아의 인권에 대한 지식을 학습함으로써 생활 속에서 유아의 인권을 고려한 상호작용을 전개할 필요가 있다. 유아의 인권, 즉 UN에서 제시하고 있는 아동의 권리에 대한 내용은 〈부록 3〉을 참조한다.

[그림 7-1] 유아와 개별적으로 상호작용하는 교사

3) 학부모와의 인간관계

유아교육은 유아뿐만 아니라 유아들의 부모까지를 그 대상으로 하므로 교사와 학부모가 적절한 인간관계를 형성하는 것은 유아교육의 효과에도 영향을 미친다. 대부분의 유아 교사들은 이를 인지하고 있지만, 실제 유아교육기관에서 교사가 겪는 인간관계의 어려움에서 가장 큰 요인으로 학부모와의 관계를 꼽는 것을 보면 학부모와 원활한 관계를 맺는 것이 그리 쉬운 일만은 아니다.

유아기 자녀를 둔 학부모들은 자녀 양육과 발달에 대한 적절한 정보를 유아교육기관을 통해 얻기를 바란다. 특히 자신의 자녀에 대해서는 더욱 그러하다. 만약 자녀가 가정에서 문제행동을 보인다면, 부모는 자녀가 다니는 유아교육기관의 교사와 먼저 이야기를 나누고 싶을 것이다. 교사는 유아교육기관에서 유아가 문제행동을 보일 때 부모와 먼저 의논하겠다는 계획을 세울 것이다. 한편으로 부모들은 자신의 자녀와 오랜 시간을 보내는 교사들로부터 자녀에 대한 일반적인 이야기나 발전 방향 및 유아교육기관의 운영방침에 대해 알기를 원한다. 이런 과정에서 교사와 부모 간에 의사소통이 일어나는데, 의사소통은 대체로 상담의 형태로 나타나게 된다.

[그림 7-2] 학부모와 상담을 진행하는 교사의 모습

사회에 첫발을 내디딘 초임교사들은 학부모와의 의사소통에 부담을 느끼는 경우가 종종 있으며 경력 교사인 경우에도 본인과 성향이 맞지 않다고 생각되는 학부모들과의 의사소통을 부담스럽게 생각하는 경우가 많다. 이러한 부담감은 부모교육에 대한 지식과 기술이 부족하기 때문(강현경 · 조형숙, 2011)이기도 하고, 유아발달과 성장에 대한 전문가인 교사 자신에 대한 효능감의 부족에서 기인하기도 하며, 구체적으로는 부모 상담 기술이 부족하기 때문이기도 하다. 학부모와의 적절한 관계 유지 및 향상을 위한 지속적인 학습과 실천적 노력이 필요하겠지만, 학부모와의 관계에서 어려움을 느끼는 주요 원인이 부모 상담 기술의 부족이라고 생각된다면 경청, 수용, 공감적 반응, 명료화, 해석 등과 같은 상담 기술을 활용하는 것이 도움이 될 것이다.

4) 동료 교사와의 인간관계

교사들은 서로 간에 성격이 원만하고 협동심과 봉사심이 강하며 근면 · 성실하고 이해심이 많고 명랑한 교사를 선호한다. 교사 상호간의 인간관계를 원만하게 하는 것은 이기심을 버리고 서로 양보하고 협동하는 태도, 그리고 타인을 이해하려는 마음에 있다고 할 수 있다. 반대로 교사 상호간의 인간관계를 저해하는 요인으로는 연령 · 학력 · 경력의 차이에서 오는 우열감과 원장에게 잘 보이려는 경쟁의식을 들 수 있다. 또한 각자의 성격이 다르기 때문에 성격에서 오는 차이로 어려움을 겪게 된다. 유치원의 과중한 업무로 인한 접촉기회가 부족하고 상대적으로 성격이 배타적일 경우 교사 상호간의 인간관계는 원만하게 이루어지지 않는다(김옥경 외, 2007). 교사들 간의 관계가 원만하게 이루어지기 위해서는 유아교육기관에서 서로 협력하는 태도를 견지하며 상호 존중하는 자세가 필요하다. 동료 교사들 간에 일어나는 적절한 자기개방은 원만한 인간관계 형성에 도움이 된다.

5) 원장과의 인간관계

유아교육기관에서 교사와 원장의 관계는 상하관계이므로 갈등이 야기될 가능성이 높은 관계다. 원장이 교사의 의견을 무시하고 원장과 교사 간에 의사교환의 기회를 갖지 않는다면 교사는 원장과의 관계에 좌절감을 느낀다. 반대로 교사가 이해력이 부족하고 불성실하며 자기 자신 밖에 모르는 이기적 태도를 보일 때 원장은 교사와의 관계에 실망감을 느낀다. 브론펜브레너(Bronfenbrenner)가 제시한 생태학적 체계이론에서 보면, 원장과 교사는 유아와 일차적인 관계를 형성하므로 미시체계 요인이지만 미시체계의 이 요인들이 상호작용하는 중간체계가 잘 기능해야 유아의 발달이 원활하게 일어날 수 있다.

교사와 원장과의 관계가 원만하려면, 우선 원장은 유아교육기관에서의 조직을 민주적으로 운영하기 위해 상명하달식이 아니라 교사와 협의하고 소통하는 기회를 자주 가지는 것이 좋다. 교사들 간의 친밀한 관계형성 및 유지를 위한 분위기를 조성하고, 교사를 신뢰하며 필요하다면 교육에 있어 어려움을 겪고 있는 교사들에게 멘토의 역할을 담당하여 이끌 수 있어야 한다(박선해 · 김미정, 2015).

교사 또한 원장과의 바람직한 인간관계를 위해 원장이 가진 교육철학과 신념을 이해하고 수용하려고 노력해야 하며, 원장과의 원활한 의사소통을 위해 정기적 모임이나 회의 및 개인 면담 시간을 활용하여 의견을 개진하되 상황을 고려하여 원활한 의사소통이 일어날 수 있는 방안에 대해 미리 고려하여야 한다. 원장을 업무 지시만 내리는 상사로써만 여기기보다는 인생 선배 혹은 교직에서의 선배로써 인정하고 존경하는 태도를 가지는 것도 원만한 인간관계를 형성하는데 도움이 된다.

Chapter 8

유아교육과 부모

1. 부모교육의 개념
2 부모교육의 필요성
3. 부모교육 이론
4. 유아교육기관에서의 부모교육 프로그램

1. 부모교육의 개념

유아교육기관에서는 유아의 성장과 발달 및 질 높은 교육을 구현하기 위해 노력하고 있다. 그런데 유아교육기관에서만 이러한 노력을 한다고 해서 그 성과가 나타나기는 어렵다. 그 이유는 무엇일까? 그것은 부모가 자녀의 성장과 발달에 중요한 역할을 수행하기 때문이다. 이런 이유로 유아교육기관에서는 교육의 대상을 유아에서 부모로까지 확대하고 있다. 부모가 부모로써의 책무를 인식하고 적절한 역할을 수행할 수 있다면 유아교육기관에서의 부모교육은 필요하지 않을지도 모른다. 그러나 현대사회의 부모들은 넘쳐나는 자녀 양육 정보가 있어도 정작 자녀를 양육할 때에는 적절한 부모 역할에 대한 자신감이 없을 뿐만 아니라 때로는 혼란을 느끼기도 한다.

부모교육(parent education)은 부모가 부모 역할을 보다 효과적으로 하도록 교육이나 훈련을 통해 돕는 것이다. 부모교육을 통해 부모들은 자녀에 대한 이해와 지식을 획득할 수 있으며 어떤 방법이 자녀 양육에 바람직한가를 생각해 보고 실천할 수 있게 된다. 유아교육기관에서 준비한 부모교육에 참여함으로써 부모는 교육에 있어 유아교육기관과 동반자가 되어 보다 적극적으로 부모로써의 역할을 수행하게 된다.

부모교육은 부모훈련(parent training) 및 부모참여(parent participation) 등의 용어와 혼용되어 사용되기도 한다. 부모교육과 부모훈련이 부모가 보다 효율적인 부모역할 수행을 위해 부모교육자로부터 교육받는다는 다소 수동적 의미가 있는 반면, 부모참여는 가정과 유아교육기관이 동등한 입장에서 상호 유대관계와 연결이 유지되는 보다 포괄적이고 적극적인 개념이라고 볼 수 있다. 비록 부모참여가 보다 적극적인 개념을 내포하고 있다고 하여도 통상 부모교육의 범주 안에서 부모참여 및 부모훈련을 설명하고 있으며 유아교육기관에서 행해

지고 있는 다양한 부모참여, 부모훈련 프로그램들이 부모교육이라는 이름 아래서 행해지고 있음을 고려해 볼 때 부모교육이 좀더 광범위하고 이해하기 쉬운 용어라고 할 수 있겠다.

2. 부모교육의 필요성

현대에 이르러 부모교육은 여러 가지 이유로 그 필요성이 점차로 증가하고 있다. 부모교육의 필요성을 살펴보면 다음과 같다(김옥정 외, 2007).

첫째, 부모가 유아의 발달과 교육에 있어 일차적이며 가장 중요한 역할을 담당하고 있다는 인식이 널리 퍼져 있음에도 불구하고 실제로 많은 부모들이 적절한 부모의 역할이 무엇인지 그리고 적절한 부모 역할을 위해 어떤 것들을 준비하고 실천해야 하는지에 대해서는 잘 모르고 있는 경우가 많다는 것이다. 부모교육과 관련한 정보가 도서 및 인터넷에 풍부하게 존재하고 있다 하더라도 어떤 정보가 자신의 자녀를 양육하는데 가장 적절한 정보인지를 파악하여 선택하는 것도 쉬운 일이 아니다. 부모가 자녀를 양육하는데 한 가지의 정답이란 없다. 다른 자녀를 양육하는데 절실한 정보가 자신의 자녀를 양육하는데 꼭 필요한 정보라고 말할 수는 없으므로 자녀 양육과 관련한 수많은 정보 속에서도 부모들은 자신이 자녀를 양육하는데 유용한 정보는 별로 없다고 느낀다. 부모들은 자신과 자녀들의 상황에 적절히 적용할 수 있는 지식을 얻고 효율적으로 활용한 방법을 더 알 필요가 있다. 이런 이유로 부모교육이 필요하다.

둘째, 다양하고 급속한 변화를 겪는 현대사회의 속성상 부모교육이 필요하다. 옛날의 자녀 양육 방법이 현대에도 적용되는 부분이 많다고는 하지만 현대

사회를 살아가는 부모나 자녀에게는 적합하지 않은 양육방법이 있는 것도 사실이다. 동시에 현대사회를 살아가는 부모들은 자녀가 살아나갈 미래사회에 대비해서 자녀를 양육할 필요가 있다. 그런데 미래 사회에 대비하여 어떤 가치관을 갖고 무엇을 준비해야 할 것인지 부모들이 직접 판단하여 결정하고 실천하기에는 어려움이 있다. 이에 대해 도움을 주기 위해 부모교육이 필요하다.

셋째, 핵가족이 주류를 이루고 있는 현대사회에서 부모들이 양육을 위하여 적절한 모델을 찾을 수 없기 때문에 부모교육이 필요하다. 핵가족의 증가는 전통적인 확대가족의 지원으로부터 부모들을 격리시켜 부모들이 부모 역할의 적절한 모델을 찾기 어렵게 되었다. 특히 현대사회에서는 다양한 가족의 유형이 있는데 한부모 가족, 다문화 가족, 입양 가족, 빈곤 가족 등이 그 예라고 할 것이다. 이 밖에도 여러 가지 가족 유형들이 있는데 각각의 환경에 적절한 부모역할을 수행할 수 있도록 지원하기 위해서 부모교육이 필요하다.

넷째, 부모 자신이 인간으로서의 자기 성취를 이루기 위해서도 부모교육이 필요하다. 부모는 부모교육을 통하여 부모로서 성장할 기회를 얻는 동시에 인간으로서의 가능성을 실현시킬 수 있는 기회를 얻을 수 있기 때문에 부모교육이 필요하다(이재연 · 김경희, 1989).

다섯째, 유아교육기관과 가정과의 일관성 있는 교육을 위해 부모교육이 필요하다. 유아교육기관에서의 교육과 가정에서의 교육이 일관성 있게 행해질 때 교육의 효과를 극대화할 수 있다.

여섯째, 과거에 사람들은 부모가 된다는 것을 자연적 결과나 숙명처럼 여겼다. 그러나 현대사회에서 부모가 된다는 것은 성인이 수행하는 여타의 다른 일들처럼 선택하는 일이라는 인식이 높아져 가고 있다. 여성의 사회참여 및 경제활동 참여의 증대, 정보화 시대에서 요구하는 고도의 전문화된 지식 습득에 따른 교육 연한의 연장 등으로 인해 부모가 된다는 것은 개인의 철학에 따른 선택으로 받아들여지고 있다. 부모의 길을 택한다는 것은 그렇지 않은 사람과는 다른 인생 여정을 거치게 된다. 여타의 다른 일들과 마찬가지로 자녀에게 훌륭한 부모가 되기 위해서는 훈련 또는 교육이 필요하다(이영석 · 김숙자 · 이항재 · 최민수, 1999).

3. 부모교육 이론

1) 민주적 부모교육 이론

아들러(Ardler)의 심리학 이론에 기초하여 드라이커스(Rudolf Drcikurs)가 발전시킨 민주적 부모교육 이론은 평등하고 민주적인 부모-자녀 관계를 전제로 한다. 아들러와 드라이커스는 유아가 어른보다 나이는 어리지만 인간으로서의 가치 측면에서는 동등하기 때문에 상호 존중의 태도를 보여야 한다고 생각하였다. 따라서 양육을 할 때에는 부모가 자녀와의 평등한 관계 속에서 질서 있는 자유를 유지해 나가는, 소위 민주적 양육 방법들이 사용되어야 한다고 생각하였다.

부모들이 자녀를 잘 지도하고 효과적인 관계를 유지하기 위해서는 자녀가 갖고 있는 논리와 그들이 설정해 나가는 목표를 알아야 한다. 자녀는 가족 내에서 소속감과 안정감 및 가족 내에서 수용된다는 느낌을 찾고자 하는데 이때 잘못된 행동으로 목표를 성취하고자 할 수 있다. 이런 행동의 4가지 유형은 관심끌기, 힘 행사하기, 보복하기, 앙갚음, 무능하게 보이기의 4가지로 나누어 볼 수 있으며 이들 각각의 유형을 간략하게 살펴보면 다음과 같다(심성경 외, 2005; 이경우 편역, 1992).

(1) 관심끌기

자녀는 좋은 방법으로 부모의 관심을 끌려고 하지만 부모가 관심을 보이지 않을 때에는 나쁜 방법으로라도 관심을 끌려고 한다. 유아들은 자신이 관심을 얻을 때에만 소속감을 느끼므로 부정적인 행동으로라도 부모의 관심을 얻으려고 한다. 부모는 건설적인 행동에 관심을 보여야 한다. 자녀의 잘못된 행동은 무시하여야 하며, 자녀들이 예지치 못한 방법으로 부모의 관심을 보여 주어야 한다.

(2) 힘 행사하기

힘 행사하기는 관심끌기에 실패했을 때 자기가 하고 싶은 대로 해버리거나 자기의 힘을 최대한 활용하여 반항하는 방법이다. 자녀가 부모의 말을 듣지 않을 때 부모는 흥분하고 화를 내며 잘못된 행동을 고치려고 해도 잘 되지 않는다. 또한 부모가 화를 내거나 힘을 행사하면 부모가 자녀를 복종하게 할 수는 있겠지만 일시적일 뿐이고 부모-자녀 관계에 상처를 입게 된다. 만일 부모-자녀 관계에서 힘 행사하기에 대한 투쟁이 계속되어 일단 자녀가 부모를 이길 수 없다고 생각하게 되면 자녀는 세 번째 목표인 앙갚음을 행사하게 된다.

(3) 앙갚음

앙갚음하려는 유아들은 자신이 사랑스럽지 못하다고 생각하고 또 그렇게 믿는다. 즉, 그들은 자신이 상처받았으므로 그만큼 다른 사람도 상처 줄 수 있다고 생각한다. 자녀들은 잔인하고 밉게 행동을 함으로써 자신의 위치를 찾으려고 한다. 보복하려는 자녀의 부모 역시 깊이 상처를 받아 부모 또한 무의식적으로 자녀에게 앙갚음을 하게 된다. 복수심을 가진 자녀를 도우려면 부모는 자녀의 앙갚음 행동이 좌절에서 시작되는 것이라는 점을 인식해야 한다. 자녀에게 선의를 보임으로써 침착하게 부모-자녀 관계를 개선하려고 노력해야 한다.

(4) 무능함 보이기

부모-자녀 간의 관계에서 앙갚음의 투쟁이 계속되면 자녀들은 완전히 패배감을 느끼게 되고, 궁극적으로는 진보하려는 생각을 포기한 채 무능한 행동을 하게 된다. 무능력하게 행동하는 자녀는 극도로 좌절되어 있는 상태다. 부모는 우선 자녀의 행동을 비난하지 말고 대신 자녀의 특기나 장점에 관심을 집중시키되 자녀가 자기를 개선시키고자 하는 노력이 엿보이면 그것이 아무리 작은 것이라 해도 칭찬해 주고 격려해 주어야 한다.

이와 같이 잘못된 행동의 이면에는 숨겨진 목표가 있으며 이를 변화시키려면 부모가 먼저 스스로 변화를 모색하고 실천하여 자녀와 새롭고 건설적인 관계를 구축해야만 한다. 드라이커스는 부모연구회(Parent Study Groups)를 통하여 부모교육을 하였는데, 이 모임은 8명에서 12명으로 구성되고 부부가 함께 참여하는 것을 권장한다. 보통 8주에서 12주 동안 매주 1회 2시간씩 실시되며 개인의 문제를 토의하고 드라이커스의 양육 원칙을 다루기도 한다. 부모연구회의 지도자는 전문가로서 역할을 하기보다는 중개자, 촉진사, 안내사의 기능을 한다(민하영 · 윤혜경, 2002).

2) 인본주의적 부모교육 이론

기놋(Haim Ginott)은 매슬로우(Maslow)의 인본주의 심리학을 부모교육에 적용하여 부모와 자녀간의 의사소통을 증진하는데 중점을 두었다. 기놋(Ginott)에 의하면 부모는 자녀를 있는 그대로 받아들여야 하며 자녀들이 하는 이야기를 잘 들어 주어 그들의 느낌을 부모에게 표현하고 싶은 마음이 일어나도록 해야 한다. 그러기 위해서는 자녀와의 대화를 어떻게 하는 가가 중요하다.

먼저 자녀와 대화를 할 때에는 자녀를 먼저 존중해야 한다. 자녀의 자존심을 존중하고 자녀의 행동 중심으로 이야기를 한다. 즉 자녀가 잘못된 행동을 했을 때 "너는 정말 나쁜 아이로구나." 등으로 말을 함으로써 인신공격을 해서는 안 된다. 그 보다는 "네가 그 행동을 해서 엄마는 정말 화가 나는 구나." 라고 이야기함으로써 자녀의 행동에 초점을 맞추어서 이야기하는 것이 필요하다.

칭찬을 할 때에도 대화의 기술이 필요하다. 자녀가 어떤 일을 완수해 내었을 때 "정말 대단하구나." 등의 인성을 언급하거나 도덕적인 평가를 나타내는 표현보다는 자녀의 노력과 성취한 행동에 대한 표현이 더 적절하다.

더불어 자녀와 대화를 할 때에는 자녀의 감정을 이해하고 반응하는 것이 필요하다. 자녀가 화남, 슬픔과 같은 강한 감정에 사로잡혀 있을 때에는 어떠한 충고나 비난도 자녀에게는 도움이 되지 않는다. 예를 들어 자녀가 친구와 싸우고 들어와서 화가 나 있는 상태라면 부모는 "정말 화가 많이 나 있구나." "그런 일이 있어서 너무 속상하구나."라고 말함으로써 일단 자녀의 감정을 수용해 주는 것이 필요하다. 자녀의 감정을 이해하고 받아들여 주지 않으면서 자녀의 잘잘못을 따지거나 사건의 시비를 가리려고 하는 것은 자녀에게 도움이 되지 않으며 일단 자녀의 감정을 부모가 충분히 이해하고 있다는 느낌을 주는 것이 필요하다. 훈계나 설명위주로 자녀와 대화를 하게 되면 자녀는 부모에게 분노나 미움을 느낀다.

기놋의 부모교육은 부모상담모임(Guidance Group for Parents)에서 이루어지는데 구성원은 10명에서 20명 정도로 15주간 한 회가 90분씩 이루어진다. 부모토의 집단은 자녀의 연령에 따라 취학전 아동기, 아동기, 사춘기, 청년기 등으로 나뉘며 처음 1시간 30분 정도는 부모들이 자신의 느낌을 표현하게 한다(민하영 · 윤혜경, 2002).

전 과정은 자녀와 생활하면서 겪는 어려움을 이야기하면서 문제가 부모 자신에게만 있는 것이 아니라는 생각을 경험하게 되는 불평 털어놓기 단계, 자녀의 느낌에 관심을 두고 통찰력을 형성하는 감수성 높이기 단계, 양육 실패의 원인을 찾는 개념 형성하기, 문제해결을 위한 기술 익히기의 네 단계의 교육과정으로 이루어져 있다.

3) 부모효율성훈련 이론

고든(Thomas Gordon)의 부모교육 이론은 특정한 이론에 따르기보다는 정신분석, 아동 심리 및 발달에 관한 여러 이론들을 종합한 후 실제 인간관계에 적용할 수 있도록 일반화시킨 것으로, 부모-자녀 간의 관계를 개선하지 않고서는 자녀의 문제를 근본적으로 치료할 수 없기 때문에 부모들에게 부모-자녀 관계를 개선할 수 있는 방법을 교육하는 것이 필요하다는 전제를 하고 있다.

고든은 이러한 생각을 바탕으로 부모효율성훈련(PET, Parent Effectiveness Training) 프로그램을 개발하였으며 현재 PET 프로그램은 우리나라에서도 체계적인 훈련 형태로 실시되고 있다. PET 프로그램의 기본 원칙은 인간관계에 있다. 인간관계의 기본 원리를 이해함으로써 부모는 다른 사람들과의 인간관계뿐만 아니라 자녀와의 인간관계를 개선할 수 있다.

인간관계와 관련한 몇 가지 기본 원칙은 수용성 수준 파악하기, 문제의 소유지 가려내기, 자녀 문제에 대처하는 새로운 통찰력 갖기, 적극적 경청(active listening), 나 전달법(I-massage), 무승부법(no -lose-method) 등을 들 수 있다. 이들 각각을 간단히 살펴보면 다음과 같다.

(1) 수용성 수준 파악하기

부모는 여러 가지 요인에 따라 자녀의 행동을 다르게 수용한다. 부모 자신의 행동이나 기분 또는 욕구에 따라 달라지며 자녀의 발달 수준 및 상황의 변화에 따라서도 수용성의 수준은 달라진다. 부모의 수용여부나 수준에 대한 이해와 이에 따른 명확하고 일관성 있는 한계설정 기술이 필요하다.

(2) 문제의 소유자 가려내기

문제의 소유자란 그 문제로 인해 고통받는 사람이 누구인가를 의미한다. 문제의 소유자가 자녀인지, 부모인지 혹은 아무에게도 문제가 없는 경우인지를 확인한다. 문제의 소유자가 밝혀지면 부모는 반영적 경청과 같이 자녀의 문제해결을 도와줄 수 있는 기술을 사용하거나 나-메시지나 무승부법을 활용하여 부모의 문제를 해결하려는 노력을 할 수 있다.

(3) 적극적 경청

반영적 경청이라고도 한다. 부모가 자녀의 생각이나 감정을 수용적인 태도로 듣되, 충고나 훈계를 하기보다는 자녀가 표현하는 언어와 감정을 확인한 후에 자녀가 한 말의 의미를 언어로 반영한다. 반영적 경청을 통해 자녀는 자신의 감정이 부모에 의해 수용되고 있다고 느끼고 자신의 문제를 좀 더 분명하게 볼 수 있게 되면서 스스로 문제를 해결할 수 있다는 믿음을 갖게 된다.

(4) 나-전달법

자녀의 행동에 대해 부모인 '내가 어떻게 느끼는가.'를 말하는 기법으로써 부모가 문제를 소유하고 있을 때 효과적으로 사용할 수 있다. 나-전달법은 네 가지 요소로 구성된다(홍경자 역, 2004).

- 문제가 되는 행동이나 상황을 그대로 말한다.
- 그 상황에 대해 부모가 느끼는 바를 말한다.
- 이유를 진술한다.
- 원하는 바를 구체적으로 말한다.

나-전달법을 사용하면, 자녀를 비난하지 않고 부모가 느낀 바를 조용하고 단호하게 말하기 때문에 자녀는 부모의 이야기를 훨씬 더 잘 경청하게 되며 부모의 감정을 자녀가 분명히 알게 된다. 또한 부모가 원하는 행동이 무엇인가에 대해 자녀에게 분명한 정보를 제공한다는 이점이 있다.

(5) 무승부법

무승부법은 부모와 자녀가 갈등이 있을 때 승부를 떠나 서로의 합의점을 찾아 갈등을 해소하는 방법이다. 부모와 자녀의 욕구가 동시에 만족될 수 있는 문제해결 방법으로써 다음과 같은 단계에 따라 시행한다.

- 갈등이 어떤 것인지 자녀와 함께 정의한다. 문제를 서로 충분히 인식한다.
- 가능한 해결책을 모은다. 자녀가 먼저 해결책을 제시하도록 하고 가능한 한 많은 해결책에 대해 생각해 본다.
- 수집한 해결책을 검토한다. 가장 좋은 몇 가지 방법을 선정한다.
- 최선의 해결방안을 결정한다.
- 수용한 해결책을 실행한다. 구체적인 절차를 정해 수행한다.
- 실행한 결과를 평가한다.

이야기나누기

■ 다음의 상황에서 '나-전달법'을 사용하여 자녀에게 이야기를 한다면 어떻게 할 수 있을까요?

"○○이는 놀잇감을 가지고 놀이한 후에 도통 놀잇감을 정리하지 않습니다. ○○이가 놀이한 후에 놀잇감을 정리하느라, 다른 일을 하기 바쁜 와중에 엄마도 힘이 듭니다."
"○○이는 저녁 식사 시간이 되었는데도 게임을 하느라 저녁 식사 시간에 식구들을 기다리게 합니다. 몇 번 저녁을 먹으라고 이야기를 했는데도 계속 게임을 하는 바람에 부모는 매우 화가 나 있습니다."

4) 상호교류분석 이론

번(Erick Berne)에 의해 개발된 상호교류분석(TA, Transactional Analysis)은 정신분석 이론을 부모-자녀 관계를 향상시키는데 적용한 것으로 기본 가정은 다음과 같다(김오남 · 윤은종 · 노명희, 2004; 이영석 외, 1999).

첫째, 모든 사람은 좋게(OK) 태어났으나, 좋지 않게(not OK) 느끼도록 배울 수 있다.

둘째, 사람의 인성은 부모 자아 상태, 성인 자아 상태, 어린이 자아 상태로 구분할 수 있다. 자아 상태란 현실에 대한 정의, 정보 처리, 그리고 외부 세계에 대한 반응들로 조직된다. 다시 말해 자아 상태란 한 개인이 의식적으로 깨달을 수 있고 눈으로 볼 수 있는 행동적인 것들, 가치, 느낌들의 총체라고 할 수 있다. 어린이 자아 상태는 한 개인의 생리적 욕구와 기본 감정의 저장고이다. 성인 자아 상태는 성격의 한 부분으로서 자료를 수집하고 그것을 처리하며, 논리적인 법칙을 따라 판단하며 어떤 결론에 도달하도록 진행시키는 것을 포함한다. 부모 자아 상태는 각 사람들의 삶에 영향을 미친 의미 있는 타인들, 즉 부모나 형제 그 밖의 권위적인 위치에 있는 사람들을 통하여 모방하거나 학습하게 되는 태도, 또는 지각 내용과 그 내용들을 내면화하여 기록된 것으로 부모 자아 상태는 사람들이 해야 할 일과 하지 말아야 할 것, 살아가는데 무엇이 중요한가 하는 것을 배우는 것 등이 포함된다. 이 세 가지 자아 상태는 서로 융통적이며 유동적으로 사용되어야 개인의 감정, 사고, 행위를 잘 통합하고 조절하여 외부 세계에 대해 적절하게 반응할 수 있게 된다.

셋째, 사람들이 겪는 발달과정에 따라 건강하거나 때로는 건강하지 못한 인성이 형성될 수 있다.

넷째, 사람들은 자신의 인성발달을 촉진시키기 위해 능동적으로 참여한다.

다섯째, 어린이들은 스스로 자신의 지각, 신념, 행동에 영향을 주는 결정을 할 수 있다.

여섯째, 긍정적인 얼러주기(신체접촉, 돌보기, 들어주기, 칭찬하기, 사랑하기 등)는 강한 인성을 형성하는 데 필수적이다. 얼러주기(stroke)는 한 개인을 기분 좋게 하거나 자신에 대해 좋다(OK)고 느끼도록 도와주는 것을 말한다. 얼러주기에 대한 욕구를 채우지 못하게 된 자녀는 아무런 관심을 받지 못하는 것보다는 모욕적인 언사를 받는 것과 같은 부정적인 얼러주기라도 받으려 한다.

번(Berne)은 상호교류분석에 기초한 부모교육 프로그램을 운영하면서 부모를 대상으로 자녀의 네 가지 유형의 생활 자세를 분석하여 그에 적합한 부모교육 방법을 사용하도록 권유하였는데, 네 가지 유형의 생활 자세는 다음의 〈표 8-1〉과 같다(김명희, 2000; 신용주 · 김혜수, 2017, 재인용).

표 8-1 상호교류분석 이론에 근거한 네 가지 유형의 생활 자세와 부모교육 방법

생활자세	내용	특징	부모교육
자기부정 / 타인긍정 I'm not ok, You're ok	• 타인에 대한 긍정 및 자기에 대한 부정 • 출생 후 아동에게 흔히 발견되며, 부모를 긍정적으로 지각하여 부모의 지시에 전적으로 의존	• 열등감, 부적절함, 우울증, 죄의식 • 타인에 대한 불신 감정적 도피 또는 타인을 기피하는 경향	자녀의 자율성을 존중하며 지지하는 양육방법

자기부정 / 타인부정 I'm not ok, You're not ok.	• 유아기에 흔히 나타남 • 무능력감을 경험하며 자기를 부정하거나 자포자기하는 경향	• 버림받았다고 지각하며, 반항하고 자기부정을 함 • 모든 사람에게 분노하는 감정이 있음 • 의욕상실	엄격한 지도와 감독, 긍정적 강화 및 격려
자기긍정 / 타인부정 I'm ok, You're not ok.	• 생후 2~3년 유아기 특성 • 부모로부터 학대를 받거나 심한 신체적, 정신적, 학대를 경험한 아동의 특성 • 부모에 대한 부정과 타인을 무시하는 경향 • 자기 긍정 경향을 보이나 불안정한 생활 자세를 보임	• 자립하려는 강한 욕구 • 자만심 및 자기 방어 • 극심한 불신, 비난, 증오 및 편집증적 자세	인내와 관찰
자기긍정 / 타인긍정 I'm ok, You're ok.	• 건강한 심리 상태 • 자기 자신 및 타인 존중 • 부모의 바람직한 자세 전수	• 긍정적 사고 • 자기 성장을 위한 노력	스스로 문제를 해결할 수 있도록 동기 부여

5) 행동수정 이론

행동수정 이론은 행동주의 심리학의 행동원리와 학습원리에 기초하고 있다. 때문에 유아의 외현적인 행동을 수정하는 것에 관심이 있으며 유아의 잘못된 행동은 수정 가능하다고 보았다. 외현적인 행동을 바꾸기 위해서는 목표 행동을 정하고 목표 행동을 성취하기 위해 훈련을 하는 것이 필요하다. 이를 위해서는 목표 행동에 다다르기까지의 행동 반응을 정확히 기록하고 점검할 것이 요구된다.

훈련을 할 때에는 강화와 벌을 사용하게 되는데 강화(reinforcement)란 특정한 행동의 빈도를 증가시키기 위한 것이며 벌(punishment)은 특정한 행동의 빈도를 감소시키기 위한 것이다. 유아가 긍정적인 행동을 보일 때는 유아가 좋아하는 보상을 제공함으로써 행동을 강화할 수 있다. 한편으로 좋은 행동의 모델을 보여 줌으로써 유아가 긍정적 행동을 학습하도록 할 수 있다.

문제 행동이라고 여겨지는 행동들은 벌을 통하여 그 행동의 빈도를 감소시키게 되는데 여기에서 말하는 벌은 단순한 체벌을 의미하는 것이 아니며 유아가 싫어하는 자극을 제공함으로써 행동의 빈도를 감소시키게 된다. 벌을 사용하여 문제 행동을 없애기 위해서는 몇 가지 원칙에 주의할 필요가 있는데, 일단 벌은 가능한 한 행동이 일어난 즉시 적용해야 한다. 벌을 줄 때에는 엄하게 주되 일관되게 주어야 한다. 벌을 줄 때에는 언제나 설명을 하며, 무엇보다 중요한 것은 벌을 줄 때 이외의 상황에서는 따뜻하고 수용적인 태도를 견지하며 대체 행동을 강화할 필요가 있다.

4. 유아교육기관에서의 부모교육 프로그램

1) 부모교육 프로그램을 진행할 때 고려할 점

유아교육기관에서 부모교육을 위해서는 부모교육 계획을 세밀하게 실행하여 단계적으로 시행하여야 한다. 아무리 좋은 내용이라고 하더라도 부모들이 참여하지 않으면 아무런 소용이 없기 때문이다. 부모교육을 장기적이고 효과적으로 시행하기 위해서는 다음과 같은 점을 고려해야 한다(김덕순, 1996).

첫째, 부모교육 계획은 지역사회의 특성을 고려하여 실질적이고 실천 가능한 프로그램이 되도록 한다.

둘째, 부모교육의 내용과 방법, 시기, 일정 등은 지역사회의 제반 사정을 충분히 고려하여 정하도록 한다.

셋째, 부모교육 계획은 부모들을 직업이나 학력, 생활수준, 시간적 여건 등의 특성을 고려하여 참여 부모들에게 적합한 교육이 되도록 한다.

넷째, 부모교육 계획을 세울 때에는 부모들을 참여시켜서 그들의 요구와 필요를 충분히 반영하도록 한다.

다섯째, 가능한 한 부모들에게 경제적 부담을 주지 않도록 한다.

여섯째, 부모교육은 부모들이 자녀 교육에 실제로 적용할 수 있는 내용이 되도록 계획한다.

일곱째, 부모교육을 위한 세부 목표를 설정하고 그에 따라 체계적이고 일관성 있게 실천할 수 있도록 계획되어져야 한다.

여덟째, 효과적인 부모교육이 되기 위해서는 장기적이고 지속적인 교육이 되도록 계획해야 한다.

2) 부모교육 프로그램의 유형

(1) 가정 통신문

유아교육기관에서 가장 보편적으로 사용하고 있는 부모교육 방법은 가정 통신문을 활용하는 방법이다. 보통은 1 주일 간격으로 유아교육기관에서 가정으로 문서화된 형식을 통해 보내게 된다. 유아교육기관에서 진행하고 있는 다양한 제반 사항에 대한 안내와 함께 자녀 교육에 필요한 정보들이 가정 통신문을 통하여 전달된다. 가정 통신문은 부모가 유아교육기관에서 하는 일들에 관심을 갖고 참여하도록 하는 쉬운 방법이며 양육에 대한 정보를 제공할 수 있는 쉬운 방법이기는 하지만 가정 통신문을 받아보는 부모는 부모교육에 있어 수동적 입장을 취하게 되는 단점이 있으며 부모교육 자료가 일관성 있게 제공되지 않을 때에는 양육에 대한 정보가 단편적인 정보로 머무를 가능성이 있다. 때문에 유아교육기관에서는 보다 적극적인 형태의 부모교육을 같이 진행하는 것이 필요할 것이다.

(2) 참관

참관은 부모가 유아의 수업에 직접 참여하는 것으로 보다 적극적인 형태의 부모교육이라고 할 수 있다. 참관을 통하여 부모는 자신의 자녀를 더 잘 이해할 수 있게 된다. 즉 다른 아이들과의 활동을 관찰하게 됨으로써 자신의 자녀를 보다 객관적으로 이해할 수 있으며 교사의 활동을 보고 모델링함으로써 보다 적절한 교육 방법을 익힐 수가 있다.

참관을 계획할 때에는 보다 많은 부모들이 참여할 수 있도록 날짜와 시간을 고려해야 하며 참관 일정은 최소한 일주일 이전에 보내는 것이 필요하다. 부모가 참관을 할 때에는 정해진 위치에서 조용히 참관하도록 하며 미리 참관 질문지나 양식을 준비하여 부모가 기록을 하며 참관을 하게 할 수도 있다. 또한 교사는 미리 부모에게 자녀를 다른 부모의 자녀와 비교하지 않고 자녀의 특성을 잘 이해하는데 중점을 두도록 이야기해 두어야 한다.

(3) 부모참여수업

부모참여수업은 부모가 유아와 함께 유치원의 교육활동에 직접 참여하는 부모참여 프로그램이다. 부모참여수업을 하면 유아는 자신의 유아교육기관에서의 활동을 부모에게 직접 보여줄 수 있기 때문에 자부심을 갖게 된다. 부모는 유아교육기관에서의 자녀의 활동을 함께 경험하면서 유아교육기관의 교육 활동에 더 잘 이해하게 되고 한편으로 교사와 자녀와의 상호작용 및 다른 부모가 자녀와 상호작용하는 것을 관찰하면서 부모로서의 역할을 되새겨 보는 효과가 있다. 최윤정, 안소영, 최수경(2017)은 유치원에서의 부모참여수업의 의미를 탐색하면서, 교사 또한 부모와 협력하는 경험을 통해 유아의 성장과 발달을 지원하기 위한 부모교육의 필요성을 느끼면서 교육자로서의 역할을 더욱 폭넓게 인식하게 되었다고 보고하였다.

(4) 보조교사

부모가 보조교사가 되어 수업에 유아교육기관에서 일어나는 활동에 참여하게 하는 방법으로 부모에게는 일정한 훈련이 필요하다. 부모가 보조교사가 되어 유아교육기관의 활동에 참여하게 되면 부모는 유아교육기관과 가정과의 연계성 측면에서 유아교육에 대한 실질적인 이해를 더 잘 할 수 있게 되고 교육 방법을 배울 수가 있다. 또한 건전한 여가 활동의 기회가 될 수도 있다. 소집단 활동, 간식 시간, 식사 시간, 환경 구성물 및 교재의 제작, 행사진행의 보조 역할 등을 담당하게 함으로써 부모가 보조교사가 되어 활동할 수 있다.

(5) 면담

부모와의 면담은 집단 면담과 개별 면담의 형식을 취할 수 있다. 면담을 하게 되면 교사와 부모와의 친밀감을 높일 수 있으며 자녀에 대한 이해뿐만이 아니라 유아교육기관의 교육활동 등에도 부모가 의견을 개진할 수 있으므로 유아교육의 참여도를 높일 수 있다. 집단 면담의 경우에는 부모가 자녀의 양육과 행동에 대해 다른 부모와도 이야기를 나눔으로써 양육의 어려움이 자신만의 문제가 아니라는 점을 공유할 수 있다는 장점이 있으며 개별 면담의 경우에는 양육과 자녀의 행동에 대해 보다 심층적인 정보를 얻을 수 있다는 장점이 있다. 교사는 면담을 계획할 때 유아에 대한 보다 구체적이고 객관적인 기록을 담은 정보를 부모에게 제공할 수 있도록 하며 만약 유아가 문제 행동을 한다면 부모와 의논하여 유아교육기관과 가정 모두에서 보다 효율적인 지도를 할 수 있다.

(6) 강연회

강연회는 관련 분야의 전문가를 초빙하여 유아교육기관에서 정해진 시간에 부모에게 전문가의 견해를 들을 수 있도록 하는 방법으로 많은 유아교육기관에서 사용하고 있는 방법이다. 전문가는 부모에게 보다 전문적이고 구체적인 양육 정보를 줄 수 있다. 강연회는 어떠한 주제로도 행해질 수 있으나 가능하면 일년의 계획을 미리 세워서 일관성 있는 주제로 강연회를 하는 것이 보다 바람직하다. 예를 들어, '자녀와의 대화 방법'이라는 주제로 연간 3~4회에 걸쳐 연계하여 강연회를 함으로써 부모가 자녀와의 대화 기술을 학습하고 연습할 수 있는 기회를 주는 방법으로 개최하는 것이 효과적일 것이다. 한편, 주제를 정할 때에는 유아교육기관에서 정할 수도 있겠지만 부모의 의견을 미리 수렴하여 주제를 정하는 것이 부모의 참여도를 높이는 방법이 될 수 있다.

(7) 기타

위에 소개한 부모교육 프로그램의 방법 이외에도 유아교육기관에서는 정해진 주제에 대해 3~4명의 부모와 교사가 모여 토론을 하는 좌담회, 직접 참여하고 배우는 워크숍, 관련 분야에 대한 책을 읽고 토론을 하는 독서 토론회, 유아에 대한 이해를 높일 수 있는 영화나 비디오를 보고 함께 이야기를 나누는 영화 감상회와 같은 방법이 사용될 수 있다.

3) 부모교육 프로그램의 내용 예

2015년 경기도가족여성연구원에서는 경기도 영유아기 부모교육 프로그램을 개발하였는데, 프로그램의 예를 소개하면 다음과 같다(경기도가족여성연구원, 2015).

표 8-2 경기도 영유아기 부모교육 프로그램의 영역별 내용

구분	영역	내용
1	부모다움	• 부모역할 : 부모역할의 특성, 부모교육의 목표, 부모교육의 효과 • 양육태도 : 쉐퍼의 양육태도, 양육태도에 따른 자녀의 성격 등 • 부모의 양육효능감 : 개념, 양육효능감 증진방법 등
2	튼튼한 아이로 키우기	• 튼튼한 영아 : 영아 신체발달의 특징, 영아의 신체발달을 위한 부모의 역할 • 튼튼한 유아 : 유아 신체발달의 특징, 유아의 신체발달을 위한 부모의 역할 • 튼튼한 영유아의 발달과 관련한 상담사례 • 튼튼한 아이를 위해 가정에서 할 수 있는 놀이
3	따뜻한 아이로 키우기	• 따뜻한 영아 : 영아의 사회정서 발달, 영아의 사회정서 발달을 지원하기 위한 부모의 역할, 애착, 기질 • 따뜻한 유아 : 유아의 사회정서 발달, 유아의 사회정서 발달을 지원하기 위한 부모의 역할 • 따뜻한 영유아의 발달과 관련한 상담사례 • 따뜻한 아이를 위해 가정에서 할 수 있는 놀이
4	지혜로운 아이로 키우기	• 지혜로운 영아 : 영아 인지언어발달 특징, 영아 인지언어발달을 위한 부모의 역할 • 지혜로운 유아 : 유아 인지언어발달 특징, 유아 인지언어발달을 위한 부모의 역할 • 지혜로운 영유아의 발달과 관련된 상담사례 • 지혜로운 아이를 위해 가정에서 할 수 있는 놀이

Chapter 9

유아교육과 평가

1. 유아교육 평가의 개념과 필요성
2. 유아교육 평가의 영역과 내용
3. 유아교육 평가 방법

1. 유아교육 평가의 개념과 필요성

1) 평가의 개념

평가(evaluation)는 용어는 가치 유무를 알아본다는 뜻을 지녔다. 따라서 평가란 어떤 대상이나 행위의 가치를 알아보는 일을 말한다. 학교에서 일어나는 평가의 하나로 시험점수를 들 수 있는데 이것은 대단히 좁은 의미의 개념으로써, 평가는 교육이 이루어지는 모든 과정에 직접적 · 간접적으로 작용하여 교수 및 학습과정을 개선하고 나아가 학습에 도움을 주는 보다 넓은 의미로 이해해야 한다.

유아교육에서의 평가는 교육 평가의 하위 개념이면서 유아교육의 독특성을 반영한 평가가 되어야 한다. 실제로 유아들은 사용하는 언어적 능력이 제한되어 있고 주의집중 시간이 짧기 때문에 한 가지 평가를 통해 발달수준이나 교수-학습 과정을 판단하기 어렵다. 때문에 유아교육 평가는 관찰 기록, 유아들의 작업물, 그리고 개별 또는 집단 유아에 대한 계획, 부모와의 의사소통 등 유아에게 영향을 준 다양한 교육적 결정에 근거해서 유아들이 수행한 작업과 방법을 문서화하는 과정으로 이루어진다(NAEYC, 1992).

한편으로 유아교육에서 평가는 유아교육의 효과를 증진시키고 유아교육 프로그램과 유아교육 환경의 질적 개선을 도모하려는 적극적인 의지의 표현이다. 동시에 유아의 전인적인 성장 · 발달을 위해 실증적이고 과학적인 자료와 정보를 수집하는 작업으로서 그 의미가 크다(이윤경 외, 2013).

2) 평가의 필요성

유아교육에서 평가는 다음과 같은 이유들로 인해 필요하다(교육부, 1998; 신혜은 외, 2016).

- 유아의 현재 발달 상황을 제대로 이해하고 바람직한 유아교육을 하려면 유아의 발달에 관한 정확한 정보가 필요하다. 이를 위해 평가가 필요하다.
- 평가를 통해 교수 목표가 어느 정도 성취되었는지를 알 수 있고, 목표가 달성되지 못하였을 경우에는 그 원인과 수정 · 보완해야 할 부분을 판단할 수 있다. 평가결과는 다음의 교수계획 수립을 위한 자료로 활용된다.
- 유아교육기관의 교사 및 기관의 환경이 유아의 성장 · 발달에 어떻게 작용하고 있는지를 진단하여 보다 나은 심리적 · 물리적 환경을 구성하는 근거로 활용한다.
- 유아의 발달 상황이나 교수 · 학습의 효과에 대한 체계적이고 객관적인 자료를 수집하여 교사와 부모에게 정보를 제공함으로써 교육적 노력에 대한 효과를 알리고 공유할 수 있다. 수집된 자료를 부모와 교사의 효율적 의사소통에 필요한 교육상담 자료로 사용할 수 있다.

2. 유아교육 평가의 영역과 내용

1) 유아 평가

유아평가는 유아의 발달 정도, 유아교육 프로그램과 유아와의 상호작용 효과, 유아 개개인의 능력 및 특성과 잠재력에서의 개인차 등을 평가하는 것으로 개별 유아에 대한 평가결과를 교육에 반영함으로써 개별유아의 발달을 최적화하려는 목적으로 실시한다(황해익 외, 2016).

표준화된 검사지나 관찰 기록 및 작품 수집을 활용하여 유아의 전반적인 발달 특성과 정도를 평가하는데 유아를 평가할 때에는 유아의 발달수준, 평가 도구, 평가 시기, 평가 양식 등을 고려하여야 하며 다음과 같은 일반적인 원칙을 고려한다(강문희 외, 2002).

- 유아 평가는 다양한 상황에서 다양한 시간에 이루어진 관찰에 기초한다.
- 평가의 실제와 방법 및 도구는 프로그램의 목적, 목표와 학습 기회에 따라 선택해야 한다.
- 평가는 유아가 무엇을 할 수 있는지 그리고 무엇을 하려고 하는지에 초점을 맞추어 유아의 학습과 발달을 지지하고 강화해 주는 방향으로 이루어져야 한다.
- 평가는 수행(performance)뿐 아니라 과정(process)도 고려해야 한다.
- 현재에 할 수 있는 것, 즉 현재의 성공만을 다루는 것이 아니라 유아들이 미래에 무엇을 학습해야 할른지에 대해서도 관심을 두어야 한다.
- 모든 평가에는 실수가 있을 수 있다는 점을 인식한다.
- 교사는 교수 방법을 결정하는 가장 중요한 사람이며 측정과 평가는 교수 방법의 결정에 있어 핵심적인 부분임을 인식하고 평가에 임한다.

2) 교사 평가

교사에 대한 평가는 효율적인 교육이 이루어지도록 교사의 교육 활동 능력을 개선하고, 교사 임용, 승진, 또는 현직 유지 등에 관한 행정적 의사결정을 위해 평가한다. 교사 평가는 교사들의 사기와 동기유발에 관계가 깊고 유아 및 유아교육기관에 미치는 영향이 크므로 교사들이 어떤 준거로 어떤 방법에 의해서 평가되는지 기준이 분명해야 하며 평가가 교사와 평가자 모두에게 긍정적이어야 한다(이경희, 2004).

여러 연구들에서 제시된 교사 평가의 준거들을 종합하고 요약한 것을 통해 교사 평가의 내용을 정리해 보면 다음과 같다(이윤경 외, 2003).

(1) 일반적 특성

- **신체** : 신체적 건강, 활동성, 예의 바른 태도, 바른 자세
- **인성** : 적극성, 정서적 안정감, 자제력, 협동심, 성실성, 사려 깊음, 긍정적 인간관, 공정성, 부모 및 동료 교사와의 원만한 관계
- **교양 및 지적 능력** : 다방면에 걸친 지적 능력, 순발력, 유창하고 명료한 언어 사용 능력, 창의력

(2) 전문적 특성

- **교직에 대한 태도** : 유아교사직에 대한 사명감, 유아교육 활동에 대한 열의, 전문성 신장을 위한 노력, 책임감, 수용적 태도, 적합성, 교직에 대한 신념
- **교육기술** : 유아교육과정 재구성 능력 및 실천 능력, 평가 능력 및 활용력, 교재 · 교구 제작 및 다양한 활용 능력, 적절한 자극 및 개입 정도, 융통성 있게 유아교육 활동을 운영하는 능력
- **전문적 지식** : 소속 기관의 유아교육 철학에 대한 이해, 유아교육과정에 관한 지식, 생활지도 및 상담 지식, 다양한 교수방법에 대한 지식, 평가에 관한 지식

3) 프로그램 평가

유아교육 프로그램 평가는 프로그램의 질적 수준과 효과를 평가하는 것이다. 프로그램 평가는 프로그램 개선을 목적으로 한다. 프로그램 평가는 프로그

램의 목적, 물리적 환경, 교사와 유아와의 관계, 교사와 부모와의 관계, 매일 그리고 장기 계획이 어떻게 진행되고 있는 지에 대한 이해를 제공한다. 프로그램 평가는 주로 유아교육 현장에서 일어나는 교수-학습 방법의 질적 개선을 위하여 활용된다.

유아교육 프로그램의 평가는 유아교육기관에서 운영하고 있는 교육 프로그램의 전반적인 측면에 대한 자체 평가와 여러 가지 교육 프로그램 중에서 어떤 프로그램이 교육적 효과가 높은가를 알아보는 프로그램 효과에 대한 비교, 평가로 나누어 볼 수 있다(임재택, 1995).

(1) 자체 평가

자체 평가는 교육과정 운영 실태를 전반적으로 평가하여 그 결과를 교육 프로그램의 수정 · 보완에 반영하려는 의도로 시행한다. 따라서 교육 목표를 설정하고 학습 내용 및 경험을 선정, 조직하여 적절한 교수-학습 과정을 거쳐 학습활동의 결과를 평가하는 과정을 포함한다.

(2) 비교 평가

유아교육 프로그램의 효과에 대한 비교 평가는 여러 가지 교육 프로그램 중에서 어떤 유형의 프로그램을 선정 · 활용하는 것이 좋은가를 알아보기 위한 평가를 의미한다. 따라서 프로그램의 효과에 대한 비교 평가 결과는 유아교육 현장의 특성에 따라 가장 효율적인 교육 프로그램을 선정하는 기초 자료로 활용할 수 있다

더불어, 유아교육 프로그램 평가는 프로그램을 진행하는 과정에서 프로그램을 향상시킬 목적으로 형성 평가를 실시할 것인가 혹은 프로그램의 효과를 판단할 목적으로 총괄 평가를 실시할 것인가를 결정하고 실행할 수 있다.

4) 유아교육기관 평가

유아교육법 제19조 1항에 근거하여 2007년 시범평가로 시작한 유치원 평가는 3년 주기로 2008년부터 2010년까지 1주기, 2011년부터 2013년까지 2주기, 2014년부터 2016년까지 3주기 평가가 실시되었다(황해익 외, 2016). 2017년부터 2019년까지 4주기 평가가 실시되고 있는데, 유아교육기관 평가는 다음과 같은 목적을 가지고 있다.

- 효율적인 누리과정 운영을 위한 유치원 운영체계 구축
- 유치원 책무성 제고를 통한 교육서비스의 질적 수준 제고
- 평가 결과 공개를 통해 학부모의 알 권리 및 유치원 선택권 보장으로 유치원 교육에 대한 만족도 제고

평가는 자체평가, 서면평가 및 교육지원청 장학지원과 연계한 현장평가 시행 등의 방법으로 이루어지는데, 개별 유치원의 자율적 운영 개선 및 질 제고를 목적으로 하므로 절대평가로 실시한다.

- **자체평가** : 유치원 운영 평가에 대한 체크리스트
- **서면평가** : 유치원 교육계획서, 자체평가 보고서 및 정보공시 공개 검토
- **현장평가** : 면담 형태의 컨설팅으로 평가대상 유치원 지원 방안 모색

평가영역은 국가수준의 공통지표와 시 · 도 교육청의 자체지표를 함께 사용할 수 있다. 공통지표는 수정할 수 없으며 자체지표는 시 · 도 교육청의 역점 및 특색 사업 등에서 자율적으로 선정하여 구성할 수 있다. 2017년 강원도 교육청이 제시한 4주기 유치원 평가 추진 계획에서 발표한 유치원 공통 평가지표는 다음의 〈표 9-1〉과 같다.

표 9-1 **4주기 유치원 공통 평가 지표**

영역	평가지표	평가항목
Ⅰ. 교육과정 (12)	Ⅰ-1. 교육 계획 수립 및 실행(3)	1. 교육목표는 국가수준의 교육과정과 교육청의 운영지침을 근거로 유아의 전인발달을 지향하고 있다.
		2. 연간, 월간, 주간, 일일계획안의 목표 및 내용이 연계되어 있으며, 평가가 포함되어 있다.
		3. 누리과정의 영역을 반영하여 교육활동을 실시한다.
	Ⅰ-2. 일과 운영(2)	1. 일과를 통합적이고 균형 있게 운영한다.
		2. 주제에 적합한 활동계획을 수립하고 그에 적절한 교수-학습 방법과 자료를 활용한다.
	Ⅰ-3. 교수-학습 방법(3)	1. 유아가 활동에 대한 흥미나 호기심을 갖도록 한다.
		2. 다양한 놀이와 활동이 유아의 자발적 선택에 의해 주도적으로 이루어지도록 격려한다.
		3. 유아가 다양하게 생각하여 대답할 수 있도록 발문한다.
	Ⅰ-4. 교사-유아 상호작용(2)	1. 신체적 특성, 가족 및 민족 배경 등으로 인한 편견 없이 모든 유아를 존중한다.
		2. 유아가 적절한 약속과 규칙을 알고 지킬 수 있도록 격려한다.
	Ⅰ-5. 평가(2)	1. 교육과정 목표와 내용을 준거로 유아의 발달특성과 변화를 평가한다.
		2. 교육과정 운영에 대한 평가를 실시하고, 그 결과를 다음 계획안에 반영한다.
Ⅱ. 교육환경 및 운영관리 (12)	Ⅱ-1. 실내 · 외 공간 구성(4)	1. 실내 · 외 흥미영역의 구성이 적합하며 전시 및 게시가 교육적이다.
		2. 계획안의 주제와 관련된 교재 · 교구들을 유아의 연령수준에 맞게 영역별로 다양하게 구비하고 있다.
		3. 실내 · 외 시설 및 설비가 유아의 발달 수준에 적합하다.
		4. 비품과 교재 · 교구를 보관하는 별도의 공간이 있고, 연령별, 주제별 또는 영역별로 정리되어 있다.
	Ⅱ-2. 기관 운영(4)	1. 학급 편성을 규정에 맞게 운영하고 있다.
		2. 개별 유아의 생활기록부를 평상시 평가내용을 근거로 체계적으로 작성 · 관리하고 있다.
		3. 예결산서를 대내 · 외적으로 공개한다.
		4. 입학금과 수업료 외의 기타 경비 관련 규정을 마련하여 준수하고 있다.

영역	평가지표	평가항목
	II-3 가정 및 지역사회와의 연계(2)	1. 부모와 개별면담을 하고 부모교육 및 가정과의 소통을 다양한 방법으로 실시하고 있다.
		2. 지역사회와 연계한 다양한 활동을 실시하고 있다.
	II-4 방과후 과정(2)	1. 특성화 활동을 운영지침에 따라 실시한다.
		2. 방과후 과정을 위한 기본 시설 · 설비를 구비하고 담당인력을 배치하고 있다.
III. 건강 · 안전 (11)	III-1. 실내 · 외 공간의 청결 및 안전(2)	1. 실내 · 외 공간을 청결하고 쾌적하게 관리하고 있다.
		2. 실내 · 외 공간을 위험요인 없이 안전하게 관리하고 있다.
	III-2. 급 · 간식 (2)	1. 영양의 균형을 고려한 급 · 간식을 제공하고, 조리 및 배식과정을 청결하고 위생적으로 관리하고 있다.
		2. 식자재의 구입 · 보관 및 조리공간을 위생적으로 관리하고 있다.
	III-3. 건강증진을 위한 교육 및 관리 (3)	1. 손 닦기, 양치질 등 청결한 위생습관을 실천한다.
		2. 유아의 건강 상태를 수시 관찰하며 적절하게 지원한다.
		3. 유아와 교직원의 건강증진을 위한 예방관리와 교육을 실시한다.
	III-4. 안전교육 및 등 · 하원 사고 대책 (4)	1. 유아를 대상으로 안전교육을 지속적으로 실시하고 있다.
		2. 교직원은 안전교육을 받고 유아학대예방 지침을 준수한다.
		3. 유아, 교직원 및 시설 보험에 모두 적합하게 가입하고 있다.
		4. 통학차량 운행시 안전요건을 갖추어 관리한다.
IV. 교직원 (7)	IV-1. 원장의 리더십(1)	1. 원장은 교직원을 존중하고 지원하며, 교직원의 의견을 민주적으로 수렴한다.
	IV-2. 교직원의 근무환경(1)	1. 교사의 업무지원을 위한 자료 및 설비를 충분히 구비하고 있다.
	IV-3. 교직원의 처우와 복지(2)	1. 교직원 인사 · 보수와 관련하여 공정한 규정이 있으며, 이를 준수하고 있다.
		2. 교직원의 복지를 위해 노력하고 있다.
	IV-4. 교직원의 전문성 제고(3)	1. 신규 및 전입 교직원에게 업무 관련 오리엔테이션(협의)을 실시하고 있다.
		2. 교원의 전문성 제고를 위한 다양한 연수기회를 부여하고 있다.
		3. 교사의 교수-학습 방법에 대한 장학을 실시하고 있다.

3. 유아교육 평가 방법

1) 관찰법

관찰법은 자연스러운 일상 속에서 유아의 행동을 그대로 기술하는 방법이다. 관찰법은 자유로운 상황에서 관찰하는 자연적 방법과 시간과 대상을 정해 놓고 관찰하는 규칙적인 방법이 있다. 관찰법은 나이가 어린 유아일수록 유용하게 사용할 수 있다.

관찰 결과를 기록하는 방법은 일정한 형식 없이 우발적으로 나타나는 행동과 사건을 서술적으로 기록하는 일화기록법과 관찰하고자 하는 행동목록을 기록 양식에 표시하는 행동목록법, 평정척도법이 있다.

(1) 일화기록법

일화기록법은 유아교육 현장에서 많이 사용되고 있는 관찰 형태로 교사가 유아의 성격이나 행동을 이해하는 데 중요한 역할을 한다. 일화기록은 다양한 상황에서 유아의 자연적 행동에 관한 정보를 제공해 주기 때문에 유아 개인의 성격 특성을 이해하는데 도움이 된다.

그러나 관찰자가 관찰하기를 원하는 행동을 표집하여 기록하게 되면 관찰자의 편견이 작용할 수 있으며, 시간이 지난 후 기록하게 되면 당시의 상황을 정확하게 기록하기 어렵다. 또한 유아의 행동 중 일부만을 기록하게 되기 때문에 해석을 할 때 오류가 있을 가능성이 있다.

표 9-2 일화기록 관찰지의 예

일화기록 관찰지	
• 관찰 유아	• 생년월일
• 관찰일	• 관찰자
• 관찰 내용	
• 발달영역	
• 관찰내용 해석 및 논의	

(2) 행동목록법

행동목록법은 관찰하고자 하는 행동의 목록을 미리 만들어 놓고 해당되는 행동이 나타날 때마다 복록표에 표기하는 방법이다. 행동목록법의 장점은 관찰 시간이 절약되고 기록이 쉽다는 데 있다. 그러나 관찰 목록에 없는 행위에 대한 정보를 얻을 수 없고, 행동의 출연 빈도 및 질적 수준에 대한 정보 및 왜 그 행동이 일어났는지에 대한 정보를 얻을 수 없다는 단점이 있다.

표 9-3 행동목록법의 예

체크리스트 평가 양식			
• 관찰 유아	• 생년월일		
• 관찰일	• 관찰자		
기본 생활 습관	예	아니오	비고
1. 정리정돈을 할 수 있다.	____	____	____
2. 존댓말을 사용한다.	____	____	____
3. 질서와 규칙을 지킨다.	____	____	____
4. 음식을 먹기 전에 손을 씻는다.	____	____	____
5. 편식을 안하고 골고루 먹는다.	____	____	____
6. 낮잠을 잘 잔다.	____	____	____

(3) 평정척도법

평정척도법은 어떤 행동을 측정하여 관찰자의 판단에 따라 수량화된 점수나 가치가 적힌 기록지에 평정하는 방법으로, 유아의 행동을 모두 관찰한 이후나 관찰한 동시에 기록하며 유아의 현재 행동을 이전 행동과 비교할 때 가장 많이 사용한다(신혜은 외, 2016).

평정척도법은 시간과 노력이 많이 들지 않아 사용하기가 편리하며 관찰 자료를 수량화하여 비교할 수 있다는 장점이 있으나, 척도를 개발하기가 어렵고 관찰자의 편견이 개입될 여지가 많으며 유아의 행동이 왜 일어났는가에 대한 질적인 정보를 얻기 어렵다는 단점이 있다.

표 9-4 평정척도법의 예(조은옥, 2002; 고태순, 2016에서 재인용)

놀이행동 평정척도

1. 이름: 생년월일: 성별:
2. 검사일:

다음은 유아의 놀이행동을 알아보는 문항입니다. 그 정도에 따라 답해 주십시오.

	전혀 그렇지 않다	조금 그렇다	많이 그렇다	매우 많이 그렇다
1. 다른 유아들과 이야기하면서 논다.	1	2	3	4
2. 혼잣말을 하면서 사물이나 장난감을 탐색한다.	1	2	3	4
3. 다른 유아들과 '거친' 놀이를 한다.	1	2	3	4
4. 놀이에서 방관자 또는 구경꾼의 역할을 한다.	1	2	3	4
5. 다른 유아들과 '가상놀이(소꿉놀이 등)'를 한다.	1	2	3	4
6. 집단놀이에 참여한다.	1	2	3	4
7. 혼자서 가장놀이(흉내놀이)를 한다.	1	2	3	4
8. 혼자서 블록이나 장난감 쌓기 등을 하면서 논다.	1	2	3	4
9. 이유 없이 소리 지르며 뛰어다닌다.	1	2	3	4
10. 다른 유아들과 집단을 만들면서 논다.	1	2	3	4

11. 혼자서 가상놀이(소꿉놀이 등)를 한다.	1	2	3	4
12. 놀이에 참여하지 않고 친구들이 하는 것을 보거나 듣는다.	1	2	3	4
13. 다른 유아들과 즐겁게 혹은 싸우는 척하는 놀이를 즐긴다.	1	2	3	4
14. 혼자서 그림 그리기, 색칠하기, 퍼즐 맞추기 놀이를 한다.	1	2	3	4
15. 다른 친구들과 놀면서 활발하고 적극적으로 대화한다.	1	2	3	4
16. 다른 유아들과 가장놀이(흉내내기)를 한다.	1	2	3	4
17. 혼자서 장난감이나 사물을 탐색하면서 조작하는 방법을 이해하려고 시도한다.	1	2	3	4
18. 눈에 띄지 않는 장소에 떨어져 혼자 있거나 아무 일도 안 한다.	1	2	3	4

2) 면접법

면접법은 유아나 부모를 대상으로 언어 반응을 통해 자료를 수집하는 방법이다. 면접법은 언어적 상호작용을 통해 정보를 수집하기 때문에 유아의 언어발달 수준이나 면접법을 진행할 때의 분위기가 영향을 미친다. 면접법은 다른 평가 방법에 비해 융통성이 있으나 객관성과 신뢰성, 타당성을 높이기 위해 고도의 기술과 훈련이 요구된다(계영애, 2002).

면접법에는 구조화된 면접, 비구조화된 면접, 초점 면접 등이 있는데, 먼저 구조화된 면접은 면접자가 면접 전에 면접의 내용과 순서를 치밀하게 계획하여 면접을 실시한다. 비구조화된 면접은 내용이나 절차에 있어 면접자에게 상당히 융통성이 부여된다. 초점 면접은 구조화된 면접과 비구조화된 면접을 절충한 형태로써 특정 사안에 대한 정보를 획득하기 위해 면접 상황을 구조화하되 진행상에 있어서는 면접자의 융통성 있는 질문 등이 허용된다.

3) 검사법

검사법은 유아의 발달 평가를 위해 제작된 검사 도구를 이용한 평가법으로 표준화된 검사법과 교사제작검사법이 있다.

(1) 표준화검사법

표준화 검사는 객관적인 형식, 절차, 방법을 통하여 유아의 인지적, 정서적 행동 특성을 측정하고 측정한 결과를 정해진 기준에 비추어 해석하는 검사를 말한다. 신뢰도와 타당도가 검증되어 있는 검사로써, 실시 및 채점 방법이 표준화되어 있어서 사용하기에 용이하며 그 결과 얻어지는 점수를 규준에 비추어 비슷한 또래의 다른 유아들과 비교해 볼 수 있는 장점이 있다. 표준화 검사로는 다름의 〈표 9-5〉에 제시한 검사들이 있는데, 이들 검사 외에도 유아들의 지능을 검사하기 위한 검사들로 한국 웩슬러 아동 지능검사(Korean Wechsler Intelligence for Children-Fouth Edition: K-WISC-Ⅳ), 한국판 카우프만 아동용 지능검사(Korean Kaufman Assessment Battery for Children: K-ABC) 등이 있고 성격검사로는 한국판 아동용 성격검사(Korean Personality Inventory for Children: K-PIC) 등이 있다.

유아용 표준화 검사의 내용을 표로 제시하면 다음과 같다.

표 9-5 **유아용 표준화 검사(이윤경 외, 2013, 재인용).**

검사내용	분류	검사명	제자(제작년도)	대상연령
지능	개인용	고대-비네검사	전용신(1971)	4~14세
		KEDI-WISC	한국교육개발원 (1987)	5~15세
		표준화 피아제식 유아용 지능검사 (A, B, C 형)	전윤식 · 임재택 (1982)	4~7세
	집단용	인물화에 의한 간편지능검사(개정판)	김재은 · 김동극· 여광은(1973)	3~12세 일반아 및 정신지체 아
학습준비도		유아학습 준비도 검사	한국교육개발원 (1987)	2~6세
학업성취도		기초학습기능검사	한국교육개발원 (1987)	5~12세
창의성		유아용 종합 창의성 검사	전경원(1995)	유아
사회 · 정서	성격검사	CAT 아동용 투사검사	김태련 · 서봉연 · 이은해(1976)	6~9세
	적성검사	유아 음악 적성 검사	한국가이던스	3~7세
	사회성숙도 검사	사회성숙도검사	김승국 · 김옥기(1985)	0~성인

(2) 교사제작검사법

교사가 직접 검사 내용을 개발하여 검사하는 방법이다. 기존의 검사 문항을 활용하여 교사가 평가하고 싶은 내용을 선정하여 평가할 수도 있고 면접이나 유아의 교구 활용 방법 등을 통해 검사하기도 한다. 교사가 검사를 제작하여 사용하게 되면 비용이 적게 들고, 검사의 채점과 해석 시 전문가의 도움을 받지 않아도 되는 장점이 있지만 검사를 통해 수집된 정보의 객관성이나 타당도가 부족하다는 단점이 있다.

4) 포트폴리오 평가

포트폴리오 평가는 유아의 자료들을 교사가 의도적으로 수집하여 유아에 대해 종합적으로 평가를 실시하는 것이다. 여기에는 활동 과정을 담은 기록 자료, 유아의 작품 등을 포함하므로 교수와 학습과 평가가 통합된다고 할 수 있다(이연섭 외, 2004). 포트폴리오 평가 방법은 유아의 수행 능력에 대해 복합적이고 종합적인 관점을 제공한다.

일반적으로 포트폴리오 평가를 하기 위해서는 다음의 네 단계를 거친다(이윤경 외, 2013).

(1) 1단계 계획하기

평가의 목적, 포트폴리오의 활용 방법, 구체적인 내용물, 채점 준거를 결정한다.

(2) 2단계 수집하기

포트폴리오를 위해 유아의 배경 정보, 유아의 작품들, 유아의 활동 계획표 및 평가표, 유아에 관한 사진 및 동영상 자료, 면접 자료, 관찰자료, 반성적 사고 결과물 등 유아와 관련한 다양한 자료를 수집한다.

(3) 3단계 조직과 관리

개인 내 변화에 초점을 맞추어 기준 작품(baseline work)을 우선 수집하고 발달적으로 변화를 알 수 있는 작품을 추가한다. 생활 영역, 활동 종류에 따라

규칙적으로 수집하고, 수집 날짜를 기록한다. 유아별로 보관함을 준비하고, '포트폴리오 내용 점검표'를 부착해 관리한다.

(4) 4단계 해석 및 활용

한 해 동안 수집된 자료를 바탕으로 포트폴리오 요약서를 작성한다. 교사와 유아 및 학부모와의 협의회를 개최하여 유아의 자기 작품 설명 기회, 교사와 부모의 유아 정보 공유 및 요약서 검토 기회를 가진다. 포트폴리오 전시회를 개최한다. 한 해 동안의 유아의 발달을 점검하며 다음의 교육 계획에 반영한다.

포트폴리오를 활용한 평가는 개별 유아의 발달과정과 활동에 대한 적절한 평가를 할 수 있으며 유아를 정확하게 이해하는데 도움이 된다. 유아의 반성적 사고 능력을 향상시킬 수 있으며 교사 또한 교수방법에 대한 반성적 사고를 하는데 유용하다. 그러나 시간과 비용이 많이 들고 내용 타당도를 검증하기가 어렵기 때문에 평가 결과에 대한 객관성 확보가 어려운 단점이 있다.

이야기나누기

- 유아교육기관에서 평가가 필요한 이유를 확인해 봅니다.
- 포트폴리오 평가가 다른 평가방법에 비해 유아를 이해하는데 어떤 측면에서 도움이 될 것인지에 대해 이야기 나누어 봅니다.

Chapter 10

미래사회와 유아교육

1. 4차 산업혁명 시대의 도래
2. 미래사회와 교육
3. 미래사회와 유아교육

1. 4차 산업혁명 시대의 도래

4차 산업혁명은 2016년 스위스 다보스에서 열린 세계경제포럼을 통해 전 세계인의 관심을 불러일으켰으며 현재 이후의 삶은 4차 산업혁명의 시대라고 명명하게 되었다. 4차 산업혁명은 정보통신기술(Information and Communications Technology, ICT)의 융합으로 이루어지는 차세대 산업혁명을 말한다. 1784년 영국에서 시작된 증기기관과 기계화로 대표되는 1차 산업혁명, 1870년 전기를 이용한 대량생산이 본격화된 2차 산업혁명, 1969년 인터넷이 이끈 정보화 및 자동화 생산시스템이 주도한 3차 산업혁명에 이어 로봇이나 인공지능(Artificial Intelligence, AI)을 통해 실재와 가상이 통합돼 사물을 자동적, 지능적으로 제어할 수 있는 가상 물리 시스템의 구축이 기대되는 산업상의 변화를 일컫는다.

4차 산업혁명이 사람들에게 충격을 불러일으킨 것은 멀지 않은 시간 이내에 기존 직업들이 사라지고 인간의 영역이었던 많은 영역들이 로봇과 인공지능 기술이 대체할 수 있을 것이라는 막연한 두려움 때문이었다. 그러나 역사적으로 보면 산업혁명을 겪으면서 인간은 대규모 실업과 실직에 대한 사회적 우려와 논란 속에서도 변화하는 사회 환경에 적응해 왔다. 비록 지금은 인공지능과 같이 과거 인간만 할 수 있다고 생각되었던 영역들이 인공지능으로 대체될 것이라는 우려가 있지만, 이에 대해 두려움을 갖기보다는 인간이 이에 어떻게 대처하고 적응하여 한 단계 발전된 사회를 만들어 나갈 것인가에 대한 사회적 합의를 구축하는 것이 더욱 필요할 것이다.

이러한 사회적 변화 속에서 교육이 우리 사회의 화두가 되고 있다. 예측하건대, 기술의 고도화가 가져올 사회에서 경쟁력을 가지게 된 계층은 소수가 될 것이며 소수에 의한 부의 축적으로 인해 빈부격차는 심화될 것이다. 국가적,

사회적 차원에서 보았을 때 이런 문제에 대응하기 위해서는 인재양성을 위한 교육 체제의 혁신, 교육 패러다임의 변화가 요구되는데 이러한 흐름에서 유아교육 또한 변화를 요구받고 있다.

이야기나누기

- 4차 산업혁명을 통해 예측되는 사회의 변화를 조사해 봅니다.
- 사회의 변화와 교육은 어떠한 관계가 있습니까?
- 4차 산업혁명 시대를 살아갈 미래 인재인 유아들을 위한 교육은 어떻게 전개되어야 할 것이라고 생각합니까?

2. 미래사회와 교육

김진숙(2016)에 따르면, 지능화되고 가상화되고 초연결되는 사회에서는 복합적 문제해결력과 융합적 사고, 그리고 기계로 대처할 수 없는 감성적 지능을 가진 인재 양성 전략이 모든 나라의 최우선 정책이 될 것이라고 한다. 이러한 시대에 적절한 학습 방향이 어떻게 일어나야 하는지에 대해 정리한 자료를 살펴보면 다음과 같다.

첫째, 온라인과 오프라인의 학습 경험 융합(Blended Learning), 교과 간, 학문 간 융합(Science, Technology, Engineering, Art, Math ; STEAM Learning), 형식 교육과 비형식 교육의 융합(Crossover Learning), 과학적 논쟁과 맥락 기반 학습(Context-based Learning) 등이 향후 보편화될 학습이라고 예측하고 있다. 학습은 암기를 통해 이루어지지 않으며 학생들이 온라인을 통해 얻은 정보를 토대로 토의와 논쟁을 통해 자신만의 아이디어를 만들고 공유할 수 있는 학습 경험이 제공되도록 설계되어야 한다.

둘째, 시공간을 넘나드는 협력 활동과 학습자의 역할을 더 이상 소비자가 아니라 메이커(maker) 또는 창작자(creator)로 전환시키는 학습 활동, 그리고 실생활에서의 적용을 염두에 둔 프로젝트 학습, 과제 기반 학습 활동이 이루어지도록 학습이 설계되어야 한다. 프로젝트 기반의 학습의 교과 내 지식에 머물지 않고, 사회 문제를 해결하는 경험과 연결되도록 깊이 있게 설계되어야 한다. 학습 활동을 기획하고 설계, 적용하는 과정에서 교사 간에 정보와 경험을 공유할 수 있도록 교사 대상의 학습 커뮤니티가 활성화될 필요가 있다.

셋째, 학습 활동은 기술에 의해 체계적으로 수집 · 관리되고 분석되어 학습 개선 정보로 활용된다. 학습 분석(learning analytics) 기술이 전반적인 평가 체계를 바꿀 수단이 될 것으로 예측하고 있다. 분석 정보는 학생들의 수준과 흥미에 맞는 적응적 학습(adaptive learning)을 가능하게 하고 별도의 시험이나 평가가 없어도 학습 성과가 진단되는 평가 방식이 적용될 것이라고 보고하고 있다.

3. 미래사회와 유아교육

미래교육의 방향이 위와 같이 예측되는 가운데, 이경민(2017)은 '새로운 시대 인재상의 유아교육적 함의'라는 논문에서 4차 산업혁명 시대에서 추구하는 역량의 담론을 분석한 바 있다. 분석결과, 4차 산업혁명 시대의 핵심역량으로는 새로운 지식과 소양을 갖춘 창의적이며 합리적인 문제해결 역량, 소통과 협력의 리더십을 갖춘 사회적 역량, 자신과 타인의 고유특성을 알고 존중할 수 있는 인성역량 등에 대한 담론이 형성되어 있었다.

이러한 상황에서 유아교육에서 대처해야 할 교육적 과제들에는 무엇이 있을까? 이에 대한 몇 가지 질문들을 제시하면 다음과 같다. 다음과 같은 질문들에 답해 봄으로써 우리는 보다 나은 사회를 위해 유아교육이 나아가야 할 바에 대해 숙고하게 될 것이다.

첫째, 미래사회는 이전의 지식을 전수받는 것을 요구하지 않는다. 과거의 지식을 익히는 것 보다는 변화하는 시대에 적응할 수 있는 적응력이 더욱 필요하다. 변화를 대하는 긍정적인 태도, 세상에 대해 호기심을 갖고 탐구하는 태도, 새로운 것에 도전하는 태도 등은 어릴 때 형성될수록 전반적 삶의 태도에 영향을 미친다.

유아교육기관에서 유아들이 긍정적이고 유연하게 변화에 대처하는 태도를 기를 수 있는 방안은 무엇인가? 이러한 태도를 기르기 위해서 유아교육 현장에서 변화해야 할 요소들은 무엇인지 숙고한다.

둘째, 4차 산업혁명의 키워드 중 하나는 융합이다. 융합적 사고와 문제해결을 위해서는 구성원들 간의 협력이 필요하다. 또한 미래사회가 무한 경쟁 시대라고 하지만 그것이 개인적인 경쟁만을 의미하는 것은 아니다. 팀 간의 경쟁, 기업 간의 경쟁, 국가 간의 경쟁에서 승리하기 위해서는 협동심이 꼭 필요한 덕목이다. 개인적인 개발과 협동이란 쌍두마차가 유기적으로 움직일 수 있을 때 인류사회는 더욱 진보할 수 있다.

유아의 협동심을 기르기 위해서는 문제해결 과정에서 함께 협력해 보는 기회를 많이 제공하는 것이 필요하다. 유아들은 다른 사람의 감정과 견해를 수용하고 갈등을 조절하고 좀 더 좋은 방법으로 대안을 모색해 보는 경험들을 하면서 무조건적으로 협력적 상황에 순응하기보다 합리적인 협력 방법들을 학습할 기회를 획득한다.

무조건적 협력이 아니라, 유아들이 문제해결 상황에서 서로 협력하여 합리적이고 창의적인 방안을 만들어 낼 수 있는 능력을 기르기 위해 교사는 교육과정을 어떻게 수립하고 실행할 것인가?

셋째, 미래사회에서 경쟁력 있는 사람을 이야기할 때 리더십을 빼고 이야기하기는 어렵다. 리더십의 어원은 배(ship)를 잘 이끌어 나가는 힘을 가진 사람(leader)이다. 흔히 리더십이라고 하면 지도자나 기업의 고위 간부들에게나 필요한 능력이라고 생각하지만, 누구에게나 리더십은 필요하다. 왜냐하면 개인이 살아가면서 겪게 되는 다양한 일들에는 목표가 있으며 목표를 잘 성취하기 위해서는 혼자서건, 둘이서건, 여럿이건 간에 이들을 잘 이끌어 목표에 도달할 수 있도록 하는 능력이 필요하기 때문이다. 잘 이끌어 목표에 도달하기 위해서는 다양한 전략들과 방법들이 사용될 수 있다.

다른 능력들과 마찬가지로 리더십 또한 유아기부터 발달되어야 성인이 되어서 효과적으로 능력을 발휘하게 되는데, 이를 위해 유아교육 현장에서는 어떤 교육방법을 고안하고 실행할 것인가?

넷째, 미래사회는 한 사람의 천재가 모든 일을 다 해내는 시대가 아니라 여러 분야의 전문가들이 협력하여 하나의 큰일을 이루어 간다. 미래사회의 교육을 이야기할 때 보편적, 암기식 교육을 통해 한 사람의 인재를 만들어 내기보다는 학습자들이 저마다의 재능과 역량을 펼칠 수 있는 학습이 중요하게 여겨지는 이유이기도 하다. 여러 사람이 협력하여 일을 하려면 자신의 전문지식을 정확하게 전달하는 능력과 다른 분야의 사람들이 하는 말을 정확하게 이해하는 능력이 필요하다. 이러한 능력이 바로 의사소통 능력이라고 할 수 있다.

의사소통을 잘 하려면 공감적 경청이 중요하다. 공감적 경청을 하는 사람들은 '나는 맞고 너는 틀리다'가 아니라, 서로 다양한 생각이 존재한다는 것을 인정한다. 흔히 사람들은 대화를 할 때 자신의 경험에 비추어서 다른 사람의 이야기를 해석하고 판단하는데, 이렇게 되면 다른 사람과 의사소통을 할 때 자신의 경험에 따라 충고하거나 해결책을 제안하거나 무시하는 식의 일방향식 의사소통이 되기 쉽다. 이러한 몸에 밴 습관들을 제거해야 공감적 경청을 할 수 있다. 공감을 받으면 우리 안에는 따뜻한 느낌이 솟는다. 다른 사람이 정말로 나를 이해한다는 사실을 알아차리면 마음이 따뜻해진다. 또한 공감을 받으면 마음이 든든해지고 희망이 솟는다(박성희, 2015).

공감의 영역은 인간의 영역이기도 한다. 인공지능이 인간을 대체할 수 없는 영역이 있다면 바로 이러한 영역일 것이다. 유아 교사는 미래사회를 살아 갈 유아들의 공감적 의사소통 능력을 길러 주기 위하여 어떠한 노력을 할 수 있을까?

다섯째, 고정관념에서 탈피하여 새로운 사회를 이끌어 내는 변화의 원동력의 핵심에는 항상 창의성이 있다. 특별히 다양한 아이디어의 생성, 발전이 중요하게 생각되는 미래사회에서는 창의적으로 사고할 수 있는 능력이 중요하다. 창의성은 어느 순간에 번뜩이는 영감처럼 갑자기 생성되는 것도 아니며, 지식과 정보의 기초가 없이 발달하는 것은 아니다. 때문에 창의성을 기르기 위해서는 어려서부터 창의적인 사고의 기초를 닦는 것이 중요하다. 어떤 방식으로 유아의 창의성을 격려하고 고무할 것인가?

이야기나누기

- 미래사회에서 요구하고 있는 인간의 역량을 고려해 볼 때, 향후 유아교육은 어떠한 방향으로 전개되어야 할 것이라고 생각합니까?
- 위에 제시한 유아의 역량을 기르기 위해 장차 교사가 될 여러분은 어떠한 노력을 할 수 있겠습니까?

참고 문헌

강문희, 문미옥, 박경자, 서영숙, 우남희, 이강미, 이숙재, 이순형, 이영, 이옥(2002). 21세기 유아교육. 서울: 학지사.

강원유아교육진흥원 자료집(2017). 제 4주기 유치원 평가(춘천권역) 추진계획.

강현경, 조형숙(2011). 유아의 문제행동 지도과정에서의 원장의 어려움 및 바람직한 역할 모색. 유아교육연구, 15(6), 353-376.

경기도가족여성연구원(2015). 경기도 영유아기 부모교육 프로그램 개발.

계영애(2002). 최신 유아교육개론. 경기: 정민사.

고태순(2016). 놀이와 영유아교육. 서울: 태영출판사.

고태순, 김종석(2010). 보육교사의 조직몰입과 직무만족에 관한 연구. 한국영유아보육학, 65, 19-35.

김덕순(1996). 부모교육의 이론과 실제. 경기: 정민사.

김명희(2000). 현대사회와 부모교육. 서울: 학문출판.

김수영, 김수임, 김현아, 정금자(2000). 유아놀이의 이론과 실제. 경기: 양서원.

김수향, 이경하, 이용주, 임영심(2015). 유아교육개론. 경기: 공동체.

김연진, 박해미, 연미희, 최은숙, 한은경(2016). 유아교육개론. 서울: 태영출판사.

김영희, 고태순(2005). 발달놀이 프로그램의 이론과 실제. 서울: 학지사.

김오남, 윤은종, 노명의(2004). 유아교육개론. 서울: 동문사.

김옥경, 이선옥, 고태순, 김현아(2007). 21세기 교사를 위한 유아교육개론. 서울: 태영출판사.

김종서(1983). 교육과정과 수업. 교육신서 76. 서울: 배영사.

김진숙 (2016). 제 4차 산업혁명과 교육의 역할. 월간교육, 7, 104-113.

노영희, 홍현진(2011). 교육관련 국제기구 지식정보원. 경기: 한국학술정보.

대한소아과학회(1998). 한국 소아 신체 발육 표준치. 서울: 대한소아과학회.

류동훈(2004). 교사론. 서울: 창지사.

류점숙(1991). 조선후기 아동교재의 내용분석. 경북대학교 박사학위 청구논문.

민하영, 윤혜경(2002). 부모교육. 서울: 양지.

박선해, 김미정(2015). 보육교사론. 경기: 공동체.

박성희(2015). 공감. 서울: 이너북스.

박영실(1981). 유아교육을 위한 부모교육 및 부모참여에 관한 연구. 이화여자대학교 대학원 석사학위 논문.

박은숙, 김은경, 원정완, 오원옥, 석민현, 임여진(2002). 고전을 통해 본 한국 전통사회의 부모-자녀관계. 아동간호학회지, 8(4), 469-481.

박은혜(2003). 유아교사론. 서울: 창지사.

부산광역시유아교육진흥원자료집 (2017). 제 4주기 2017년 유치원 평가 기본 계획.

서울대학교 교육연구소(1995). 교육학용어사전. 서울: 하우동설.

서현아, 김창평, 하선혜, 한희정, 변상우, 허수윤, 오소라(2015). 유아교육개론. 서울: 창지사.

신옥순(2005). 유아교육학개론. 서울: 학지사.

신옥순(1994). 유아교육학개론. 서울: 학지사.

신용주, 김혜수(2017). 다음세대를 위한 부모교육. 서울: 학지사.

신혜은, 고태순, 장세희(2016). 영유아교수방법. 경기: 양서원.

심성경, 조순옥, 이정숙, 이춘자, 이선경, 이효숙(2005). 개정유아교육개론. 서울: 창지사.

양운덕, 강영계, 우기동, 임재진, 김용정, 박철주, 김호균, 김영태, 강대석, 장병길, 김택현, 최동희, 김승균, 이을호, 김종규, 조일민, 윤두병(2009). 철학사전. 서울: 중원문화

오영희, 송영란, 강영식(2003). 유아교육개론. 서울: 21세기사.

오종숙(2003). 레지오에밀리아 교육사상과 그 실천에 관한 연구. 홍익대학교 박사학위논문.

위키백과(2017). 고대 로마의 교육. https://ko.wikipedia.org/wiki/%EA%B3%A0%EB%8C%80_%EB%A1%9C%EB%A7%88%EC%9D%98_%EA%B5%90%EC%9C%A1. 2017년 10월 18일 인출.

위키백과(2017). 교육. https://ko.wikipedia.org/wiki/%EA%B5%90%EC%9C%A1. 2017년

10월 20일 인출.
유안진(1994). 한국의 전통 육아방식. 서울: 서울대학교 출판부.
윤선영(2002). 발도르프 유아교육, 교육의 첫걸음. 서울: 문음사.
윤운성, 정정옥(1998). 영아, 유아, 아동 발달심리. 서울: 교육아카데미.
이경민(2017). 새로운 시대 인재상의 유아교육적 함의 : 4차 산업혁명 시대와 행복교육에서 추구하는 역량의 담론을 중심으로. 유아교육연구, 37(3). 137-156.
이경우 편역(1989). STEP : 당신도 유능한 부모가 될 수 있다. 서울: 창지사
이경희(2004). 신유아교육개론. 서울: 교육아카데미.
이기숙(1992). 유아교육과정. 경기: 교문사.
이명희(2013). 발도르프 유아교육 및 교육환경의 기본 원리와 실제 사례에 관한 연구. 발도르프교육연구, 5(1), 65-80.
이선옥(2002). 몬테소리 교육사상. 서울: 교육아카데미.
이숙재(1999). 유아를 위한 놀이의 이론과 실제. 서울: 창지사.
이숙재(2001). 유아놀이활동. 서울: 창지사.
이숙재, 이봉선(2004). 영유아의 발달과 교육. 서울: 창지사.
이연섭(2004). 유아교육과정. 서울: 교육과학사.
이영석, 김숙자, 이항재, 최민수(1999). 현대부모교육론. 서울: 형설출판사.
이영자, 박미라, 최경애(2009). 영유아교육 교수매체. 경기: 교문사.
이윤경, 문혁준, 안선희, 김선영, 김성희, 김지은, 나종혜, 신인숙, 천희영, 최은미, 황혜신, 황혜정(2013). 유아교육개론. 서울: 창지사.
이은화, 김진영(1999). 유치원 운영관리. '99 원장자격 인가 추천대상 유아교육 전공과목 이수교재.
이재연, 김경희(1989). 부모교육론. 경기: 양서원
이태신(2000). 체육학대사전. 서울: 민중서관
이희경(2005). 유아교육학개론. 서울: 동문사.
이희경(2016). 유아교육개론. 서울: 태영출판사.
임부연, 오정희(2009). 영유아교수학습방법. 서울: 동문사.
임재택 (1995). 유아교육기관 운영 관리- 유치원과보육시설. 경기: 양서원.
임재택(1992). 현대유아교육과정. 경기: 양서원.
전국보육교사교육원대학협의회(2004). 놀이지도. 경기: 양서원.
전영아(2012). 흥미영역의 통합이 성별에 따른 유아의 놀이행동에 미치는 영향. 배재대학교 대학원 석사학위논문.

정금자(1999). 유아놀이 지도의 이론과 실제. 서울: 교육과학사.
정옥분(2004). 영유아발달의 이해. 서울: 학지사.
정옥분(2016). 영아발달. 서울: 학지사.
정운경(2004). 발도르프 교육학. 서울: 학지사.
지성애(2001). 유아놀이지도. 경기: 정민사.
지식을 만드는 지식(2009). 고전해설 ZIP. 서울: 지만지. http://terms.naver.com/entry.nhn?docId=730866&cid=41773&categoryId=41775. 2017년 10월 19일 인출.
최경숙(2001). 발달심리학. 서울: 교문사.
최윤정, 안소영, 최수경(2017). 샛별유치원 부모참여수업의 의미탐색. 육아지원연구, 12(1), 51-81.
표준국어대사전(2017). 교육. http://stdweb2.korean.go.kr/search/List_dic.jsp. 2017년 10월 18일 인출.
한국교육심리학회(2000). 교육학용어사전. 서울: 학지사. http://terms.naver.com/entry.nhn?docId=1943783&cid=41989&categoryId=41989. 2017년 10월 11일 인출.
한미라, 전예화, 신혜영, 서현아, 김현주, 오성숙(2016). 유아교육개론. 경기: 양서원.
홍경자 역(2004). 현대의 적극적 부모역할 훈련. 서울: 중앙적성출판사.
황해익, 서정현, 송연숙, 이경화, 최혜진, 정혜영, 김남희, 이혜은, 손유진, 박순호, 손원경, 남미경, 김인순, 고은미, 유수경(2016). 유아교육개론. 경기: 공동체.
황해익, 송연숙, 최혜진, 손원경, 남미경(2013). 영유아 프로그램 개발과 평가. 경기: 공동체.
Berk, L. E.(2000). *Child Development(5th ed.)*. Boston: Allyn & Bacon.
Berlyne, D. E.(1969). Laughter, Humor and Play. In G. Lindzey & E. Aronson.(Eds.), *Handbook of Social Psychology(vol. 3.)*. Reading, MA: Addison-wesley.
Bruner, J. S.(1960). *The process of education.* Boston: Harvard University Press.
Crain, W.(2011). *Theories of development.* Boston: Pearson.
Decker, C. A. & Decker. J. R.(1992). *Planning and Administering Early Childhood Prorams.(5th Ed.)* NY: Macmillan Publising Co.
Elkind, D.(2006). *The hurried child.* Cambridge: Da Capo Press.
Katz, L. G. & Chard, S.(2000). *Engaging children's minds: The project approach (2nd ed.).* NJ: Ablex.
Kneller, G. F.(1971). *Introduction to the Philosophy of Education,* NY: John Wiley and Sons.
Miller, P. H.(2004). *Theories of Developmental Psychology.* NY: Worth Publishers.

NAEYC and National Association of Early Childhood Specialists in State Departments of Education(1992). Guidelines for appropriate curriculum content and assessment in programs serving children ages 3 through 8. In S. Bredekamp & T. Rosegrant(Eds.), *Reaching Potentials: Appropriate curriculum and Assessment for young children(pp. 9-27).* Washington, DC: National Association for the Education of Young Children.

Rubin, K. H., Fein, G. C. & Vandenberg, B.(1983). Play. In P. H. Mussen (Ed.), *Handbook of Child Psychology(4th ed., 693-774).* NY: Wiley.

Salkind, J. S.(1999). **인간발달의 이론**[Theories of human development](정옥분 역). 서울: 교육과학사.

Schiwartz, S. S. & Robinson, N. F.(1982). *Designing curriculum for early childhood.* Boston: Allyn & Bacon.

Spodek, B.(1985). *Teaching in the early years.* Englewood Cliffs, NJ: Prentice Hall.

EBS. 지식채널 e.(2015). '**7전 8기의 사나이 페스탈로치**'. https://www.youtube.com/watch?v=biAcg_uf7i4. 2017년 10월 23일 인출.

EBS. 지식채널 e.(2013). '**지식은 도구다**' **듀이**. https://www.youtube.com/watch?v=WZyfvER6VW4. 2017년 10월 31일 인출.

부 록

1. 유아교육법
2. 누리교육과정
3. 유엔 아동권리협약

1. 유아교육법

[시행 2017.6.22.] [법률 제14602호, 2017.3.21., 일부개정]

교육부(유아교육정책과) 044-203-6234

제1장 총칙

제1조(목적) 이 법은 「교육기본법」 제9조에 따라 유아교육에 관한 사항을 정함을 목적으로 한다. 〈개정 2010.3.24.〉

제2조(정의) 이 법에서 사용하는 용어의 뜻은 다음 각 호와 같다. 〈개정 2010.3.24., 2012.3.21.〉

1. "유아"란 만 3세부터 초등학교 취학전까지의 어린이를 말한다.
2. "유치원"이란 유아의 교육을 위하여 이 법에 따라 설립·운영되는 학교를 말한다.
3. "보호자"란 친권자·후견인 그 밖의 자로서 유아를 사실상 보호하는 자를 말한다.
4. 삭제 〈2012.3.21.〉
5. 삭제 〈2012.3.21.〉
6. "방과후 과정"이란 제13조제1항에 따른 교육과정 이후에 이루어지는 그 밖의 교육활동과 돌봄활동을 말한다.

제3조(책임) 국가 및 지방자치단체는 보호자와 더불어 유아를 건전하게 교육할 책임을 진다.

제3조의2(유아교육발전기본계획) ① 교육부장관은 유아교육의 발전을 위하여 유아교육에 관한 중장기 정책 목표 및 방향을 설정하고, 유아교육발전기본계획(이하 "기본계획"이라 한다)을 수립하여 추진하여야 한다. 〈개정 2013.3.23.〉

② 교육부장관은 제5조제1항에 따른 중앙유아교육위원회의 심의를 거쳐 5년마다 기본계획을 수립하여야 한다. 〈개정 2013.3.23.〉

③ 기본계획의 내용 등에 관한 사항은 대통령령으로 정한다.

④ 교육부장관은 기본계획을 수립하기 위하여 유아교육에 관한 전반적인 실태조사를 5년마다 실시하고 그 결과를 공표하여야 한다. 〈개정 2013.3.23., 2015.12.22.〉

⑤ 교육부장관은 제4항에 따른 실태조사를 위하여 관계 중앙행정기관의 장, 지방자치단체의 장, 「공공기관의 운영에 관한 법률」에 따른 공공기관의 장, 그 밖의 관련 법인 및 단체에 대하여 필요한 자료의 제출 또는 의견의 진술을 요청할 수 있다. 이 경우 요청을 받은 자는 정당한 사유가 없으면 이에 협조하여야 한다. 〈신설 2015.12.22.〉

⑥ 제4항에 따른 실태조사의 방법 등에 필요한 사항은 대통령령으로 정한다. 〈신설 2015.12.22.〉

⑦ 특별시 · 광역시 · 특별자치시 · 도 및 특별자치도(이하 "시 · 도"라 한다)의 교육감(이하 "교육감"이라 한다)은 기본계획에 따라 연도별 시행계획을 수립하여 추진하여야 한다. 〈개정 2015.12.22.〉

⑧ 교육부장관은 제1항에 따라 수립한 기본계획의 지난해 추진 실적을 매년 제5조제1항에 따른 중앙유아교육위원회의 심의를 받아야 하며, 시 · 도교육감은 제7항에 따른 다음해 시행계획 및 지난해 추진실적을 종합하여 매년 제5조제1항에 따른 시 · 도유아교육위원회의 심의를 받아야 한다. 〈개정 2013.3.23., 2015.12.22.〉

[본조신설 2012.1.26.]

제4조(유아교육 · 보육위원회) ① 유아교육 및 「영유아보육법」 제2조에 따른 보육에 관한 다음 각호의 사항을 심의하기 위하여 국무총리 소속으로 유아교육 · 보육위원회를 둔다. 〈개정 2010.3.24., 2011.6.7., 2014.1.28.〉

1. 유아교육 및 보육에 관한 기본계획
2. 유치원과 어린이집간의 연계운영
3. 유아교육 및 보육에 관한 관계 부처 간 협조사항
4. 그 밖에 위원장이 회의에 부치는 사항

② 제1항에 따른 위원회는 위원장을 포함한 11명의 위원으로 구성하되, 위원장은 국무조정실장이 되고 위원은 다음 각 호에 해당하는 사람이 된다. 〈개정 2005.3.24., 2008.2.29., 2010.1.18., 2010.3.24., 2012.3.21., 2013.3.23.〉

1. 기획재정부차관 · 교육부차관 · 보건복지부차관 및 여성가족부차관
2. 제1호의 위원이 추천하여 위원장이 위촉하는 유아교육계 · 보육계 및 여성계를 대표하는 사람 각 2명

③ 제1항에 따른 위원회의 구성 및 운영에 필요한 사항은 대통령령으로 정한다. 〈개정 2010.3.24.〉

제5조(유아교육위원회) ① 유아교육에 관한 정책, 사업의 기획 · 조사 등에 관한 사항을 심의하기 위하여 교육부에 중앙유아교육위원회를 두고, 시 · 도 교육청에 시 · 도 유아교육위원회를 둔다. 〈개정 2008.2.29., 2010.3.24., 2012.1.26., 2013.3.23.〉

② 중앙유아교육위원회와 시 · 도 유아교육위원회는 유아교육전문가, 유치원대표, 유치원교사(수석교사를 포함한다)대표, 학부모대표 및 관계공무원 등으로 구성한다. 〈개정 2010.3.24., 2011.7.25.〉

③ 중앙유아교육위원회와 시 · 도 유아교육위원회의 조직 · 운영 등에 필요한 사항은 대통

령령으로 정한다. 〈개정 2010.3.24.〉

제6조(유아교육진흥원) ① 국가 및 지방자치단체는 유아교육에 관한 연구와 정보제공, 프로그램 및 교재 개발, 유치원교원 연수 및 평가, 유아 체험교육 등을 담당하는 유아교육진흥원을 설치하거나 해당 업무를 교육관련연구기관 등에 위탁할 수 있다. 〈개정 2010.3.24., 2012.3.21.〉

② 제1항에 따른 유아교육진흥원의 설치 · 운영 및 위탁 등에 필요한 사항은 대통령령으로 정한다. 〈개정 2010.3.24.〉

제6조의2(교육통계조사 등) ① 교육부장관은 유아교육 정책의 효율적인 추진과 유아교육 연구에 필요한 원생 · 교원 · 직원 · 유치원 · 교육행정기관 등에 대한 기초자료 수집을 위하여 교육통계조사를 매년 실시하고 그 결과를 공개하여야 한다.

② 교육부장관은 제1항에 따른 교육통계조사(이하 이 조에서 "교육통계조사"라 한다)를 위하여 중앙행정기관의 장 및 교육감에게 유치원 및 교육행정기관 등의 자료 제출을 요청할 수 있다. 이 경우 자료 제출 요청을 받은 중앙행정기관의 장 및 교육감은 특별한 사유가 없으면 이에 따라야 한다.

③ 교육감은 제2항에 따른 자료 제출을 위하여 관할 유치원 및 교육행정기관의 장 등에게 자료 제출을 요청할 수 있다. 이 경우 자료 제출 요청을 받은 관할 유치원 및 교육행정기관의 장 등은 특별한 사유가 없으면 이에 따라야 하며, 교육감은 관할 유치원 및 교육행정기관 등의 부담을 최소화하기 위하여 노력하여야 한다.

④ 교육부장관은 교육통계조사의 정확성 제고 및 조사업무 경감을 위하여 관련 자료를 보유한 중앙행정기관의 장, 교육감 및 「공공기관의 운영에 관한 법률」에 따른 공공기관 등 관계 기관의 장에게 자료 간 연계를 요청할 수 있다. 이 경우 자료 간 연계를 요청받은 기관의 장은 특별한 사유가 없으면 이에 따라야 한다.

⑤ 교육부장관은 교육통계조사 시 다음 각 호에 해당하는 사람의 주민등록번호가 포함된 개인정보를 수집할 수 있으며, 이를 제4항에 따라 연계를 요청받은 기관에 통계조사 및 분석, 검증 등을 목적으로 제공하거나 제공받을 수 있다.

1. 조사대상 유치원 및 교육행정기관의 교원 · 직원
2. 조사대상 유치원의 유아 및 졸업생

⑥ 교육부장관은 교육통계조사에 의하여 수집된 자료를 이용하고자 하는 자에게 이를 제공할 수 있다. 이 경우 「교육관련기관의 정보공개에 관한 특례법」에 따라 공개되는 항목을 제외하고는 특정의 개인이나 법인 또는 단체를 식별할 수 없는 형태로 자료를 제공한다.

⑦ 교육부장관은 유아교육 정책의 효율적인 수립 · 시행과 평가를 위하여 교육통계조사로 수집된 자료를 활용하여 교육 관련 지표 및 예측통계 등을 산출할 수 있다.

⑧ 교육부장관은 교육통계조사 등의 업무를 위하여 대통령령으로 정하는 바에 따라 국가교육통계센터를 지정하여 그 업무를 위탁할 수 있다. 이 경우 교육부장관은 지정이나 업무위탁에 필요한 경비를 지원할 수 있다.

⑨ 제1항부터 제8항까지에서 규정한 사항 외에 교육통계조사의 조사대상, 절차 및 결과공개 등에 필요한 사항은 대통령령으로 정한다.

[본조신설 2017.3.21.]

제2장 유치원의 설립 등

제7조(유치원의 구분) 유치원은 다음 각호와 같이 구분한다. 〈개정 2010.3.24.〉

1. 국립유치원 : 국가가 설립 · 경영하는 유치원
2. 공립유치원 : 지방자치단체가 설립 · 경영하는 유치원(설립주체에 따라 시립유치원과 도립유치원으로 구분할 수 있다)
3. 사립유치원 : 법인 또는 사인(私人)이 설립 · 경영하는 유치원

제8조(유치원의 설립 등) ① 유치원을 설립하려는 자는 시설 · 설비 등 대통령령으로 정하는 설립기준을 갖추어야 한다. 〈개정 2010.3.24.〉

② 사립유치원을 설립하려는 자는 교육감의 인가를 받아야 한다. 〈개정 2010.3.24., 2012.1.26.〉

③ 교육감은 제2항에 따른 인가 신청이 있는 경우에는 다음 각 호의 어느 하나에 해당하는 경우를 제외하고는 유치원 설립을 인가하여야 한다. 〈신설 2012.3.21.〉

1. 제1항에 따른 시설 · 설비 등 설립기준을 갖추지 아니한 경우
2. 교육감이 대통령령으로 정하는 바에 따라 수립하는 유아수용계획에 적합하지 아니한 경우
3. 그 밖에 이 법 또는 다른 법령에 따른 제한에 위반되는 경우

④ 사립유치원을 설립 · 경영하는 자가 유치원을 폐쇄하려는 경우나 대통령령으로 정하는 중요사항을 변경하려는 경우에는 교육감의 인가를 받아야 한다. 〈개정 2010.3.24., 2012.3.21.〉

제9조(유치원의 병설) 유치원은 「초 · 중등교육법」 제2조에 따른 초등학교 · 중학교 및 고등학교에 병설될 수 있다. 〈개정 2010.3.24.〉

제9조의2(유치원의 설립의무) ① 교육감은 다음 각 호의 지역의 경우에는 제8조제3항제2호에 따른 유아수용계획을 고려하여 「초 · 중등교육법」 제2조에 따른 초등학교에 유치원을 병설하거나 별도로 설립하여야 한다.

1. 「도시개발법」 제3조에 따른 도시개발구역
2. 「도시 및 주거환경정비법」 제4조에 따른 정비구역
3. 「택지개발촉진법」 제3조에 따른 택지개발지구
4. 「공공주택 특별법」 제6조에 따른 공공주택지구
5. 제4호에 따른 공공주택지구 외에 저소득층을 대상으로 하는 임대주택을 대통령령으로 정하는 비율 이상 포함하는 주택단지

② 교육감은 제9조에 따라 병설된 유치원의 학급 증설이 필요한 경우 이를 적극 시행하여야 한다.

[본조신설 2015.12.22.]

제9조의2(유치원의 설립의무) ① 교육감은 다음 각 호의 지역의 경우에는 제8조제3항제2호에 따른 유아수용계획을 고려하여 「초 · 중등교육법」 제2조에 따른 초등학교에 유치원을 병설하거나 별도로 설립하여야 한다. 〈개정 2017.2.8.〉

1. 「도시개발법」 제3조에 따른 도시개발구역
2. 「도시 및 주거환경정비법」 제8조에 따른 정비구역
3. 「택지개발촉진법」 제3조에 따른 택지개발지구
4. 「공공주택 특별법」 제6조에 따른 공공주택지구
5. 제4호에 따른 공공주택지구 외에 저소득층을 대상으로 하는 임대주택을 대통령령으로 정하는 비율 이상 포함하는 주택단지

② 교육감은 제9조에 따라 병설된 유치원의 학급 증설이 필요한 경우 이를 적극 시행하여야 한다.

[본조신설 2015.12.22.]

[시행일 : 2018.2.9.] 제9조의2

제10조(유치원규칙) ① 유치원의 장(유치원을 설립하는 경우에는 해당 유치원을 설립하려는 자를 말한다. 이하 "원장"이라 한다)은 법령의 범위에서 유치원규칙을 제정하거나 개정할 수 있다. 〈개정 2008.2.29., 2010.3.24., 2013.3.23., 2016.5.29.〉

② 유치원규칙의 기재사항 및 제정절차 등에 관하여 필요한 사항은 대통령령으로 정한다.

제11조(입학) ① 유치원에 입학할 수 있는 사람은 유아로 한다. 〈개정 2010.3.24., 2016.5.29.〉

② 원장은 교육 목적에 적합한 범위에서 유치원규칙으로 정하는 바에 따라 공정하고 투명한 방법으로 유치원에 입학할 유아를 모집 · 선발하여야 한다. 다만, 제3항에 따른 조례에서 모집 · 선발 시기 등을 달리 정한 경우에는 이에 따라야 한다. 〈신설 2016.5.29.〉

③ 지방자치단체(시 · 도에 한정한다)는 유아의 교육기회를 균등하게 보장하기 위하여 필요한 경우 유아의 모집 · 선발 시기, 절차 및 방법 등에 관하여 조례로 정할 수 있다. 〈신설 2016.5.29.〉
[제목개정 2016.5.29.]

제12조(학년도 등) ① 유치원의 학년도는 3월 1일부터 다음해 2월 말일까지로 한다.
② 유치원은 보호자의 요구 및 지역실정에 따라 방과후 과정을 운영할 수 있다. 〈개정 2012.3.21.〉
③ 유치원의 학기 · 수업일수 · 학급편성 · 휴업일 및 반의 편성 · 운영 등에 필요한 사항은 대통령령으로 정한다. 〈개정 2010.3.24.〉

제13조(교육과정 등) ① 유치원은 교육과정을 운영하여야 하며, 교육과정 운영 이후에는 방과후 과정을 운영할 수 있다. 〈개정 2012.3.21.〉
② 교육부장관은 제1항에 따른 교육과정 및 방과후 과정의 기준과 내용에 관한 기본적인 사항을 정하며, 교육감은 교육부장관이 정한 교육과정 및 방과후 과정의 범위에서 지역실정에 적합한 기준과 내용을 정할 수 있다. 〈개정 2008.2.29., 2010.3.24., 2012.3.21., 2013.3.23.〉
③ 교육부장관은 유치원의 교육과정 및 방과후 과정 운영을 위한 프로그램 및 교재를 개발하여 보급할 수 있다. 〈개정 2008.2.29., 2012.3.21., 2013.3.23.〉

제14조(유치원생활기록) 원장은 유아의 생활지도 및 초등학교 교육과의 연계지도에 활용할 수 있도록 유아의 발달 등을 종합적으로 관찰하고 평가하여 교육부장관이 정하는 기준에 따라 생활기록부를 작성 · 관리하여야 한다. 〈개정 2008.2.29., 2010.3.24., 2013.3.23.〉

제15조(특수학교 등) ① 특수학교는 신체적 · 정신적 · 지적 장애 등으로 특수교육이 필요한 유아에게 유치원에 준하는 교육과 실생활에 필요한 지식 · 기능 및 사회적응 교육을 하는 것을 목적으로 한다. 〈개정 2010.3.24.〉
② 국가 및 지방자치단체는 특수교육이 필요한 유아가 유치원에서 교육을 받으려는 경우에는 따로 입학절차 · 교육과정 등을 마련하는 등 유치원과의 통합교육 실시에 필요한 시책을 마련하여야 한다. 〈개정 2010.3.24.〉

제16조(외국인유치원) ① "외국인유치원"이란 국내에 체류중인 외국인의 자녀를 교육하기 위하여 설립된 유치원을 말하며, 외국인유치원에 대하여는 제11조제1항 · 제2항 단서 · 제3항, 제12조부터 제14조까지, 제17조, 제18조제2항, 제19조, 제19조의2부터 제19조의8까지, 제22조, 제24조부터 제26조까지 및 제27조를 적용하지 아니한다. 〈개정 2010.3.24., 2012.3.21., 2016.5.29.〉

② 외국인유치원의 설립기준 · 교육과정 · 수업연한 · 학력인정과 그 밖에 설립 · 운영에 필요한 사항은 대통령령으로 정한다. 〈개정 2010.3.24.〉

[시행일 : 2012.9.1.] 제16조제1항의 개정규정 중 제19조의3부터 제19조의6까지의 해당 조문

[시행일 : 2013.3.1.] 제16조제1항의 개정규정 중 제19조의2, 제19조의7, 제19조의8, 제26조의 해당 조문

제17조(건강검진 및 급식) ① 원장은 교육하고 있는 유아에 대하여 건강검진을 실시하고, 그 결과 치료가 필요한 유아에게는 보호자와 협의하여 필요한 조치를 하여야 한다. 〈개정 2010.3.24.〉

② 원장은 교육하고 있는 해당 유치원의 유아에게 적합한 급식을 할 수 있다. 〈개정 2010.3.24.〉

③ 제1항에 따른 건강검진의 실시시기 및 그 결과처리에 관한 사항과 제2항에 따른 급식시설 · 설비기준 등에 관하여 필요한 사항은 교육부령으로 정한다. 〈개정 2008.2.29., 2010.3.24., 2013.3.23.〉

제17조의2(유아 관련 자료제공의 제한) ① 원장은 제14조에 따른 유치원생활기록 및 제17조에 따른 건강검진에 관한 자료를 해당 유아의 보호자의 동의 없이 제3자에게 제공하여서는 아니 된다. 다만, 다음 각 호의 어느 하나에 해당하는 경우에는 그러하지 아니하다.

1. 유치원에 대한 감독 · 검사의 권한을 가진 행정기관이 그 업무를 처리하기 위하여 필요한 경우
2. 통계작성 및 학술연구 등의 목적을 위한 경우로서 특정 개인을 식별할 수 없는 형태로 제공하는 경우
3. 범죄의 수사와 공소의 제기 및 유지에 필요한 경우
4. 법원의 재판업무 수행을 위하여 필요한 경우
5. 그 밖에 관계 법률에 따라 제공하는 경우

② 원장은 제1항 단서에 따라 제3자에게 자료를 제공하는 때에는 해당 자료를 제공받은 자에 대하여 사용목적 · 사용방법, 그 밖에 필요한 사항에 대하여 제한을 하거나 해당 자료의 안전성 확보를 위하여 필요한 조치를 마련하도록 요청할 수 있다.

③ 제1항에 따라 자료를 제공받은 자는 그 본래의 목적 외의 용도로 이를 이용하여서는 아니 된다.

[본조신설 2012.3.21.]

제17조의3(응급조치) 원장(제21조제2항에 따라 원장의 직무를 대행하는 사람을 포함한다)

은 보호하는 유아에게 질병 · 사고나 재해 등으로 인하여 위급한 상태가 발생한 경우 즉시 해당 유아를 「응급의료에 관한 법률」 제2조에 따른 응급의료기관에 이송하여야 한다. [본조신설 2013.5.22.]

제18조(지도 · 감독) ① 국립유치원은 교육부장관의 지도 · 감독을 받으며, 공립 · 사립유치원은 교육감의 지도 · 감독을 받는다. 〈개정 2008.2.29., 2010.3.24., 2013.3.23.〉

② 교육감은 유아교육을 충실히 하기 위하여 유치원 교육과정 운영에 대한 장학지도를 할 수 있다. 〈개정 2008.2.29., 2010.3.24., 2012.1.26.〉

제19조(평가) ① 교육감은 유아교육을 효율적으로 하기 위하여 필요하면 유치원 운영실태 등에 대한 평가를 할 수 있다. 〈개정 2008.2.29., 2010.3.24., 2012.1.26.〉

② 교육부장관은 필요한 경우 각 시 · 도 교육청의 유아교육 전반에 대한 평가를 실시할 수 있다. 〈개정 2012.1.26., 2013.3.23.〉

③ 제1항과 제2항에 따른 평가의 대상 · 기준 및 절차와 평가결과의 공개 등에 필요한 사항은 대통령령으로 정한다. 〈신설 2012.1.26.〉

제19조의2(유아교육정보시스템의 구축 · 운영 등) ① 교육부장관 및 교육감은 유치원 및 교육행정기관의 업무를 전자적으로 처리할 수 있도록 유아교육정보시스템(이하 "정보시스템"이라 한다)을 구축 · 운영할 수 있다. 〈개정 2013.3.23.〉

② 교육부장관 및 교육감은 정보시스템의 운영 및 지원을 위하여 정보시스템운영센터를 설치 · 운영하거나 정보시스템의 효율적 운영을 위하여 필요하다고 인정하는 경우 정보시스템의 운영 및 지원 업무를 교육의 정보화를 지원하는 법인 또는 기관에 위탁할 수 있다. 이 경우 교육부장관 및 교육감은 그 위탁업무의 원활한 수행을 위하여 예산의 범위에서 보조금 및 출연금을 지급할 수 있다. 〈개정 2013.3.23.〉

③ 제1항에 따른 정보시스템의 구축 · 운영 · 접속방법 및 제2항에 따른 정보시스템운영센터의 설치 · 운영 등에 필요한 사항은 교육부령으로 정한다. 〈개정 2013.3.23.〉

④ 정보시스템은 「초 · 중등교육법」 제30조의4제1항에 따른 교육정보시스템 또는 「사회복지사업법」 제6조의2제2항에 따른 정보시스템과 연계하여 활용할 수 있다.

[본조신설 2012.3.21.]

제19조의3(유치원운영위원회의 설치) ① 유치원 운영의 자율성을 높이고 지역의 실정과 특성에 맞는 다양한 교육을 창의적으로 실시할 수 있도록 하기 위하여 유치원에 유치원운영위원회를 둘 수 있다. 다만, 「교육공무원법」 제29조의3에 따라 공모절차를 통하여 원장을 선발하는 유치원과 대통령령으로 정하는 규모 이상의 유치원은 유치원운영위원회를 두어야 한다.

② 유치원에 두는 유치원운영위원회는 해당 유치원의 교원 대표 및 학부모 대표로 구성한다.

③ 유치원에 두는 유치원운영위원회의 위원 정수는 5명 이상 11명 이내의 범위에서 유치원의 규모 등을 고려하여 대통령령으로 정한다.

④ 제9조에 따라 병설된 유치원의 경우에는 필요하면 유치원운영위원회를 해당 유치원을 병설한 학교의 학교운영위원회와 통합하여 운영할 수 있다. 이 경우 학교운영위원회에는 유치원 교원 대표 및 학부모 대표가 각각 1명 이상 포함되어야 한다.

[본조신설 2012.3.21.]

[시행일 : 2013.3.1.] 제19조의3의 개정규정 중 「교육공무원법」 제29조의3에 관한 부분

제19조의4(유치원운영위원회의 기능) ① 국립·공립 유치원에 두는 유치원운영위원회는 다음 각 호의 사항을 심의한다.

1. 유치원규칙의 개정에 관한 사항
2. 유치원 예산 및 결산에 관한 사항
3. 유치원 교육과정의 운영방법에 관한 사항
4. 학부모가 부담하는 경비에 관한 사항
5. 유치원 급식에 관한 사항
6. 방과후 과정 운영에 관한 사항
7. 유치원 운영에 대한 제안 및 건의에 관한 사항
8. 「교육공무원법」 제29조의3제8항에 따른 공모 원장의 공모 방법, 임용, 평가 등에 관한 사항
9. 「교육공무원법」 제31조제2항에 따른 초빙교사의 추천에 관한 사항
10. 그 밖에 대통령령 및 시·도 조례로 정하는 사항

② 사립유치원의 장은 제1항 각 호의 사항(제8호 및 제9호는 제외한다)에 대하여 유치원운영위원회의 자문을 거쳐야 한다.

[본조신설 2012.3.21.]

제19조의5(유치원운영위원회의 구성·운영) ① 제19조의3에 따른 유치원운영위원회 중 국립유치원에 두는 유치원운영위원회의 구성·운영에 필요한 사항은 대통령령으로 정하고, 공립유치원에 두는 유치원운영위원회의 구성·운영에 필요한 사항은 대통령령으로 정하는 범위에서 시·도의 조례로 정한다.

② 사립유치원에 두는 유치원운영위원회의 위원 구성에 관한 사항은 대통령령으로 정하고, 그 밖에 운영에 필요한 사항은 정관 또는 유치원규칙으로 정한다.

[본조신설 2012.3.21.]

제19조의6(유치원운영위원회 위원의 연수 등) ① 교육감은 유치원운영위원회 위원의 자질과 직무수행능력의 향상을 위한 연수를 실시할 수 있다.
② 교육감은 제1항에 따른 연수를 연수기관 또는 민간기관에 위탁하여 실시할 수 있다.
③ 교육감은 제2항에 따라 연수를 위탁받은 기관에 행정적 · 재정적 지원을 할 수 있다.
④ 제1항부터 제3항까지에서 규정한 사항 외에 위원의 연수에 필요한 사항은 대통령령으로 정한다.
[본조신설 2012.3.21.]

제19조의7(유치원회계의 설치) ① 국립 · 공립 유치원에 유치원회계를 설치한다.
② 유치원회계는 다음 각 호의 수입을 세입으로 한다.
1. 국가의 일반회계 또는 지방자치단체의 교육비특별회계로부터의 전입금
2. 제25조에 따른 수업료 등 교육비용과 그 밖의 납부금
3. 국가 또는 지방자치단체의 보조금 및 지원금
4. 사용료 및 수수료
5. 이월금
6. 물품매각대금
7. 그 밖의 수입
③ 유치원회계는 유치원의 운영 및 시설 설치 등을 위하여 필요한 일체의 경비를 세출로 한다.
④ 유치원회계는 예측할 수 없는 예산 외의 지출 또는 예산초과지출에 충당하기 위하여 예비비로서 상당한 금액을 세출예산에 계상할 수 있다.
⑤ 제9조에 따라 병설된 유치원의 경우에는 필요하면 유치원회계를 해당 유치원을 병설한 학교의 학교회계와 통합하여 운영할 수 있다.
⑥ 유치원회계의 설치에 필요한 사항은 국립유치원의 경우에는 교육부령으로, 공립유치원의 경우에는 시 · 도의 교육규칙으로 정한다. 〈개정 2013.3.23.〉
[본조신설 2012.3.21.]

제19조의8(유치원회계의 운영) ① 유치원회계의 회계연도는 매년 3월 1일에 시작하여 다음 연도 2월 말일에 종료한다.
② 원장은 회계연도마다 유치원회계세입세출예산안을 편성하여 회계연도 개시 30일 전까지 제19조의3에 따른 유치원운영위원회에 제출하여야 한다.
③ 유치원운영위원회는 유치원회계세입세출예산안을 회계연도 개시 5일 전까지 심의하여야 한다.

④ 원장은 제3항에 따른 예산안이 새로운 회계연도가 개시될 때까지 확정되지 아니한 때에는 다음 각 호의 경비를 전년도 예산에 준하여 집행할 수 있다. 이 경우 전년도 예산에 준하여 집행된 예산은 해당 연도의 예산이 확정되면 그 확정된 예산에 의하여 집행된 것으로 본다.
1. 교직원 등의 인건비
2. 교육에 직접 사용되는 교육비
3. 유치원 시설의 유지관리비
4. 법령상 지급의무가 있는 경비
5. 이미 예산으로 확정된 경비

⑤ 원장은 회계연도마다 결산서를 작성하여 회계연도 종료 후 2개월 이내에 유치원운영위원회에 제출하여야 한다.

⑥ 유치원회계의 운영에 필요한 사항은 국립유치원의 경우에는 교육부령으로, 공립유치원의 경우에는 시·도의 교육규칙으로 정한다. 〈개정 2013.3.23.〉

[본조신설 2012.3.21.]

제3장 교직원

제20조(교직원의 구분) ① 유치원에는 교원으로 원장·원감·수석교사 및 교사를 두되, 대통령령으로 정하는 일정 규모 이하의 유치원에는 원감을 두지 아니할 수 있다. 〈개정 2010.3.24., 2011.7.25.〉

② 유치원에는 교원외에 촉탁의사, 영양사, 간호사 또는 간호조무사, 행정직원 등을 둘 수 있다.

③ 유치원에 두는 교원과 직원(이하 "교직원"이라 한다)의 정원·배치기준 등에 관하여 필요한 사항은 대통령령으로 정한다.

제21조(교직원의 임무) ① 원장은 원무를 총괄하고 소속교직원을 지도·감독하며 해당 유치원의 유아를 교육한다. 〈개정 2010.3.24.〉

② 원감은 원장을 보좌하여 원무를 관리하고 해당 유치원의 유아를 교육하며, 원장이 부득이한 사유로 직무를 수행할 수 없을 때에는 그 직무를 대행한다. 다만, 원감을 두지 아니하는 유치원은 원장이 미리 지명한 교사(수석교사를 포함한다)가 그 직무를 대행한다. 〈개정 2010.3.24., 2011.7.25.〉

③ 수석교사는 교사의 교수·연구활동을 지원하며, 유아를 교육한다. 〈신설 2011.7.25.〉

④ 교사는 법령에서 정하는 바에 따라 해당 유치원의 유아를 교육한다. 〈개정 2010.3.24.,

2011.7.25.〉
⑤ 행정직원 등 직원은 법령에서 정하는 바에 따라 유치원의 행정사무와 그 밖의 사무를 담당한다. 〈개정 2011.7.25., 2012.1.26.〉

제21조의2(유아의 인권 보장) ① 유치원의 설립자 · 경영자와 원장은 헌법과 국제인권조약에 명시된 유아의 인권을 보장하여야 한다.
② 교직원은 제21조에 따라 유아를 교육하거나 사무를 담당할 때에는 도구, 신체 등을 이용하여 유아의 신체에 고통을 가하여서는 아니 된다.
[본조신설 2016.5.29.]

제22조(교원의 자격) ① 원장 및 원감은 별표 1의 자격기준에 해당하는 사람으로서 대통령령으로 정하는 바에 따라 교육부장관이 검정 · 수여하는 자격증을 받은 사람이어야 한다. 〈개정 2008.2.29., 2010.3.24., 2013.3.23.〉
② 교사는 정교사(1급 · 2급) · 준교사로 나누되, 별표 2의 자격기준에 해당하는 사람으로서 대통령령으로 정하는 바에 따라 교육부장관이 검정 · 수여하는 자격증을 받은 사람이어야 한다. 〈개정 2008.2.29., 2010.3.24., 2013.3.23.〉
③ 수석교사는 제2항의 자격증을 소지한 사람으로서 15년 이상의 교육경력(「교육공무원법」 제2조제1항제2호 및 제3호에 따른 교육전문직원으로 근무한 경력을 포함한다)을 가지고 교수 · 연구에 우수한 자질과 능력을 가진 사람 중에서 대통령령으로 정하는 바에 따라 교육부장관이 정하는 연수 이수 결과를 바탕으로 검정 · 수여하는 자격증을 받은 사람이어야 한다. 〈신설 2011.7.25., 2013.3.23.〉
④ 삭제 〈2010.3.24.〉
⑤ 삭제 〈2010.3.24.〉

제23조(강사 등) ① 유치원에는 교육과정 운영에 필요한 경우 제20조제1항에 따른 교원외에 강사, 기간제 교사 또는 명예교사 등을 두어 유아교육을 담당하거나 보조하게 할 수 있다. 이 경우 국립 · 공립 유치원은 「교육공무원법」 제10조의3제1항 및 제10조의4를, 사립유치원은 「사립학교법」 제54조의3제4항 및 제5항을 각각 준용한다. 〈개정 2010.3.24., 2011.5.19., 2012.1.26.〉
② 제1항에 따라 유치원에 두는 강사 등의 종류 · 자격기준 및 임용 등에 필요한 사항은 대통령령으로 정한다. 〈개정 2010.3.24.〉

제4장 비용

제24조(무상교육) ① 초등학교 취학직전 3년의 유아교육은 무상(無償)으로 실시하되, 무상의

내용 및 범위는 대통령령으로 정한다. 〈개정 2012.3.21.〉

② 제1항에 따라 무상으로 실시하는 유아교육에 드는 비용은 국가 및 지방자치단체가 부담하되, 유아의 보호자에게 지원하는 것을 원칙으로 한다. 〈개정 2010.3.24.〉

③ 제2항에 따라 국가 및 지방자치단체가 부담하는 비용은 제4항의 표준유아교육비를 기준으로 교육부장관이 예산의 범위에서 관계 행정기관의 장과 협의하여 고시한다. 〈신설 2012.3.21., 2013.3.23.〉

④ 교육부장관은 제5조제1항에 따른 중앙유아교육위원회의 심의를 거쳐 표준유아교육비를 정한다. 〈신설 2012.3.21., 2013.3.23.〉

⑤ 제2항에 따른 지원방법, 제3항에 따른 비용 고시 및 제4항에 따른 표준유아교육비 산정 등에 관하여 필요한 사항은 교육부령으로 정한다. 〈개정 2012.3.21., 2013.3.23.〉

제25조(유치원 원비) ① 유치원의 설립·경영자는 교육부령으로 정하는 바에 따라 수업료 등의 교육비용과 그 밖의 납부금(이하 "유치원 원비"라 한다)을 받을 수 있다. 이 경우 다음 각 호의 기준에 따라 유치원 원비를 달리 정할 수 있다. 〈개정 2008.2.29., 2010.3.24., 2013.3.23., 2015.3.27.〉

1. 제12조제2항에 따른 유치원의 이용형태
2. 교육 대상인 유아가 「국민기초생활 보장법」에 따른 수급권자의 자녀인지 여부
3. 해당 지역이 저소득층 밀집지역 또는 농어촌지역 등 사회적 취약지역인지 여부

② 제1항제3호에 따른 사회적 취약지역의 결정기준은 대통령령으로 정한다. 〈개정 2015.3.27.〉

③ 각 유치원은 유치원 원비의 인상률이 직전 3개 연도 평균 소비자 물가상승률을 초과하게 하여서는 아니 된다. 〈신설 2015.3.27.〉

④ 제3항에도 불구하고 다음 각 호의 사항을 고려하여 교육부장관이 정하는 기준에 해당하는 국립유치원은 제5조제1항에 따른 중앙유아교육위원회의 심의를, 교육감이 정하는 기준에 해당하는 공·사립유치원은 같은 항에 따른 시·도 유아교육위원회의 심의를 각각 거쳐 직전 3개 연도 평균 소비자 물가상승률을 초과하여 유치원 원비를 받을 수 있다. 〈신설 2015.3.27.〉

1. 제24조제2항에 따라 국가 및 지방자치단체가 부담하는 비용
2. 제24조제4항에 따른 표준유아교육비

⑤ 그 밖에 유치원 원비 산정 및 징수방법 등에 필요한 사항은 교육부령으로 정한다. 〈신설 2015.3.27.〉

[제목개정 2015.3.27.]

제26조(비용의 부담 등) ① 삭제 〈2012.3.21.〉

② 삭제 〈2012.3.21.〉

③ 국가 및 지방자치단체는 대통령령으로 정하는 바에 따라 사립유치원의 설립 및 유치원 교사의 인건비 등 운영에 드는 경비의 전부 또는 일부를 보조한다. 〈개정 2010.3.24.〉

제26조의2 삭제 〈2012.3.21.〉

제26조의3 삭제 〈2012.3.21.〉

제26조의4 삭제 〈2012.3.21.〉

제26조의5 삭제 〈2012.3.21.〉

제27조(방과후 과정 운영 등에 대한 지원) 국가 및 지방자치단체는 방과후 과정을 운영하거나 제12조제3항에 따라 대통령령으로 정하는 수업일수를 초과하여 운영하는 유치원에 대하여는 대통령령으로 정하는 바에 따라 운영에 드는 경비를 보조할 수 있다. 〈개정 2010.3.24., 2012.3.21.〉

[제목개정 2012.3.21.]

제28조(보조금의 반환) ① 국가 및 지방자치단체는 사립유치원의 장이 다음 각 호의 어느 하나에 해당하는 경우에는 이미 지급한 보조금의 전부 또는 일부의 반환을 명할 수 있다. 〈개정 2010.3.24., 2012.3.21., 2015.3.27.〉

1. 유치원 목적외에 보조금을 사용한 경우
2. 거짓이나 그 밖의 부정한 방법으로 보조금을 지급받은 경우
3. 제22조에 따른 교원자격기준을 갖추지 아니한 사람을 교원으로 임용한 경우
4. 유치원 원비 인상률이 직전 3개 연도 평균 소비자 물가상승률을 초과한 경우

② 국가 및 지방자치단체는 유아의 보호자가 거짓이나 그 밖의 부정한 방법으로 제24조제2항에 따른 비용을 지원받은 경우에는 그 비용의 전부 또는 일부의 반환을 명할 수 있다. 〈신설 2012.3.21.〉

③ 제1항 및 제2항에 따라 보조금 등을 환수하는 경우에 반환할 자가 기한 내에 반환하지 아니한 때에는 국세 체납처분 또는 지방세 체납처분의 예에 따라 징수한다. 〈신설 2012.3.21.〉

제5장 보칙 및 벌칙

제28조의2(유치원 명칭의 사용금지) 이 법에 따른 유치원이 아니면 유치원 또는 이와 유사한 명칭을 사용하지 못한다.

[본조신설 2012.3.21.]

제29조(권한 등의 위임 및 위탁) ① 이 법에 따른 교육부장관의 권한은 대통령령으로 정하는 바에 따라 그 일부를 교육감에게 위임할 수 있다. 〈개정 2013.3.23.〉

② 이 법에 따른 교육부장관 및 교육감의 업무는 대통령령으로 정하는 바에 따라 그 일부를 보건복지부장관 또는 지방자치단체의 장에게 위탁할 수 있다. 〈개정 2013.3.23.〉

[전문개정 2010.3.24.]

제30조(시정 또는 변경 명령) ① 유치원의 지도 · 감독기관(국립유치원인 경우에는 교육부장관, 공립 · 사립 유치원인 경우에는 교육감을 말한다. 이하 "관할청"이라 한다)은 유치원이 시설 · 설비, 교육과정 운영, 유치원 원비 인상률 및 그 밖의 사항에 관하여 교육관계법령, 「도로교통법」 제53조, 제53조의2 및 제53조의3 또는 이에 따른 명령이나 유치원규칙을 위반한 경우에는 원장 또는 그 설립 · 경영자에게 기간을 정하여 그 시정 또는 변경을 명할 수 있다. 〈개정 2010.3.24., 2015.2.3., 2015.3.27., 2016.5.29.〉

② 관할청은 제1항에 따른 시정 또는 변경 명령을 받은 자가 정당한 사유없이 지정된 기간에 이를 이행하지 아니하면 대통령령으로 정하는 바에 따라 해당 유치원의 정원감축, 학급감축 또는 유아모집 정지나 해당 유치원에 대한 차등적인 재정지원 등의 조치를 할 수 있다. 〈개정 2010.3.24., 2015.3.27.〉

제31조(휴업 및 휴원 명령) ① 관할청은 재해 등의 긴급한 사유로 정상적인 교육이 불가능하다고 인정하는 경우에는 원장에게 휴업을 명할 수 있다.

② 제1항에 따른 명령을 받은 원장은 지체없이 휴업을 하여야 한다. 〈개정 2010.3.24.〉

③ 관할청은 원장이 제1항에 따른 명령에도 불구하고 휴업을 하지 아니하거나 특별히 긴급한 사유가 있는 경우에는 휴원처분을 할 수 있다. 〈개정 2010.3.24.〉

④ 제1항과 제2항에 따라 휴업된 유치원은 휴업기간중 해당 유치원에서 교육받는 유아의 등교와 교육이 정지되며, 제3항에 따라 휴원된 유치원은 휴원기간중 단순한 관리업무 외에 유치원의 모든 기능이 정지된다. 〈개정 2010.3.24.〉

제32조(유치원의 폐쇄 등) ① 관할청은 유치원이 다음 각 호의 어느 하나에 해당하여 정상적인 교육과정 운영이 불가능한 경우에는 1년 이내의 운영정지를 명하거나 폐쇄를 명할 수 있다. 〈개정 2010.3.24., 2016.5.29.〉

1. 원장 또는 설립 · 경영자가 고의 또는 중대한 과실로 이 법 또는 이 법에 따른 명령을 위반한 경우
2. 원장 또는 설립 · 경영자가 이 법 또는 그 밖의 교육관계법령에 따른 관할청의 명령을 3회 이상 위반한 경우

2의2. 원장 또는 설립 · 경영자가 「아동복지법」 제3조제7호에 따른 아동학대 행위를 한

경우

2의3. 교직원 등 원장 또는 설립 · 경영자의 관리 · 감독 하에 있는 자가 「아동복지법」 제3조제7호에 따른 아동학대 행위를 한 경우. 다만, 원장 또는 설립 · 경영자가 교직원 등의 아동학대 행위를 방지하기 위하여 상당한 주의와 감독을 게을리하지 아니한 경우는 제외한다.

3. 휴업기간을 제외하고 계속하여 3개월 이상 교육과정을 운영하지 아니한 경우

② 관할청은 제8조제2항에 따른 유치원 설립인가를 받지 아니하고 유치원 또는 이와 유사한 명칭을 사용하거나 유치원을 운영한 자에 대하여 그 시설의 폐쇄를 명할 수 있다. 〈개정 2010.3.24., 2012.3.21.〉

③ 관할청은 유치원이 「도로교통법」 제53조제3항을 위반하여 어린이통학버스(같은 법 제52조에 따른 어린이통학버스 신고를 하지 아니한 경우를 포함한다)에 보호자를 함께 태우지 아니한 채 어린이통학버스 운행 중 발생한 교통사고로 해당 어린이통학버스에 탑승(승하차를 포함한다)한 유아가 사망하거나 신체에 교육부령으로 정하는 중상해를 입은 경우 해당 유치원의 폐쇄를 명하거나 1년 이내의 운영정지를 명할 수 있다. 〈신설 2015.2.3.〉

[제목개정 2015.2.3.]

제33조(청문) 관할청은 제32조에 따라 유치원 또는 시설의 폐쇄나 운영정지를 명하려면 청문을 하여야 한다 〈개정 2010.3.24., 2016.5.29.〉

제34조(벌칙) ① 삭제 〈2012.3.21.〉

② 다음 각 호의 어느 하나에 해당하는 자는 3년 이하의 징역 또는 3천만원 이하의 벌금에 처한다. 〈개정 2010.3.24., 2012.3.21., 2016.5.29.〉

1. 제8조제2항에 따른 유치원 설립인가를 받지 아니하고 유치원을 운영한 자
2. 제8조제4항을 위반하여 폐쇄인가 또는 변경인가를 받지 아니한 자
3. 거짓이나 그 밖의 부정한 방법으로 제8조제2항 또는 제4항에 따른 유치원의 설립인가 · 폐쇄인가 또는 변경인가를 받은 자
4. 제17조의2제1항 또는 제3항을 위반하여 보호자의 동의 없이 제3자에게 유아 관련 자료를 제공하거나 제공받은 자료를 그 본래의 목적 외의 용도로 이용한 자

③ 다음 각 호의 어느 하나에 해당하는 자는 1년 이하의 징역 또는 1천만원 이하의 벌금에 처한다. 〈개정 2010.3.24., 2012.3.21., 2016.5.29.〉

1. 거짓이나 그 밖의 부정한 방법으로 제24조제2항에 따른 비용을 지원받거나 타인으로 하여금 지원을 받게 한 자
2. 제30조제1항에 따른 명령을 위반한 자

3. 제32조제1항에 따른 명령을 위반한 자

제35조(과태료) ① 제28조의2를 위반하여 유치원 또는 이와 유사한 명칭을 사용한 자에게는 500만원 이하의 과태료를 부과한다.

② 제17조제1항에 따른 건강검진을 실시하지 아니하거나 제17조의3에 따른 응급조치의무를 이행하지 아니한 자에게는 300만원 이하의 과태료를 부과한다. 〈신설 2013.5.22.〉

③ 제1항 및 제2항에 따른 과태료는 대통령령으로 정하는 바에 따라 관할청이 부과 · 징수한다. 〈개정 2013.5.22.〉

[본조신설 2012.3.21.]

부칙 〈제14602호, 2017.3.21.〉

이 법은 공포 후 3개월이 경과한 날부터 시행한다.

[별표 1] 〈개정 2013.3.23〉

<u>원장 · 원감자격기준</u>(제22조제1항관련)

자격 종별	자격기준
원장	1. 유치원의 원감자격증을 가지고 3년 이상의 교육경력과 소정의 재교육을 받은 자 2. 학식 · 덕망이 높은 자로서 대통령령이 정하는 기준에 해당한다고 교육부장관의 인정을 받은 자
원감	1. 유치원 정교사(1급)자격증을 가지고 3년 이상의 교육경력과 소 정의 재교육을 받은 자 2. 유치원 정교사(2급)자격증을 가지고 6년 이상의 교육경력과 소 정의 재교육을 받은 자
비고 : 1. 원장 · 원감, 초 · 중등교육법의 규정에 의한 교장 · 교감, 교육장 · 장학관 · 장학사 · 교육연구관 · 교육연구사의 경력연수는 교육경력연 수로 볼 수 있다.	

[별표 2] 〈개정 2013.3.23〉

교사자격기준(제22조제2항관련)

자격 급별	자격기준
정교사 (1급)	1. 유치원 정교사(2급)자격증을 가진 자로서 3년 이상의 교육경력 을 가지고 소정의 재교육을 받은 자 2. 유치원 정교사(2급)자격증을 가지고 교육대학원 또는 교육부장관이 지정하는 대학원의 교육과에서 유치원 교육과정을 전공하여 석사학위를 받은 자로서 1년 이상의 교육경력이 있는 자
정교사 (2급)	1. 대학에 설치하는 유아교육과 졸업자 2. 대학(전문대학 및 이와 동등 이상의 각종 학교와 「평생교육법」 제31조 제4항에 따른 전문대학학력인정 평생교육시설을 포함한다)졸업 자로서 재학중 소정의 보육과 교직학점을 취득한 자 3. 교육대학원 또는 교육부장관이 지정하는 대학원의 교육과에서 유치원 교육과정을 전공하고 석사학위를 받은 자 4. 유치원 준교사자격증을 가진 자로서 2년 이상의 교육경력을 가 지고 소정의 재교육을 받은 자
준교사	1. 유치원 준교사 자격검정에 합격한 자
비고 1. 원장 · 원감, 초 · 중등교육법의 규정에 의한 교장 · 교감, 교육장 · 장학관 · 장학사 · 교육연구관 · 교육연구사의 경력연수는 교육경력연수로 볼 수 있다. 2. 이 표중 전문대학에는 종전의 초급대학 · 전문학교 및 실업고등전문학교를 포함한다.	

2. 누리교육과정

교육부 고시 제 2015 - 61호

유아교육법 제13조 제2항에 의거하여 유치원 교육과정을 다음과 같이 고시합니다.

2015년 2월 24일
교육부장관

부 칙

1. 이 교육과정은 2015년 3월 1일부터 시행합니다.
2. 교육과학기술부 고시 제 2012 16호 유치원 교육과정(2012.7.10.)은 2015년 2월 28일로 폐지합니다.

제1장
누리과정의 총론

Ⅰ. 구성 방향

누리과정의 구성 방향은 다음과 같다.

1. 질서, 배려, 협력 등 기본생활습관과 바른 인성을 기르는 데 중점을 두어 구성한다.
2. 자율성과 창의성을 기르는 데 중점을 두고, 전인발달을 이루도록 구성한다.
3. 사람과 자연을 존중하고, 우리 문화를 이해하는 데 중점을 두어 구성한다.
4. 만 3~5세아의 발달 특성을 고려하여 연령별로 구성한다.
5. 신체운동 · 건강, 의사소통, 사회관계, 예술경험, 자연탐구의 5개 영역을 중심으로 구성한다.
6. 초등학교 교육과정과 0~2세 표준보육과정과의 연계성을 고려하여 구성한다.

Ⅱ. 목적과 목표

1. 목적

누리과정은 만 3~5세 유아의 심신의 건강과 조화로운 발달을 도와 민주시민의 기초를 형성하는 것을 목적으로 한다.

2. 목표

가. 기본 운동 능력과 건강하고 안전한 생활 습관을 기른다.
나. 일상생활에 필요한 의사소통 능력과 바른 언어 사용 습관을 기른다.
다. 자신을 존중하고 다른 사람과 더불어 생활하는 능력과 태도를 기른다.
라. 아름다움에 관심을 가지고 예술 경험을 즐기며, 창의적으로 표현하는 능력을 기른다
마. 호기심을 가지고 주변세계를 탐구하며, 일상생활에서 수학적 · 과학적으로 생각하는 능력과 태도를 기른다.

Ⅲ. 편성과 운영

1. 편성

가. 1일 4~5시간을 기준으로 편성한다.

나. 5개 영역의 내용을 균형 있게 통합적으로 편성한다.
다. 유아의 발달 특성 및 경험을 고려하여 놀이를 중심으로 편성한다.
라. 반(학급) 특성에 따라 융통성 있게 편성한다.
마. 성별, 종교, 신체적 특성, 가족 및 민족 배경 등으로 인한 편견이 없도록 편성한다.
바. 일과 운영 시간에 따라 심화 확장할 수 있도록 편성한다.

2. 운영

가. 연간, 월간, 주간, 일일 계획에 의거하여 운영한다.
나. 실내·외 환경을 다양한 흥미 영역으로 구성하여 운영한다.
다. 유아의 능력과 장애정도에 따라 조정하여 운영한다.
라. 부모와 각 기관의 실정에 따라 부모교육을 실시한다.
마. 가정과 지역사회와의 협력과 참여에 기반하여 운영한다.
바. 교사 재교육을 통해서 누리과정 활동이 개선되도록 운영한다.

3. 교수·학습 방법

가. 놀이를 중심으로 교수·학습활동이 이루어지도록 한다.
나. 유아의 흥미를 중심으로 활동을 선택하고 지속할 수 있도록 한다.
다. 유아의 생활 속 경험을 소재로 하여 지식, 기능, 태도 및 가치를 습득하도록 한다.
라. 유아와 교사, 유아와 유아, 유아와 환경 간에 능동적인 상호작용이 이루어지도록 한다.
마. 주제를 중심으로 여러 활동이 통합적으로 이루어지도록 한다.
바. 실내·실외활동, 정적·동적활동, 대·소집단활동 및 개별활동, 휴식 등이 균형 있게 이루어지도록 한다.
사. 유아의 관심과 흥미, 발달이나 환경 특성 등을 고려하여 개별 유아에게 적합한 방식으로 학습하도록 한다.

4. 평가

가. 누리과정 운영 평가

(1) 운영 내용이 누리과정의 목표와 내용에 근거하여 편성·운영되었는지 평가한다.

(2) 운영 내용 및 활동이 유아의 발달수준과 흥미 · 요구에 적합한지를 평가한다.
(3) 교수 · 학습 방법이 유아의 흥미와 활동의 특성에 적합한지를 평가한다.
(4) 운영 환경이 유아의 발달특성과 활동의 주제, 내용 및 효율성 등을 고려하여 구성되었는지를 평가한다.
(5) 계획안 분석, 수업 참관 및 모니터링, 평가척도 등 다양한 방법을 활용하여 평가한다.
(6) 운영 평가의 결과를 반영하여 운영계획을 수정 · 보완하거나 이후 누리과정 편성 · 운영에 활용한다.

나. 유아 평가

(1) 누리과정 목표와 내용에 근거하여 유아의 특성과 변화 정도를 평가한다.
(2) 유아의 지식, 기능, 태도를 포함하여 평가한다.
(3) 유아의 일상생활과 누리과정 활동 전반에 걸쳐 평가한다.
(4) 관찰, 활동 결과물 분석, 부모면담 등 다양한 방법을 사용하여 종합적으로 평가하고, 그 결과를 기록한다.
(5) 유아평가 결과는 유아에 대한 이해와 누리과정 운영 개선 및 부모 면담 자료로 활용할 수 있다.

제2장
연령별 누리과정

제1절 3-5세 누리과정의 영역별 목표

Ⅰ. 신체운동 · 건강

기본 운동 능력과 건강하고 안전한 생활 습관을 기른다.

1. 감각 능력을 기르고, 자신의 신체를 긍정적으로 인식한다.
2. 신체를 조절하고 기본 운동 능력을 기른다.
3. 신체 활동에 즐겁게 참여한다.
4. 건강한 생활 습관을 기른다.
5. 안전한 생활 습관을 기른다.

Ⅱ. 의사소통

일상생활에 필요한 의사소통 능력과 바른 언어 사용 습관을 기른다.

1. 다른 사람의 말을 주의 깊게 듣는 태도와 이해하는 능력을 기른다.
2. 자신의 생각과 느낌을 말하는 능력을 기른다.
3. 글자와 책에 친숙해지는 경험을 통하여 글자 모양을 인식하고 읽기에 흥미를 가진다.
4. 말과 글의 관계를 알고 자신의 생각, 느낌, 경험을 글로 표현하는 데 관심을 가진다.

Ⅲ. 사회관계

자신을 존중하고 다른 사람과 더불어 생활하는 능력과 태도를 기른다.

1. 자신을 소중히 여기며 자율성을 기른다.
2. 자신과 타인의 감정을 알고, 자신의 감정을 적절하게 표현하고 조절한다.
3. 가족과 화목하게 지내며 서로 협력한다.
4. 친구, 공동체 구성원들과 서로 돕고, 예의·규칙 등 사회적 가치를 알고 지킨다.

5. 우리 동네, 우리나라, 다른 나라에 관심을 가진다.

Ⅳ. 예술경험

아름다움에 관심을 가지고 예술 경험을 즐기며, 창의적으로 표현하는 능력을 기른다.

1. 자연과 주변 환경에서 발견한 아름다움과 예술적 요소에 관심을 갖고 탐색한다.
2. 자신의 생각과 느낌을 음악, 움직임과 춤, 미술, 극놀이를 통해 창의적으로 표현하는 것을 즐긴다.
3. 자연과 다양한 예술 작품을 감상하며, 풍부한 감성과 심미적 태도를 기른다.

Ⅴ. 자연탐구

호기심을 가지고 주변세계를 탐구하며, 일상생활에서 수학적·과학적으로 생각하는 능력과 태도를 기른다.

1. 주변의 사물과 자연 세계에 대해 알고자 하는 호기심을 가지고 탐구하는 태도를 기른다.
2. 생활 속의 여러 상황과 문제를 논리·수학적으로 이해하고 해결하기 위한 기초 능력을 기른다.
3. 주변의 관심 있는 사물과 생명체 및 자연현상을 탐구하기 위한 기초능력을 기른다.

제2절 3-5세 누리과정의 영역별 내용

Ⅰ. 3세 누리과정

1. 신체운동 · 건강 내용체계

내용 범주	내용
신체인식하기	감각능력 기르고 활용하기
	신체를 인식하고 움직이기
신체 조절과 기본 운동하기	신체 조절하기
	기본 운동하기
신체 활동에 참여하기	자발적으로 신체 활동에 참여하기
	바깥에서 신체 활동하기
	기구를 이용하여 신체 활동하기
건강하게 생활하기	몸과 주변을 깨끗이하기
	바른 식생활하기
	건강한 일상생활하기
	질병 예방하기
안전하게 생활하기	안전하게 놀이하기
	교통안전 규칙 지키기
	비상 시 적절히 대처하기

2. 의사소통 내용체계

내용 범주	내용
듣기	낱말과 문장 듣고 이해하기
	이야기 듣고 이해하기
	동요, 동시, 동화 듣고 이해하기
	바른 태도로 듣기
말하기	낱말과 문장으로 말하기
	느낌, 생각, 경험 말하기
	상황에 맞게 바른 태도로 말하기
읽기	읽기에 흥미 가지기
	책 읽기에 관심 가지기
쓰기	쓰기에 관심 가지기

3. 사회관계 내용체계

내용 범주	내용
나를 알고 존중하기	나를 알고, 소중히 여기기
	나의 일 스스로 하기
나와 다른 사람의 감정 알고 조절하기	나와 다른 사람의 감정 알고 표현하기
	나의 감정 조절하기
가족을 소중히 여기기	가족과 화목하게 지내기
	가족과 협력하기
다른 사람과 더불어 생활하기	친구와 사이좋게 지내기
	공동체에서 화목하게 지내기
	사회적 가치를 알고 지키기
사회에 관심 갖기	지역사회에 관심 갖고 이해하기
	우리나라에 관심 갖고 이해하기

4. 예술경험 내용체계

내용 범주	내용
아름다움 찾아보기	음악적 요소 탐색하기
	움직임과 춤 요소 탐색하기
	미술적 요소 탐색하기
예술적 표현하기	음악으로 표현하기
	움직임과 춤으로 표현하기
	미술 활동으로 표현하기
	극놀이로 표현하기
	통합적으로 표현하기
예술 감상하기	다양한 예술 감상하기
	전통예술 감상하기

5. 자연탐구 내용체계

내용 범주	내용
탐구하는 태도 기르기	호기심을 유지하고 확장하기
	탐구과정 즐기기
수학적 탐구하기	수와 연산의 기초개념 알아보기
	공간과 도형의 기초개념 알아보기
	기초적인 측정하기
	규칙성 이해하기
	기초적인 자료 수집과 결과 나타내기
과학적 탐구하기	물체와 물질 알아보기
	생명체와 자연환경 알아보기
	자연현상 알아보기
	간단한 도구와 기계 활용하기

Ⅱ. 4세 누리과정

1. 신체운동 · 건강 내용체계

내용 범주	내용
신체인식하기	감각능력 기르고 활용하기
	신체를 인식하고 움직이기
신체 조절과 기본 운동하기	신체 조절하기
	기본 운동하기
신체 활동에 참여하기	자발적으로 신체 활동에 참여하기
	바깥에서 신체 활동하기
	기구를 이용하여 신체 활동하기
건강하게 생활하기	몸과 주변을 깨끗이하기
	바른 식생활하기
	건강한 일상생활하기
	질병 예방하기
안전하게 생활하기	안전하게 놀이하기
	교통안전 규칙 지키기
	비상 시 적절히 대처하기

2. 의사소통 내용체계

내용 범주	내용
듣기	낱말과 문장 듣고 이해하기
	이야기 듣고 이해하기
	동요, 동시, 동화 듣고 이해하기
	바른 태도로 듣기
말하기	낱말과 문장으로 말하기
	느낌, 생각, 경험 말하기
	상황에 맞게 바른 태도로 말하기
읽기	읽기에 흥미 가지기
	책 읽기에 관심 가지기
쓰기	쓰기에 관심 가지기
	쓰기 도구 사용하기

3. 사회관계 내용체계

내용 범주	내용
나를 알고 존중하기	나를 알고, 소중히 여기기
	나의 일 스스로 하기
나와 다른 사람의 감정 알고 조절하기	나와 다른 사람의 감정 알고 표현하기
	나의 감정 조절하기
가족을 소중히 여기기	가족과 화목하게 지내기
	가족과 협력하기
다른 사람과 더불어 생활하기	친구와 사이좋게 지내기
	공동체에서 화목하게 지내기
	사회적 가치를 알고 지키기
사회에 관심 갖기	지역사회에 관심 갖고 이해하기
	우리나라에 관심 갖고 이해하기
	세계와 여러 문화에 관심 가지기

4. 예술경험 내용체계

내용 범주	내용
아름다움 찾아보기	음악적 요소 탐색하기
	움직임과 춤 요소 탐색하기
	미술적 요소 탐색하기
예술적 표현하기	음악으로 표현하기
	움직임과 춤으로 표현하기
	미술 활동으로 표현하기
	극놀이로 표현하기
	통합적으로 표현하기
예술 감상하기	다양한 예술 감상하기
	전통예술 감상하기

5. 자연탐구 내용체계

내용 범주	내용
탐구하는 태도 기르기	호기심을 유지하고 확장하기
	탐구과정 즐기기
	탐구기술 활용하기
수학적 탐구하기	수와 연산의 기초개념 알아보기
	공간과 도형의 기초개념 알아보기
	기초적인 측정하기
	규칙성 이해하기
	기초적인 자료 수집과 결과 나타내기
과학적 탐구하기	물체와 물질 알아보기
	생명체와 자연환경 알아보기
	자연현상 알아보기
	간단한 도구와 기계 활용하기

Ⅲ. 5세 누리과정

1. 신체운동 · 건강 내용체계

내용 범주	내용
신체인식하기	감각능력 기르고 활용하기
	신체를 인식하고 움직이기
신체 조절과 기본 운동하기	신체 조절하기
	기본 운동하기
신체 활동에 참여하기	자발적으로 신체 활동에 참여하기
	바깥에서 신체 활동하기
	기구를 이용하여 신체 활동하기
건강하게 생활하기	몸과 주변을 깨끗이하기
	바른 식생활하기
	건강한 일상생활하기
	질병 예방하기
안전하게 생활하기	안전하게 놀이하기
	교통안전 규칙 지키기
	비상 시 적절히 대처하기

2. 의사소통 내용체계

내용 범주	내용
듣기	낱말과 문장 듣고 이해하기
	이야기 듣고 이해하기
	동요, 동시, 동화 듣고 이해하기
	바른 태도로 듣기
말하기	낱말과 문장으로 말하기
	느낌, 생각, 경험 말하기
	상황에 맞게 바른 태도로 말하기
읽기	읽기에 흥미 가지기
	책 읽기에 관심 가지기
쓰기	쓰기에 관심 가지기
	쓰기 도구 사용하기

3. 사회관계 내용체계

내용 범주	내용
나를 알고 존중하기	나를 알고, 소중히 여기기
	나의 일 스스로 하기
나와 다른 사람의 감정 알고 조절하기	나와 다른 사람의 감정 알고 표현하기
	나의 감정 조절하기
가족을 소중히 여기기	가족과 화목하게 지내기
	가족과 협력하기
다른 사람과 더불어 생활하기	친구와 사이좋게 지내기
	공동체에서 화목하게 지내기
	사회적 가치를 알고 지키기
사회에 관심 갖기	지역사회에 관심 갖고 이해하기
	우리나라에 관심 갖고 이해하기
	세계와 여러 문화에 관심 가지기

4. 예술경험 내용체계

내용 범주	내용
아름다움 찾아보기	음악적 요소 탐색하기
	움직임과 춤 요소 탐색하기
	미술적 요소 탐색하기
예술적 표현하기	음악으로 표현하기
	움직임과 춤으로 표현하기
	미술 활동으로 표현하기
	극놀이로 표현하기
	통합적으로 표현하기
예술 감상하기	다양한 예술 감상하기
	전통예술 감상하기

5. 자연탐구 내용체계

내용 범주	내용
탐구하는 태도 기르기	호기심을 유지하고 확장하기
	탐구과정 즐기기
	탐구기술 활용하기
수학적 탐구하기	수와 연산의 기초개념 알아보기
	공간과 도형의 기초개념 알아보기
	기초적인 측정하기
	규칙성 이해하기
	기초적인 자료 수집과 결과 나타내기
과학적 탐구하기	물체와 물질 알아보기
	생명체와 자연환경 알아보기
	자연현상 알아보기
	간단한 도구와 기계 활용하기

3. 유엔 아동권리협약

(CRC: Convention on the Rights of the Child)

1989년 11월 20일 유엔총회에서 채택

서 론

이 협약의 당사국은,
유엔헌장에 선언된 원칙에 따라, 인류사회의 모든 구성원의 고유한 존엄성 및 평등하고 양도할 수 없는 권리를 인정하는 것이 세계의 자유, 정의 및 평화의 기초가됨을 고려하고,

유엔체제 하의 모든 국민들은 기본적인 인권과 인간의 존엄성 및 가치에 대한 신념을 유엔헌상에서 재확인하였고, 확대된 자유 속에서 사회발전과 생활수준의 향상을 촉진하기로 결의하였음에 유념하며,

유엔은 세계인권선언과 국제인권협약을 통해 모든 사람은 인종, 피부색, 성별, 언어, 종교, 정치적 또는 기타의 의견, 민족적 또는 사회적 출신, 재산, 출생 또는 기타의 신분 등 어떠한 종류 구분에 의한 차별 없이 동 선언 및 협약에 규정된 모든 권리와 자유를 향유할 자격이 있음을 선언하고 동의하였음을 인정하고,

유엔은 세계인권선언을 통해 모든 사람은 유년기에 특별한 보호와 도움을 받을 권리가 있다고 선언하였음을 상기하며,

가족은 사회의 기초집단이며 모든 구성원 특히 아동의 성장과 복지를 위한 자연적 환경으로서 공동체 내에서 그 책임을 충분히 감당할 수 있도록 필요한 보호와 지원이 부여되어야 함을 확신하며,

아동은, 완전하고 조화로운 인격 발달을 위하여, 가족적 환경과 행복, 사랑 및 이해의 분위기 속에서 성장하여야 함을 인정하고,

아동은 사회에서 한 개인으로서의 삶을 영위할 수 있도록 충분히 준비되어져야 하며, 유엔헌장을 통해 선언한 이상주의 정신과 특히 평화, 존엄, 관용, 자유, 평등, 연대의 정신 속에서

양육되어야 함을 고려하고,

아동에게 각별한 보호를 제공하여야 할 필요성은 1924년 아동권리에 관한 제네바 선언과 1959년 11월 20일 유엔총회에 의하여 채택된 아동권리선언에 명시되어 있으며, 세계인권선언, 시민적 · 정치적 권리에 관한 국제협약(특히 제23조와 제24조), 경제적 · 사회적 · 문화적 권리에 관한 국제협약(특히 제10조) 및 아동의 복지와 관련된 전문기구와 국제기구의 규정 및 관련문서에서 인정되었음을 유념하고,

아동권리선언문에 나타나 있는 바와 같이, "아동은 신체적, 정신적 미성숙으로 인하여 출생 전후를 막론하고 적절한 법적 보호를 포함한 특별한 보호와 배려를 필요로 한다"는 점에 유념하고,

"국내외 양육위탁과 입양을 별도로 규정하는 아동의 보호와 복지에 관한 사회적·법적 원칙에 관한 선언"의 제규정, "소년법 집행을 위한 유엔 최소표준규정"(베이징 규정) 및 "비상시 · 무력충돌시 부녀자와 아동의 보호에 관한 선언"을 상기하고, 세계 모든 국가에 예외적으로 어려운 여건 하에 생활하고 있는 아동들이 있으며, 이 아동들은 특별한 배려를 필요로 함을 인정하고, 아동의 보호와 조화로운 발전을 위하여 각 민족의 전통과 문화적 가치의 중요성을 충분히 고려하고, 모든 국가, 특히 개발도상국가 아동의 생활여건을 향상시키기 위한 국제협력의 중요성을 인정하면서, 다음과 같이 합의하였다.

제 1 부

제 1 조

이 협약의 목적상, 아동이라 함은 해당 아동법규에 의하여 미리 성년에 달하지 아니하는 한, 18세 미만의 모든 사람을 의미한다.

제 2 조

1. 당사국은 자국의 관할권 내에서 아동 또는 그의 부모나 법정 후견인의 인종, 피부색, 성별, 언어, 종교, 정치적 또는 기타의 의견, 민족적, 인종적 또는 사회적 출신, 재산, 장애, 출생 또는 기타의 신분에 관계없이 그리고 어떠한 종류의 차별이 없이 이 협약에 규정된 권리를 존중하고, 각 아동에게 보장하여야 한다.
2. 당사국은 아동이 그의 부모나 법정 후견인 또는 가족 구성원의 신분, 활동, 표명된 의견을 이유로 받게 되는 모든 형태의 차별이나 처벌로부터 보호되도록 보장하는 모든 적절한 조치를 취하여야 한다.

제 3 조

1. 공공 또는 민간 사회복지기관, 법원, 행정당국, 또는 입법기관 등에 의하여 실시되는 아동에 관한 모든 활동에 있어서 아동의 최상의 이익이 최우선적으로 고려되어야 한다.
2. 당사국은, 아동의 부모, 법정 후견인, 또는 여타 아동에 대하여 법적 책임이 있는 자의 권리와 의무를 고려하여, 아동복지에 필요한 보호와 배려를 아동에게 보장하고, 이를 위하여 모든 적절한 입법적, 행정적 조치를 취하여야 한다.
3. 당사국은 아동을 보살피고 보호하기 위한 책임을 지고 있는 기관과 시설에서 관계 당국이 설정한 기준 — 특히 안전, 건강, 직원의 숫자, 직원의 적격성 및 충분한 감독 — 을 지켜 나가도록 조치를 취해야 한다.

제 4 조

당사국은 이 협약에서 인정된 권리를 실현하기 위한 모든 적절한 입법적, 행정적 및 여타의 조치를 취하여야 한다. 경제적 · 사회적 · 문화적 권리에 관하여 당사국은, 가용자원의 최대한도까지 그리고 필요한 경우에는 국제협력의 테두리 내에서, 이러한 조치를 취하여야 한다.

제 5 조

아동이 이 협약에서 인정된 권리를 행사함에 있어서, 당사국은 부모 또는, 적용 가능한 경우, 현지 관습에 의하여 인정되는 확대가족이나 공동체의 구성원, 법정 후견인 또는 기타 아동에 대한 법적 책임자들이 아동의 능력발달에 상응하는 방법으로 적절한 감독과 지도를 행할 책임과 권리 및 의무를 가지고 있음을 존중하여야 한다.

제 6 조

1. 당사국은 모든 아동이 고유의 생명권을 가지고 있음을 인정한다.
2. 당사국은 가능한 최대한도로 아동의 생존과 발달을 보장하여야 한다.

제 7 조

1. 아동은 출생 후 즉시 등록되어야 하며, 출생 시부터 성명권과 국적 취득권을 가지며, 가능한 한 자신의 부모를 알고 부모에 의하여 양육 받을 권리를 가진다.
2. 당사국은 이 분야의 국내법 및 관련국제문서상의 의무에 따라 이러한 권리가 실행되도록 보장하여야 하며, 권리가 실행되지 아니하여 아동이 무국적으로 되는 경우에는 특히 그러하다.

제 8 조

1. 당사국은 법률에 의해 인정되는 아동의 국적, 성명 및 가족관계를 포함하여 아동의 정체성을 유지할 권리를 존중하되 이를 불법적으로 방해하지 않는다.
2. 아동이 그의 신분요소 중 일부 또는 전부를 불법적으로 박탈당한 경우, 당사국은 그의 신분을 신속하게 회복하기 위하여 적절한 지원과 보호를 제공하여야 한다.

제 9 조

1. 당사국은, 사법적 심사의 구속을 받는 관계당국이 해당 법률 및 절차에 따라서 부모와의 이별이 아동의 최상의 이익을 위하여 필요하다고 결정하는 경우 이외에는, 아동이 그의 의사에 반하여 부모로부터 헤어지지 아니하도록 보장하여야 한다. 위의 결정은 부모에 의한 아동 학대 또는 유기의 경우나 부모의 별거로 인하여 아동의 거처에 관한 결정이 내려져야 하는 등 특별한 경우에 필요할 수 있다.
2. 제1항에 따른 모든 절차와 관련하여 모든 이해당사자는 그 절차에 참가하여 자신의 견해를 표시할 기회가 부여되어야 한다.
3. 당사국은 아동의 최상의 이익에 반하는 경우 이외에는 한쪽 부모 혹은 양쪽 부모로부터 헤어진 아동이 정기적으로 부모와 개인적 관계를 유지하고 직접적인 면접교섭을 유지할 권리를 가짐을 존중하여야 한다.
4. 부모와의 이별이 국가에 의한 한쪽 부모 혹은 양부모의 감금, 투옥, 망명, 강제퇴거 또는 사망(국가가 억류하고 있는 동안 발생한 모든 원인에 기인한 사망을 포함하여) 때문인 경우에는, 당사국은 그 정보의 제공이 아동의 복지에 해롭지 아니하는 한, 부모 · 아동 또는 적절한 경우 여타 가족구성원에게 부재중인 가족 구성원의 소재에 관해 본질적인 정보를 제공하여야 한다. 또한 당사국은 그러한 정보의 제공이 관련자에게 불리한 결과를 초래하지 아니하도록 조치를 취해야 한다.

제 10 조

1. 제9조 1항에 규정된 당사국의 의무에 따라서, 가족의 재결합을 위하여 아동 또는 그 부모가 당사국에 입국하거나 출국하기 위한 신청은 당사국에 의하여 긍정적이며 인도적인 방법으로 그리고 신속하게 취급되어야 한다. 또한 당사국은 이러한 신청에 대한 처리로 인해 신청자와 그의 가족 구성원들에게 불리한 결과를 초래하지 아니하도록 조치를 취해야 한다.
2. 부모가 타국에 거주하는 아동은 예외적 상황 이외에는 정기적으로 부모와 개인적 관계 및 직접적인 면접교섭을 유지할 권리를 갖는다. 이러한 목적에 비추어 그리고 제9조

제1항에 규정된 당사국의 의무에 따라서 당사국은 아동과 그의 부모가 본국을 포함하여 어떠한 국가로부터 출국할 수 있고 또한 본국으로 입국할 수 있는 권리를 존중하여야 한다. 어떠한 국가로부터 출국할 수 있는 권리는 국가안보, 공공질서, 공중보건, 타인의 권리와 자유를 보호하기 위해 필요하기 때문에 법으로 출국을 금하고 있는 경우가 아닌 경우에만 제약을 받으며, 이 협약이 인정하고 있는 다른 권리와 일치한다.

제 11 조

1. 당사국은 아동의 불법 해외이송 및 미(未)귀환을 금지하기 위한 조치를 취하여야 한다.
2. 이 목적을 위해 당사국은 해당 국가와 양자 또는 다자 협정의 체결이나 기존협정에의 가입을 위해 노력해야 한다.

제 12 조

1. 당사국은 자신의 견해를 형성할 능력이 있는 아동에 대하여 본인에게 영향을 미치는 모든 문제에 있어서 자신의 견해를 자유스럽게 표시할 권리를 보장하며, 아동의 견해에 대하여는 아동의 연령과 성숙 정도에 따라 정당한 비중이 부여되어야 한다.
2. 이러한 목적을 위하여, 특히 아동에게 영향을 미치는 어떠한 사법적, 행정적 절차에 있어 아동이 직접 또는 대리인이나 적절한 기관을 통하여 진술할 기회가 국내법의 절차에 따라 주어져야 한다.

제 13 조

1. 아동은 표현의 자유를 갖는다. 이 권리는 구두, 필기 또는 인쇄, 예술의 형태 또는 아동이 선택하는 기타의 매체를 통하여 모든 종류의 정보와 사상을 국경에 관계없이 추구하고 접수하며 전달하는 자유를 포함한다.
2. 이 권리의 행사는 일정한 제한을 받을 수 있다. 다만 이 제한은 오직 법률에 의하여 규정되고 다음 경우에 해당된다.

가 : 타인의 권리 혹은 명예를 존중해야 하는 경우

나 : 국가안보, 공공질서, 공중보건 또는 윤리상 필요한 경우

제 14 조

1. 당사국은 아동의 사상, 양심 및 종교의 자유에 대한 권리를 존중하여야 한다.
2. 당사국은 아동의 능력발달에 맞게 권리를 행사할 수 있도록 지도할 수 있는 부모 혹은 법적 후견인의 권리와 의무를 존중해야 한다.

3. 종교와 신념을 표현하는 자유는 오직 법률에 의하여 규정되고 공공의 안정, 질서, 보건, 윤리 또는 타인의 기본권적 권리와 자유를 보호하기 위하여 필요한 경우에만 제한될 수 있다.

제 15 조

1. 당사국은 아동에게 결사의 자유와 평화적 집회의 자유에 대한 권리가 있음을 인정한다.
2. 이 권리의 행사에 대하여는 법률에 따라 부과되고 국가안보 또는 공공의 안전, 공공질서, 공중보건, 윤리, 보호 또는 타인의 권리와 자유의 보호를 위하여 민주사회에서 필요한 것 이외의 어떠한 제한도 과하여져서는 안 된다.

제 16 조

1. 어떠한 아동도 사생활, 가족, 가정 또는 서신 왕래에 대하여 독단적이거나 불법적인 간섭을 받지 아니하며 또한 명예나 신망에 대한 불법적인 공격을 받지 아니한다.
2. 아동은 이러한 간섭 또는 비난으로부터 법률의 보호를 받을 권리를 갖는다.

제 17 조

당사국은 대중매체가 수행하는 중요한 기능을 인정하며, 아동이 국내외의 다양한 소식통으로부터 정보와 자료, 특히 아동의 사회적 · 정신적 · 윤리적 복지와 신체적 · 정신적 건강의 향상을 목적으로 하는 정보와 자료를 접할 수 있도록 해야 한다. 이 목적을 위하여 당사국은,

가. 대중매체가 아동에게 사회적, 문화적으로 유익하고 제29조의 정신에 부합되는 정보와 자료를 보급하도록 장려하여야 한다.

나. 다양한 문화와 국내외의 소식통에 의한 정보와 자료의 제작, 교환 및 보급을 위한 국제협력을 장려하여야 한다.

다. 아동도서의 보급과 제작을 장려하여야 한다.

라. 대중매체로 하여금 소수집단의 아동 혹은 원주민 아동이 언어상 겪는 곤란에 특별한 관심을 기울이도록 장려하여야 한다.

마. 제13조와 제18조의 규정을 유념하며 아동 복지에 해로운 정보와 자료로부터 아동을 보호하기 위한 적절한 지침을 개발하도록 권장해야 한다.

제 18 조

1. 당사국은 양부모 즉, 아버지와 어머니가 아동의 양육과 발전에 공동책임을 진다는 원칙이 인정받을 수 있도록 최선의 노력을 기울여야 한다. 부모 또는 경우에 따라서 법정 후견인

은 아동의 양육과 발전에 일차적 책임을 진다. 아동의 최상의 이익이 그들의 기본적 관심이 된다.

2. 이 협약에 규정된 권리를 보장하고 촉진시키기 위하여, 당사국은 아동의 양육책임 이행에 있어서 부모와 법정 후견인에게 적절한 지원을 제공하여야 하며, 아동보호를 위한 기관, 시설 및 편의의 개발을 보장하여야 한다.
3. 당사국은 취업부모의 아동들이 이용할 수 있는 아동보호를 위한 편의 및 시설사용에 대한 권리가 있음을 보장하기 위하여 모든 적절한 조치를 취하여야 한다.

제 19 조

1. 당사국은 아동이 부모, 법정 후견인 또는 기타 아동양육자의 양육을 받고 있는 동안 모든 형태의 신체적 · 정신적 폭력, 상해, 학대, 유기, 방임적 대우, 성적 학대를 포함한 혹사나 착취로부터 아동을 보호하기 위하여 모든 적절한 입법적 · 행정적 · 사회적 · 교육적 조치를 취하여야 한다.
2. 이러한 보호조치는 아동과 아동 양육자에게 필요한 지원을 제공하기 위한 사회계획의 수립은 물론, 상기된 바와 같은 아동학대 사례를 여러 방법으로 방지하거나 확인, 보고, 조회, 조사, 처리 및 추적하고 또한 적절한 경우에는 사법적 개입을 가능하게 하는 효과적 절차를 적절히 포함하여야 한다.

제 20 조

1. 일시적 또는 항구적으로 가족적 환경을 박탈당하거나, 가족적 환경에 있는 것이 자신의 최상의 이익을 위하여 허용될 수 없는 아동은 국가로부터 특별한 보호와 지원을 받을 권리가 있다.
2. 당사국은 국내법에 따라 이러한 아동을 위한 대체적 보호조치를 마련해야 한다.
3. 이러한 보호조치는 특히 양육위탁, 회교법의 카팔라, 입양, 또는 필요한 경우 적절한 아동 양육기관에 두는 것을 포함한다. 해결책을 모색하는 경우에는 아동 양육에 있어 계속성 보장이 바람직하다는 점과 아동의 인종적, 종교적, 문화적, 언어적 배경을 적절히 감안하여 조치한다.

제 21 조

입양제도를 인정하거나 허용하는 당사국은 아동의 최상의 이익이 최우선적으로 고려되도록 보장하여야 하며, 또한 당사국은,

가. 아동의 입양은, 해당 법률과 절차에 따라서 그리고 적절하고 신빙성 있는 모든 정보에

기초하여, 입양이 부모, 친척 및 법정 후견인에 대한 아동의 신분에 비추어 허용될 수 있음을, 그리고 관련자가 필요한 상담을 통해 입양과 관련한 내용을 알고 동의했음을 전제로, 자격이 있는 관계당국에 의해서만 허가 되도록 보장하여야 한다.

나. 국제입양은, 아동을 위탁 양육자나 입양가족이 맡을 수 없다거나 또는 어떠한 적절한 방법으로도 출신국에서 양육되어질 수 없는 경우, 아동 양육의 대체수단으로서 고려될 수 있음을 인정하여야 한다.

다. 국제입양 대상 아동에게 국내입양의 경우와 대등한 보호조치와 기준이 적용되도록 보장하여야 한다.

라. 국제입양에 있어서 아동의 위탁이 관계자들에게 부당한 재정적 이익을 주는 결과가 되지 아니하도록 모든 적절한 조치를 취하여야 한다.

마. 해당되는 경우 양자 또는 다자 약정이나 협정을 체결함으로써 본 조의 목적을 촉진시키며, 이러한 테두리 내에서 아동의 타국 내 입양 위탁이 유자격 기관이나 기구에 의해 반드시 추진되도록 한다.

제 22 조

1. 당사국은 난민으로서의 지위를 구하거나 또는, 적용 가능한 국제법 및 국내법과 절차에 따라 난민으로 취급되는 아동이, 부모나 기타 다른 사람과의 동반 여부에 관계없이, 이 협약 및 당해 국가가 당사국인 다른 국제 인권 또는 인도주의 관련문서에 규정된 적용 가능한 권리를 향유함에 있어서 적합한 보호와 인도적 지원을 받을 수 있도록 하기 위하여 적절한 조치를 취하여야 한다.
2. 이 목적을 위하여, 당사국은 유엔 및 유엔과 협력하는 여타의 권한 있는 정부간 또는 비정부간 기구들이 그러한 아동을 보호, 원조하고 가족재결합에 필요한 정보를 획득하기 위하여 난민 아동의 부모나 다른 가족구성원을 추적하는 데 기울이는 어떠한 노력에 대하여도 적절하다고 판단되는 협조를 제공하여야 한다. 부모나 다른 가족구성원을 발견할 수 없는 경우, 그 아동은 어떠한 이유로 인하여 영구적 또는 일시적으로 가족환경을 박탈당한 다른 아동과 마찬가지로 이 협약에 규정된 바와 같은 보호를 받아야 한다.

제 23 조

1. 당사국은 정신·신체 장애아동에게 존엄성을 보장하고 자립을 촉진하며 적극적 사회참여를 조장하는 등 그들이 마음껏 품위있는 생활을 누려야 한다는 점을 인정한다.
2. 당사국은 장애아동에게 특별한 보호를 받을 권리가 있음을 인정하며, 아동의 여건과 부모나 다른 아동양육자의 여건에 적합한 지원을 활용 가능한 재원의 범위내에서, 이를 받을만

한 아동과 그의 양육책임자에게 제공하도록 조치를 취해야 한다.

3. 장애아동의 특별한 곤란을 인식하며, 본 조 제2항에 따라 제공되는 지원은 부모나 다른 아동양육자의 재정형편을 고려하여 가능한 한 무상으로 제공되어야 하며, 가능한 한 장애아동의 전면적인 사회 참여와 문화적 · 정신적 발전을 포함한 개인적 발전을 위해 그 아동이 교육, 훈련, 건강관리지원, 재활지원, 취업준비 및 오락기회를 효과적으로 이용하고 제공 받을 수 있도록 계획되어야 한다.
4. 당사국은 국제협력의 정신에 입각하여, 장애아동에 대한 예방의학, 의학적·심리적·기능적 치료분야에 대해 적합한 정보를 외국과 교환해야 한다. 이러한 정보교류는 이 분야의 치료분야에 대한 해당국의 대처능력과 기술 및 경험을 높이기 위한 것으로 장애아동의 재활, 교육 및 직업보도에 관한 정보의 교류가 포함된다. 이 문제에 있어서 개발도상국의 필요에 대하여 특별한 배려가 있어야 한다.

제 24 조

1. 당사국은 도달 가능한 최상의 건강수준을 향유하고, 질병의 치료와 건강의 회복을 위한 시설을 사용할 수 있는 아동의 권리를 인정한다. 당사국은 건강서비스의 이용에 관한 아동의 권리가 박탈되지 아니하도록 노력하여야 한다.
2. 당사국은 이 권리의 완전한 이행을 추구하여야 하며, 특히 다음과 같은 적절한 조치를 취하여야 한다.

가. 유아와 아동의 사망률을 감소시키기 위한 조치

나. 기초건강관리의 발전에 중점을 두면서 모든 아동에게 필요한 의료지원과 건강관리의 제공을 보장하는 조치

다. 환경오염으로 인한 위험을 고려하여 기초건강관리 체계 내에서 무엇보다도 용이하게 이용 가능한 기술의 적용과 충분한 영양식 및 깨끗한 음료수의 제공 등을 통하여 질병과 영양실조를 퇴치하기 위한 조치

라. 산모를 위하여 출산 전후의 적절한 건강관리를 보장하는 조치

마. 모든 사회구성원, 특히 부모와 아동에게 아동의 건강과 영양, 모유 수유의 유익성, 위생 및 환경 위생시설 그리고 사고예방에 관한 기초지식의 활용에 있어서 정보를 제공받고 교육 지원을 받도록 하는 조치

바. 예방적 건강관리, 부모를 위한 지도 및 가족계획에 관한 교육과 편의를 발전시키는 조치

3. 당사국은 아동의 건강을 해치는 전통적 관습을 폐지하기 위하여 모든 효과적이고 적절한 조치를 취하여야 한다.
4. 당사국은 본 조에서 인정된 권리의 완전한 실현을 점진적으로 달성하기 위하여 국제협력

을 촉진하고 장려하여야 한다. 이 문제에 있어서 개발도상국의 필요에 대해 특별히 배려해야 한다.

제 25 조

당사국은 신체적, 정신적 건강의 관리, 보호 또는 치료의 목적으로 관계 당국에 의하여 양육지정 조치된 아동이, 제공되는 치료 및 양육지정과 관련된 여타 모든 실정에 대해 정기적으로 평가받을 수 있는 권리를 갖고 있음을 인정한다.

제 26 조

1. 당사국은 모든 아동이 사회보험을 포함한 사회보장제도의 혜택을 받을 권리를 갖고 있음을 인정하며, 국내법에 따라 이 권리의 완전한 실현을 달성하기 위하여 필요한 조치를 취하여야 한다.
2. 이러한 혜택은 아동 및 아동에 대한 부양책임자의 재정능력과 상황은 물론 아동에 의하여 직접 행하여지거나 또는 아동을 대신하여 행하여지는 혜택의 신청과 관련된 여타의 사정을 참작하여 적절한 경우에 부여되어야 한다.

제 27 조

1. 당사국은 모든 아동이 신체적, 지적, 정신적, 윤리적, 사회적 발달에 적합한 생활수준을 누릴 권리를 갖고 있음을 인정한다.
2. 부모 또는 기타 아동에 대하여 책임을 지고 있는 사람은 능력과 재정상황의 범위 내에서 아동 발달에 필요한 생활여건을 제공할 일차적 책임을 진다.
3. 당사국은 국가적인 여건과 재원의 범위 내에서 부모 또는 기타 아동에 대하여 책임을 지고 있는 사람이 이 권리를 실현하도록 지원하기 위한 적절한 조치를 취하여야 하며, 필요한 경우에는 특히, 영양, 의복 및 주거에 대하여 물질적 보조 및 지원계획을 제공하여야 한다.
4. 당사국은 국내외에 거주하는 부모 또는 기타 아동에 대하여 재정적으로 책임을 지고 있는 사람으로부터 아동양육비를 회수하기 위한 모든 적절한 조치를 취하여야 한다. 특히 아동에 대하여 재정적으로 책임을 지는 사람이 아동이 거주하는 국가와 다른 국가에 거주하는 경우, 당사국은 국제협약의 가입이나 그러한 협약의 체결은 물론 다른 적절한 조치의 강구를 촉진하여야 한다.

제 28 조

1. 당사국은 아동의 교육에 대한 권리를 인정하며, 점진적으로 그리고 기회균등의 기초 위에

서 이 권리를 달성하기 위하여 특히 다음의 조치를 취하여야 한다.

가. 초등교육은 의무적이며, 모든 사람에게 무료로 제공되어야 한다.

나. 일반교육 및 직업교육을 포함한 여러 형태의 중등교육의 발전을 장려하고, 이에 대한 모든 아동의 이용 및 접근이 가능하도록 하며, 무료교육의 도입 및 필요한 경우 재정적 지원을 제공하는 등의 적절한 조치를 취하여야 한다.

다. 모든 사람에게 고등교육의 기회가 능력에 입각하여 개방될 수 있도록 모든 적절한 조치를 취하여야 한다.

라. 교육 및 직업에 관한 정보와 지도를 모든 아동이 이용하고 접근할 수 있도록 조치하여야 한다.

마. 학교의 정기 출석을 권장하고 중퇴율을 감소하기 위한 조치를 취하여야 한다.

2. 당사국은 학교 규율이 아동의 인간적 존엄성과 합치하고 이 협약에 부합하도록 운영되는 것을 보장하기 위한 모든 적절한 조치를 취하여야 한다.

3. 당사국은, 특히 전 세계의 무지와 문맹 퇴치에 기여하고, 과학적, 기술적 지식과 현대적 교육방법에의 접근을 용이하게 하기 위하여, 교육에 관련되는 사항에 있어서 국제협력을 촉진하고 장려하여야 한다. 이 문제에 있어서 개발도상국의 필요에 대하여 특별히 배려해야 한다.

제 29 조

1. 당사국은 아동교육이 다음의 목표를 지향하여야 한다는데 동의한다.

가. 아동의 인격, 재능 및 정신적, 신체적 능력을 최대한 계발한다.

나. 인권과 기본 자유 및 유엔헌장에 내포된 원칙을 존중한다.

다. 자신의 부모, 문화적 주체성, 언어 및 가치 그리고 현 거주국과 출신국의 국가적 가치 및 이질문화를 존중한다.

라. 아동이 인종적, 민족적, 종교적 집단 및 원주민 등 모든 사람과의 관계에 있어서 이해, 평화, 관용, 남녀평등 및 우정의 정신에 입각하여, 자유사회에서 책임있는 삶을 영위하도록 준비시킨다.

마. 자연환경을 존중한다.

2. 본 조 또는 제28조의 어떠한 부분도 개인이나 단체가 교육기관을 설립하여 운영할 수 있는 자유를 침해하는 것으로 해석되어서는 안 된다. 이는 본 조 제1항에 규정된 원칙들을 준수하고 당해 교육기관에서 실시되는 교육이 국가에 의하여 설정된 최소한의 기준에 부합하여야 한다는 조건을 따른다.

제 30 조

수민족의 아동 혹은 원주민 아동은 자기 집단의 다른 구성원들과 함께 고유문화를 향유하고 고유의 종교를 신앙하고 실천하며 고유의 언어를 사용할 권리를 거부당하지 아니한다.

제 31 조

1. 당사국은 휴식과 여가를 즐기고, 자신의 연령에 적합한 놀이와 오락활동에 참여 하며 문화생활과 예술에 자유롭게 참여할 수 있는 권리를 인정한다.
2. 당사국은 문화적, 예술적 생활에 완전하게 참여할 수 있는 아동의 권리를 존중하고 촉진하며, 문화, 예술, 오락 및 여가활동을 위한 적절하고 균등한 기회를 제공하도록 권장해야 한다.

제 32 조

1. 당사국은 아동에 대한 경제적 착취, 그리고 아동의 교육에 위험하거나 방해되는 일, 아동의 건강이나 신체적, 지적, 정신적, 도덕적 또는 사회적 발전에 유해한 노동의 수행으로부터 보호받을 수 있는 아동의 권리를 인정한다.
2. 당사국은 본 조의 이행을 보장하기 위한 입법적, 행정적, 사회적, 교육적 조치를 강구하여야 한다. 이 목적을 위하여 그리고 여타 국제문서의 관련 규정을 고려하여 당사국은 특히 다음의 조치를 취하여야 한다.

가. 최저 고용연령의 규정

나. 고용시간과 조건에 관한 적절한 규정의 수립

다. 본 조의 효과적인 실시를 위한 적절한 처벌 또는 기타 제재수단의 규정

제 33 조

당사국은 관련 국제조약에서 규정하고 있는 마약과 향정신성 물질의 불법적 사용으로 부터 아동을 보호하고 이러한 물질의 불법적 생산과 거래에 아동이 이용되는 것을 방지하기 위하여 입법적, 행정적, 사회적, 교육적 조치를 포함한 모든 적절한 조치를 취하여야 한다.

제 34 조

당사국은 모든 형태의 성적 착취와 성적 학대로부터 아동을 보호할 의무를 진다.

이 목적을 달성하기 위하여, 당사국은 특히 다음의 사항을 방지하기 위한 모든 적절한 조치를 국내적으로, 양국간, 다국간으로 취해야 한다.

가. 아동을 불법적·성적 활동에 종사하도록 유인하거나 강제하는 행위

나. 아동을 매음이나 기타 불법적·성적 활동에 착취적으로 이용하는 행위
다. 아동을 외설적인 공연 및 자료에 착취적으로 이용하는 행위

제 35 조

당사국은 모든 목적과 형태의 아동의 약취 유인이나 인신매매 또는 거래를 방지하기 위한 모든 적절한 국내적, 양국간, 다국간 조치를 취하여야 한다.

제 36 조

당사국은 아동복지의 모든 측면에 해가 되는 기타 모든 형태의 착취로부터 아동을 보호하여야 한다.

제 37 조

당사국은 다음의 사항을 보장하여야 한다.

가. 어떠한 아동도 고문 또는 기타 잔혹하거나 비인간적이거나 굴욕적인 대우나 처벌을 받지 아니한다. 18세 미만의 아동이 범한 범죄에 대하여 사형 또는 석방의 가능성이 없는 종신형을 부과해서는 안 된다.
나. 어떠한 아동도 불법적 또는 전횡적으로 자유를 박탈당하지 아니한다. 아동의 체포, 억류 또는 구금은 법률에 따라 행해야 하며, 오직 최후의 수단으로서 또한 적절한 최단기간 동안만 사용되어야 한다.
다. 자유를 박탈당한 모든 아동은 인도주의와 인간 고유의 존엄성에 대한 존중에 입각하여 그리고 그들의 연령상의 필요를 고려하여 처우되어야 한다. 특히 자유를 박탈당한 모든 아동은, 성인으로부터 격리되지 아니하는 것이 아동의 최상의 이익에 합치한다고 생각되는 경우를 제외하고는 서신과 방문을 통하여 자기 가족과의 접촉을 유지할 권리를 갖는다.
라. 자유를 박탈당한 모든 아동은 법률적, 기타 적절한 구조를 신속하게 받을 수 있는 권리를 가지며, 법원 혹은 독립적이고 공정한 소관당국에게 자신이 당하고 있는 자유박탈의 적법성에 대해 이의를 제기하고 이러한 소송에 대하여 신속한 결정을 받을 권리를 갖는다.

제 38 조

1. 당사국은 무력분쟁에 있어서, 당사국에 적용 가능한 아동관련 국제인도법을 존중하고 이 법이 준수되도록 조치를 취한다.
2. 당사국은 15세에 달하지 아니한 자가 적대행위에 직접 참여하지 아니할 것을 보장하기

위하여 실행 가능한 모든 조치를 취하여야 한다.

3. 당사국은 15세에 달하지 아니한 자의 징병을 삼가 하여야 한다. 15세 이상 18세 이하의 아동 중에서 징병하는 경우, 당사국은 연장자 순으로 징집해야 한다.
4. 무력분쟁에 있어서 민간인 보호를 위한 국제인도법상의 의무에 따라서 당사국은 무력분쟁의 영향을 받는 아동을 보호하고 배려하기 위해 실행 가능한 모든 조치를 취하여야 한다.

제 39 조

당사국은 어떠한 형태의 유기, 착취, 학대, 또는 고문이나 기타 어떠한 형태의 잔혹하거나 비인간적이거나 굴욕적인 대우나 처벌, 또는 무력분쟁으로 인하여 희생이 된 아동의 신체적, 심리적 회복 및 사회복귀를 촉진시키기 위한 모든 적절한 조치를 취하여야 한다.

제 40 조

1. 당사국은 형사피의자나 형사피고인 또는 유죄혐의 혹은 유죄로 인정받은 모든 아동에 대한 처리 방법을 다음과 같이 취한다. 아동의 연령 그리고 아동의 사회복귀 및 사회에서 건설적 역할을 담당하도록 촉진하는 것이 바람직스럽다는 점을 고려하고, 아동이 인권과 타인의 기본적 자유에 대해 존중하도록 하며, 인간의 존엄성과 가치에 대한 아동의 자각을 촉진시키는 범위 내에서 아동을 처리한다.
2. 이 목적을 위하여 그리고 국제문서의 관련규정을 고려하며, 당사국은 특히 다음 사항을 보장하여야 한다.

가. 모든 아동은 국내법 또는 국제법에 의하여 금지되지 아니한 행위를 했거나 안했다는 이유로 형사피의자가 되거나 형사기소 되거나 유죄로 인정받지 아니한다.

나. 형사피의자 또는 형사 피고인이 된 모든 아동은 최소한 다음사항을 보장 받는다.

1) 법에 따라 유죄가 입증될 때까지는 무죄로 추정된다.
2) 피의사실을 신속하게 그리고 직접 또는, 적절한 경우, 부모나 법정 후견인을 통하여 통지 받으며, 변론의 준비 및 제출시 법률적 또는 기타 적절한 지원을 받는다.
3) 독립적이고 공평한 소관 기관 또는 사법기관에 의하여 법률에 따른 공정한 심리를 받아 지체없이 사건이 판결되어야 하며, 판결시에는 법률상의 지원을 제고하고 특히 그의 연령이나 주변환경, 부모 또는 법정후견인 등을 고려하여야 한다.
4) 증언이나 유죄의 자백을 강요 당하지 아니하며, 대등한 조건 하에 반대편 증인을 조사하고 자신을 위한 증인을 출석시켜 조사받도록 한다.
5) 형법위반으로 간주되는 경우, 그 결정 및 그에 따라 부과되는 모든 조치를 법률에 따라 독립적이고 공정한 소관 사법기관에 의하여 심의하도록 한다.

6) 아동이 사용되는 언어를 이해하지 못하거나 말하지 못하는 경우, 무료로 통역원의 지원을 받는다.
7) 사법절차의 모든 단계에서 아동의 사생활이 충분히 존중받도록 한다.
3. 당사국은 형사피의자, 형사피고인 또는 유죄로 인정받은 아동에게 특별히 적용될 수 있는 법률, 절차, 기관 및 기구의 설립을 촉진하도록 노력하며, 특히 다음 사항에 노력하여야 한다.
가. 형법위반능력이 없다고 추정되는 최저 연령의 설정
나. 적절하고 바람직스러운 경우, 인권과 법적 보호가 완전히 존중되는 조건 하에서 이러한 아동을 사법절차에 의하지 아니하고 처리하기 위한 조치
4. 아동을 그들의 복지에 적절하고 그들의 여건 및 범행에 비례하여 처리하기 위하여, 보호, 지도, 감독명령, 상담, 보호관찰, 보호양육, 교육과 직업훈련 및 감호소 보호에 대한 여타 대체방안 등 여러 가지 처리 방법을 활용한다.

제 41 조

이 협약의 규정은 다음 법에 포함되어 있는 아동의 권리 실현에 보다 공헌할 수 있는 어떠한 규정에도 영향을 미치지 아니한다.
가. 당사국의 법
나. 당사국에 대하여 효력을 갖는 국제법

제 2 부

제 42 조

당사국은 이 협약의 원칙과 규정을 적절하고 적극적인 수단을 통하여 성인과 아동 모두에게 널리 알릴 의무를 진다.

제 43 조

1. 이 협약의 의무이행을 달성함에 있어서 당사국이 이룩한 진전 상황을 심사하기 위하여 이하에 규정된 기능을 수행하는 아동권리위원회를 설립한다.
2. 위원회는 고매한 인격을 가지고 이 협약이 대상으로 하는 분야에서 능력이 인정된 10명의 전문가로 구성된다. 위원회의 위원은 공평한 지리적 분포와 국가의 사법제도를 고려하여 당사국의 국민 중에서 선출되며, 개인적 자격으로 임무를 수행한다.
3. 위원회의 위원은 당사국에 의하여 임명된 자의 명단 중에서 비밀투표에 의하여 선출된다.

각 당사국은 자국민 중에서 1인을 임명할 수 있다.

4. 아동권리위원회의 위원을 선출하는 첫 번째 선거는 이 협약 발효일로부터 6월 이내에 실시되며, 그 이후는 매 2년마다 실시된다. 각 선거일의 최소 4개월 이전에 유엔사무총장은 당사국에 대하여 2개월 이내에 후보자의 명단을 제출하라는 서한을 발송하여야 한다. 사무총장은 위원으로 임명한 당사국의 국가명과 함께 알파벳 순으로 임명된 후보들의 명단을 작성하여, 이를 이 협약의 당사국에 제시하여야 한다.
5. 선거는 유엔 본부에서 사무총장에 의하여 소집된 당사국 회의에서 실시된다. 이 회의는 당사국의 3분의 2 참석을 의사정족수로 하고, 투표에서 최대득표와 절대 득표를 얻은 자가 위원으로 선출된다.
6. 위원회의 위원은 4년 임기로 선출된다. 위원은 재임명된 경우에 재선될 수 있다. 첫 번째 선거에서 선출된 위원 중 5인의 임기는 2년 후에 종료된다. 이들 5인 위원의 명단은 첫 번째 선거 후 즉시 동 회의의 의장에 의하여 추첨으로 선정된다.
7. 위원회 위원이 사망, 사퇴 또는 본인이 어떠한 이유로 인하여 위원회의 임무를 더 이상 수행할 수 없다고 선언하는 경우, 그 위원을 임명한 당사국은 자국민 중에서 잔여 임기를 수행할 다른 전문가를 임명하되 이는 위원회의 승인을 받아야 한다.
8. 위원회는 자체의 절차규정을 제정한다.
9. 위원회는 2년 임기의 임원을 선출한다.
10. 위원회의 회의는 통상 유엔 본부나 위원회가 결정하는 여타의 편리한 장소에서 개최된다. 위원회는 통상 매년 회의를 한다. 위원회의 회의 기간은, 필요한 경우, 이 협약 당사국 회의에 의하여 결정되고 재검토 되나 이는 총회의 승인을 받아야 한다.
11. 유엔사무총장은 이 협약에 따라 설립된 위원회의 효과적인 기능수행을 위하여 필요한 직원과 편의를 제공한다.
12. 이 협약에 따라 설립된 위원회의 위원은 총회의 승인에 따라 총회가 결정하는 기간과 조건에 따라 유엔의 재원으로부터 보수를 받는다.

제 44 조

1. 당사국은 이 협약이 인정하고 있는 권리를 실행하기 위하여 그들이 채택한 조치와 동권리의 향유와 관련하여 이룩한 진전 상황에 관한 보고서를 다음과 같이 유엔사무총장을 통하여 위원회에 제출한다.

가. 관계당사국에 대하여 이 협약이 발효한 후 2년 이내

나. 그 후 매 5년마다

2. 본 조에 따라 제출되는 보고서는 이 협약의 의무 이행에 영향을 미치는 요소와 장애가

있을 경우 이를 명시하여야 한다. 보고서는 또한 관계국에서 협약을 어떻게 이행하고 있는지에 대해 위원회의 포괄적인 이해를 돕기 위해 충분한 정보를 포함하여야 한다.

3. 위원회에 포괄적인 내용을 담은 첫 번째 보고서를 제출한 당사국은, 본 조 제1항 "나"호에 따라서 제출하는 후속보고서에 이미 제출한 기초적 정보를 반복할 필요는 없다.
4. 위원회는 당사국으로부터 이 협약의 이행에 관한 정보를 추가로 요청할 수 있다.
5. 위원회는 위원회의 활동에 관한 보고서를 매 2년마다 경제사회이사회를 통하여 총회에 제출한다.
6. 당사국은 아동권리위원회에 제출하는 국가보고서를 일반 국민들에게 널리 알려야 한다.

제 45 조

이 협약의 효과적인 이행을 촉진하고 이 협약이 대상으로 하는 분야에서의 국제협력을 장려하기 위하여,

가. 전문기구, 유니세프 및 유엔의 여타 기관은 이 협약 중 그들의 권한범위 내에 속하는 규정의 이행에 관한 심의에 대표를 파견할 권리를 갖는다. 위원회는 전문기구, 유니세프 및 위원회가 적절하다고 판단하는 여타의 자격이 있는 기구에 대하여 각 기구의 권한범위에 속하는 분야에 있어서 이 협약의 이행에 관한 전문적인 자문을 제공하여 줄 것을 요청할 수 있다. 위원회는 전문기구, 유니세프 및 유엔의 여타 기관에게 그들의 활동범위에 속하는 분야에 대하여 이 협약의 이행에 관한 보고서를 제출해 줄 것을 요청할 수 있다.

나. 위원회는 적절하다고 판단되는 경우, 기술적 자문이나 지원을 요청하는 국가보고서에 대해 위원회의 제안과 함께 전문기구, 유니세프 및 기타 자격이 있는 기구에게 발송할 수 있다.

다. 위원회는 유엔사무총장이 위원회를 대신하여 아동의 권리와 관계된 구체적인 사안에 대해 연구를 실시하도록 유엔총회에 요청할 수 있다.

라. 위원회는 이 협약 제44조와 제45조에 따라 접수한 국가보고서에 기초하여 제안과 일반적 권고사항을 제시할 수 있다. 이러한 제안과 일반적 권고사항에 대해 당사국의 논평이 있으면 그 논평과 함께 관계 당사국에 전달되고 총회에 보고되어야 한다.

제 3 부

제 46 조

이 협약은 모든 국가로부터 서명을 받기 위하여 개방된다.

제 47 조

이 협약은 비준되어야 한다. 비준서는 유엔사무총장에게 기탁된다.

제 48 조

이 협약은 모든 국가에 의한 가입을 위하여 개방된다. 가입서는 유엔사무총장에게 기탁된다.

제 49 조

1. 이 협약은 20번째 비준서 또는 가입서가 유엔사무총장에게 기탁되는 날로부터 30일째 되는 날 발효한다.
2. 20번째의 비준서 또는 가입서의 기탁 이후에 이 협약을 비준하거나 가입하는 각 국가에 대하여, 이 협약은 그 국가의 비준서 또는 가입서 기탁 후 30일째 되는 날 발효한다.

제 50 조

1. 어떤 당사국을 막론하고 개정안을 제안하고 이를 유엔사무총장에게 제출할 수 있다. 이 경우 사무총장은, 모든 당사국에게 동 제안을 심의하고 표결에 붙이기 위한 당사국회의 개최에 대한 찬성 여부에 관한 의견을 표시하여 줄 것을 요청하는 것과 함께, 개정안을 송부하여야 한다. 이러한 통보일로부터 4개월 이내에 당사국 중 최소 3분의 1이 회의 개최에 찬성하는 경우, 사무총장은 유엔 주관하에 동 회의를 소집하여야 한다. 동 회의에 출석하고 표결한 당사국의 과반수에 의하여 채택된 개정안은 그 승인을 위하여 유엔총회에 제출된다.
2. 본 조 제1항에 따라서 채택된 개정안은 유엔 총회에 의하여 승인되고, 모든 당사국의 3분의 2가 찬성하게 될 때에 발효한다.
3. 개정안이 발효하게 되면, 이에 찬성한 당사국과 기존의 협약서 및 이전의 개정안을 이행할 의무를 지고 있는 모든 당사국에 대해 구속력을 발휘하게 된다.

제 51 조

1. 유엔사무총장은 각국이 이 협약의 비준 또는 가입시 작성한 유보조항 문서를 접수하고 모든 국가에게 이를 배포하여야 한다.
2. 이 협약의 목표와 목적에 위배되는 유보조항은 허용되지 아니한다.
3. 유보사항의 철회는 유엔사무총장에게 통지서 발송을 통하여 언제든지 가능하며, 사무총장은 이를 모든 국가에게 통보하여야 한다. 그러한 통보는 사무총장에게 접수된 날로부터 발효한다.

제 52 조

당사국은 유엔사무총장에게 서면으로 이 협약에 대한 비준의 실효(失效)를 통고할 수 있다. 실효는 사무총장이 통고서를 접수한 날로부터 1년 후에 발효한다.

제 53 조

유엔사무총장은 이 협약의 수탁자로 지명되었다.

제 54 조

아랍어, 중국어, 영어, 불어, 러시아어 및 서반아어로 된 이 협약서의 원본은 모두 동등한 정본으로서 유엔사무총장에게 기탁된다.

이 협약의 증인으로서, 아래에 서명한 전권 대사들은 각국 정부에 의하여 정당히 권한을 위임받아 이 협약에 서명하였다.

저자 소개

✍ 고태순

성균관대학교 대학원 아동학과 졸업(아동교육 및 심리 전공, 박사)
전, 엄마랑 놀이아카데미 연구교사, 예자람 어린이집 원장
현재, 신한대학교 유아교육과 교수

유아교육개론

초판인쇄 2017년 12월 25일
초판발행 2017년 12월 31일

2017. 12.

저 자 고태순
발행인 김현태
발행처 태영출판사

주 소 (08301) 서울 구로구 구로동 104-10 동남오피스텔 201호
전 화 02 · 839-3757, 839-3732
팩 스 02 · 837-3754
등 록 2005년 5월 30일 제12-421호
http://www.taeyeongbook.co.kr
E-mail tys2005@hanmail.net
ISBN 978-89-6302-226-0 93370
정 가 16,000원

NAVER 태영출판사

* 잘못 만들어진 책은 교환해 드립니다.